南京理工大学知识产权学院文库

"一带一路"建设与知识产权风险防范

钱建平 董新凯 ◎ 主编

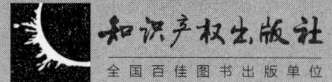

图书在版编目（CIP）数据

"一带一路"建设与知识产权风险防范／钱建平，董新凯主编．—北京：知识产权出版社，2018.11

ISBN 978-7-5130-4592-6

Ⅰ.①一… Ⅱ.①钱…②董… Ⅲ.①知识产权—研究—中国 Ⅳ.①D923.404

中国版本图书馆 CIP 数据核字（2018）第 241733 号

责任编辑：刘 睿 刘 江　　　　责任校对：谷 洋
封面设计：SUN 工作室 韩建文　　责任印制：刘译文

"一带一路"建设与知识产权风险防范
"Yidaiyilu" Jianshe yu Zhishichanquan Fengxian Fangfan

钱建平　董新凯　主编

出版发行：知识产权出版社 有限责任公司		网　　址：http://www.ipph.cn	
社　　址：北京市海淀区气象路 50 号院		邮　　编：100081	
责编电话：010-82000860 转 8344		责编邮箱：liujiang@cnipr.com	
发行电话：010-82000860 转 8101/8102		发行传真：010-82000893/82005070/82000270	
印　　刷：北京嘉恒彩色印刷有限责任公司		经　　销：各大网上书店、新华书店及相关专业书店	
开　　本：720mm×960mm　1/16		印　　张：23.75	
版　　次：2018 年 11 月第 1 版		印　　次：2018 年 11 月第 1 次印刷	
字　　数：352 千字		定　　价：88.00 元	
ISBN 978-7-5130-4592-6			

出版权专有　侵权必究
如有印装质量问题，本社负责调换。

谨以此书献给
为南京理工大学知识产权学院的建设作出
贡献以及为之不懈奋斗的人们

研究支持单位：
江苏省知识产权发展研究中心；
江苏省知识产权思想库；
江苏省版权研究中心；
知识产权与区域发展协同创新中心

前　言

2013年,习近平主席在访问哈萨克斯坦时首次提出"丝绸之路经济带"倡议;2015年,国家发展改革委、外交部、商务部联合发布《推动共建丝绸之路经济带和21世纪海上丝绸之路的愿景与行动》。自此,"一带一路"倡议受到越来越广泛的关注,在世界上产生巨大影响。"一带一路"建设的主要内容是政策沟通、设施联通、贸易畅通、资金融通、民心相通,其主要目的在于实现各参与方的共同发展,这既包括促进中国的发展,也包括促进其他各参与方的发展。"一带一路"本着相互共赢、协同发展的理念,受到绝大多数国家政府、研究机构、民众以及联合国系统的许多组织和部门的肯定与赞赏。党的十九大报告多次提及"一带一路"倡议,强调要以"一带一路"建设为重点,坚持"引进来"和"走出去"并重,遵循共商共建共享原则,加强创新能力开放合作,形成陆海内外联动、东西双向互济的开放格局,打造国际合作新平台,增添共同发展新动力,这为"一带一路"倡议的实施进一步拓展了广泛的空间。

"一带一路"倡议为我国企业加快"走出去"的步伐,加大对外贸易、投资与合作的力度,提供了良好的机遇,同时也使企业面临更多的风险,包括知识产权风险。为了帮助参与"一带一路"进程的组织和个人更好地研判和应对知识产权风险,在各方的大力支持下,南京理工大学在2017年12月举办了"'一带一路'与知识产权风险国际研讨会",国内外知名知识产权专家和知识产权新生力量齐聚一堂,就"一带一路"涉及的知识产权风险相关问题进行广泛的交流与热烈的研讨,迸发了很多思想的火花。特别是一批年轻的知识产权人,怀有饱满的热情和锐意探索的精神,从各种不同的角度就"一带一路"知识产权风险防范问题提出了自己的一些想法，带来了很多有益的启示。为此，研讨会的组织者特意将这些年轻的知识产权人的成果加以整理出版，集中呈现给大家，希望能够借此帮助企业有效防范和应对"一带一路"相关知识产权风险，为政府部门出台相关的政策文件提供更多的参考，同时助力学者们对于"一带一路"涉及的知识产权问题进行更加广泛和深入的研究。

目 录

第一部分 "一带一路"建设与知识产权风险基本问题

知识产权风险的类型化分析 …………………………… 董新凯（3）
"一带一路"国家的知识产权制度 ……………………… 李甜甜（13）
知识产权国际保护制度的发展趋向及"一带一路"背景下
　中国的路径选择 ………………………………………… 刘依佳（20）
如何认识"一带一路"倡议下的知识产权风险 ………… 刘　姗（30）
浅谈"一带一路"倡议下的知识产权风险与应对 ……… 张宇航（37）
"一带一路"背景下企业知识产权风险表现、成因与防范 …… 何　岚（51）
"一带一路"倡议下企业的知识产权保护 ……………… 王天姿（59）
浅谈"一带一路"背景下知识产权的保护战略 ………… 马慧娟（69）
"一带一路"国家的知识产权边境保护制度研究 ……… 郭珍珍（76）
"一带一路"背景下跨国企业的知识产权保护研究
　——以土耳其为例 ……………………………………… 郭雨凡（81）
企业海外经营中知识产权风险防控研究 ………………… 马小燕（93）

第二部分 "一带一路"建设与专利风险防范

"一带一路"倡议下我国企业专利的海外风险与应对 …… 周小华（105）

"一带一路"倡议下中国企业在印度投资专利风险及防范…… 蒋冰菁（112）
欧洲市场中我国专利优势企业的知识产权竞争战略研究
　　——以华为为例 ………………………………………… 陈帅君（119）
传统医药知识的知识共享与专利保护机制研究
　　——以泰国等"一带一路"沿线国家为例 …………… 陈昌莹（127）
"一带一路"背景下企业并购中的专利权法律风险与防范
　　——以汽车行业为例 …………………………………… 卞雅娴（136）

第三部分　"一带一路"建设与商标风险防范

"一带一路"建设中商标抢注问题研究 ……………………… 周宣辰（145）
"一带一路"倡议下中国对外投资的商标品牌风险及防范… 李天悦（152）
"一带一路"背景下企业对外贸易商标法律风险防控……… 李祺莹（163）
中国企业"走出去"的商标风险分析与防范
　　——以东盟自贸区为例 ………………………………… 尹　洁（170）
"一带一路"背景下我国中小企业商标国际注册对策……… 曹金娅（182）
论"一带一路"建设进程中商标注册与在先权利保护的冲突
　　——以"乔丹"案为视角 ……………………………… 刘　敏（191）

第四部分　"一带一路"建设与对外贸易中的
　　　　　知识产权风险防范

"一带一路"倡议下我国对外贸易的知识产权风险与布控…… 宋　歌（203）
"一带一路"视角下对外贸易知识产权风险的成因、表现与
　　防范 …………………………………………………… 刘艳婷（215）
"一带一路"倡议下企业对外贸易中的知识产权形势……… 王碧云（222）
"一带一路"倡议下中国企业对外投资知识产权风险的一般
　　分析 …………………………………………………… 陈翔宇（230）

"一带一路"倡议下我国企业对外投资知识产权风险的预防
　　措施 ………………………………………………… 李安琪（239）
"一带一路"建设与企业对外投资中的知识产权法律风险
　　防控 ……………………………………………………… 巴　萍（258）
"一带一路"背景下我国企业对部分国家投资的知识产权
　　风险防范 ………………………………………………… 裘方倩（269）

第五部分　"一带一路"建设涉及的其他知识产权问题

"一带一路"背景下的中国高铁企业知识产权风险及其
　　应对 ……………………………………………………… 何　萌（283）
"一带一路"倡议下我国玩具企业知识产权风险及其防范…… 朱南茜（289）
"一带一路"背景下知识共享协议的本土化适用研究………… 王晓娟（299）
传统医药知识在"一带一路"国家/地区的保护及对我国的
　　启示 ……………………………………………………… 张薇子（307）
中国—东盟自由贸易区知识产权保护现状和建议
　　——以"一带一路"倡议为视角 ……………………… 谭成龙（317）
"一带一路"倡议下商号保护的法律制度研究………………… 陈志颖（327）
特许经营合同中信息不对称问题的政府规制途径 …………… 高凡雅（344）
论 TPP 知识产权规则对我国"一带一路"对外投资的
　　适用性 …………………………………………………… 唐安然（350）

后记 ………………………………………………………………………（366）

第一部分

"一带一路"建设与知识产权风险基本问题

知识产权风险的类型化分析

董新凯[*]

内容摘要 知识产权风险可以根据风险的内容、风险的成因、风险发生的地域、风险作用的范围、风险的管理难度及风险的表现形式等多种标准进行划分。现实的知识产权风险可以概括为知识产权法律纠纷风险、知识产权成果获取风险、知识产权价值损失风险和知识产权成果流失风险等,每类风险都由多方面的风险构成。

关键词 知识产权 风险 类型化

在创新经济时代,知识产权已经渗透到经济社会发展的方方面面。对于一个企业而言,他们几乎无时无刻不与知识产权打交道,或为知识产权的主动创造者、运用者、维护者,抑或被动地卷入知识产权纠纷。从近些年的实践情况看,知识产权风险已经成为企业绕不开的问题,尤其是涉及创新成果运用的企业;知识产权风险也因此受到广泛关注。对于知识产权风险进行类型化分析,有助于人们更加深刻地认识知识产权风险,能够促进政府部门、行业组织和企业在风险管控方面采取更加有针对性的措施。

---

[*] 董新凯,南京理工大学知识产权学院教授、博士生导师,法学博士。

一、关于知识产权风险的分类

对于知识产权风险,有学者从某些具体领域探讨了其类型问题,如有学者研究了数字图书馆涉及的知识产权风险的类型,[1]有学者分析了企业国际化经营中知识产权风险的类型。[2]对于知识产权风险在整体上的分类,目前还未见相关学术成果,本文试图就此阐述一些个人见解。知识产权风险作为一种社会现象,与其他事物一样,可以依不同的标准进行分类。

其一,根据知识产权风险的内容,可以划分为知识产权法律纠纷风险、知识产权成果获取风险、知识产权价值损失风险和知识产权成果流失风险等。知识产权法律纠纷风险是指企业因知识产权与其他企业或者行政机关发生纠纷,特别是产生法律诉讼的风险。知识产权成果获取风险是指企业或者研发机构未能获得预期的创新成果或者知识产权的风险。知识产权价值损失风险是指知识产权成果的拥有者未能基于其知识产权获得应有的经济利益或者知识产权的价值遭受不正常减损的风险。知识产权成果流失风险是指知识产权成果的拥有者非基于自己的意愿而丧失知识产权的风险。

其二,根据知识产权风险发生的原因,可以划分为主观风险与客观风险。主观风险主要是指基于双方当事人自身的原因而发生的知识产权风险。客观风险是指基于外在的因素而导致的知识产权风险。从知识产权风险的实际情况看,客观风险又可以分为技术风险、市场风险和法律风险等。技术风险是指因为技术的发展变化而产生的风险,比如因为新技术的出现而导致企业知识产权价值减少的风险,因同类技术的产生或者技术上的障碍导致企业放弃研发而不能获得预期的知识产权成果。市场风险是指因市场的变化而使企业遭受知识产权风险或者加重企业原有的知识产权风险,比如因市场上竞

---

[1] 李樵:"图书馆数字参考咨询服务中知识产权风险类型研究",载《图书馆工作与研究》2013年第6期。

[2] 彭绍华、刘介明:"企业国际化运营中的知识产权风险分析",载《武汉理工大学学报(信息与管理工程版)》2013年第1期。

争对手的增多而使企业遭受知识产权市场价值降低的风险,因出口产品竞争力的增强而使企业在境外遭受更多知识产权壁垒的风险。法律风险是指因为法律规定的模糊性或者法律的变动而使企业容易发生知识产权纠纷或者加大企业在知识产权风险中的损失,比如因为商标法对于类似商品判定标准规定的不确定性就容易导致一些知识产权诉讼的增加,❶再如因商标法规定的法定赔偿限额的提高会使遭遇商标侵权指控的企业支付更多的赔偿金。

其三,根据知识产权风险发生的地域,可以划分为境内风险和境外风险。境内风险是指发生在中国境内的知识产权风险,这是最常见的知识产权风险。境外风险是指企业在境外遭遇的知识产权风险,比如一些企业其知名度较高的商标在境外被他人抢注的风险,向美国出口产品的企业遭遇美国"337调查"的风险等。我国正在大力推进"一带一路"倡议的实施,更多的企业将与"一带一路"沿线国家或地区的企业进行贸易与合作,在此过程中自然也会产生各种各样的知识产权风险,这种知识产权风险基本上都可以涵盖在境外风险中。

其四,根据知识产权风险作用的范围,可以划分为单个风险和行业风险。单个风险是指在知识产权风险发生后其直接影响仅及于某一特定的企业自身,不会扩大到其他企业身上;绝大多数知识产权风险属于单个风险。行业风险是指在知识产权风险发生后其直接影响可能会扩展到其他企业,尤其是同类企业的身上;最典型的行业风险就是遭遇美国"337调查"的风险,由于普遍排除令颁发的可能性,"337调查"不是仅仅涉及一家或者几家企业的利益,而是对整个相关产业和整个对外贸易都可能构成威胁。❷

其五,根据知识产权风险的管理难度,可以划分为可控风险和不可控风险。可控风险是指企业可以通过有效管理防止这些风险的发生或者减少这些风险发生的频率及造成的损害;企业所面临的大部分知识产权风险属于可控

---

❶ 蔡崇山:"再论商品类似判断标准——兼评新商标法的有关修订",载《电子知识产权》2014年第6期。

❷ 彭红斌、石磊:"美国对华入美产品的'337调查':特点、原因与对策分析",载《求实》2012年第6期。

风险,是可以通过企业的努力进行有效管控的。不可控风险是指从企业的角度看是无法避免、很难管控的知识产权风险;这些风险通常是外在力量造成的,而企业很难抗拒这种外在力量,比如因市场竞争的激烈而加剧的知识产权风险、因法律规定的模糊性而导致的知识产权风险等。

其六,根据知识产权风险的表现形式,可以划分为直接风险和间接风险。直接风险是指企业因风险的产生在知识产权方面直接遭受损害或者因知识产权问题直接导致损害;人们所关注的知识产权风险绝大多数属于直接风险,如创新成果被他人抢先申请知识产权的风险、因竞争性技术的出现导致特定企业知识产权价值贬损的风险等。间接风险是指因知识产权方面的问题间接导致企业在某些方面的损失或者困难。近期美国对中国的中兴通讯公司进行制裁,禁止美国公司向中兴通讯销售零部件、商品、软件和技术,给中兴通讯运营带来较大损失;据估计,中兴通讯的所有设备中25%~30%的组件来自美国供应商,美国"断粮"后,短期内没有替代品,生产和销售将面临大幅度缩减。❶中兴通讯遭受的损失和困难实质上是源于芯片技术的核心知识产权掌握在美国公司手中而自身又没有足够的对抗筹码,这是典型的间接知识产权风险。

二、知识产权法律纠纷风险

知识产权法律纠纷风险是最常见的知识产权风险,当前大部分人在谈及知识产权风险时往往是指知识产权法律风险。知识产权法律风险在内容上也有很大的差异,具体而言,其又可以分为侵权风险、受害风险、合同风险和违法风险等四种。

侵权风险是指企业被控侵犯他人知识产权的风险。在很长一段时间内,存在这种风险的企业主要是自身没有具有竞争力的知识产权成果的企业。由于对于现有知识产权成果检索分析不力或者知识产权法律意识淡薄,他们在

---

❶ 董少鹏:"如何看待美方对中兴通讯的制裁?",载http://finance.ce.cn/rolling/201804/18/t20180418_28860789.shtml,2018年4月20日。

生产经营过程中所运用的技术成果或者标志很容易涉嫌侵害他人的知识产权。后来，由于企业之间技术和品牌竞争的加剧，加上同一领域技术的交叉性和知识产权界限的模糊性，以在本行业具有优势地位的大企业为代表的先进技术企业之间相互进行知识产权侵权指控的现象增多。近些年，一些在某一行业具有影响力或者较强竞争力的企业遭受中小企业商标侵权指控的现象使知识产权侵权风险呈现出一些新的特点。

受害风险是指企业的知识产权被他人侵害的风险。企业的知识产权遭受他人的侵害既有显性的，也有隐性的。显性的侵害是较容易被发现的，如企业的注册商标被他人假冒，企业的外观设计专利被他人盗用等，这种知识产权侵害的证据也较容易获取。隐性的侵害是难以被人发现的，或者发现侵害的成本比较高，获取侵害的证据也比较困难，典型者如企业的专利方法被他人非法运用等。

合同风险是指企业因知识产权与他人发生合同纠纷的风险。知识产权合同纠纷风险通常发生于专门的知识产权合同，主要是技术开发合同、知识产权许可合同、知识产权转让合同、知识产权质押合同、知识产权服务合同等，围绕合同的订立、合同的效力、合同的履行、合同的变更、合同的撤销或者解除、违约责任等事项发生纠纷。比如，在技术转让合同中双方有关信息披露义务履行问题的纠纷。❶知识产权合同纠纷风险也可能发生于其他涉及知识产权的合同，比如，在聘用合同中双方就聘用期间产生的知识产权成果的归属发生争议，在买卖合同中双方因合同标的物侵害他人知识产权的责任承担问题发生争议。

违法风险是指企业行使知识产权的行为因涉嫌违反国家法律、行政法规而受到法律制裁的风险。就拥有某些知识产权成果的企业而言，其某些行为在表面上符合知识产权法的要求，但可能因为违反其他法律的规定而要受到相关行政执法机关或者司法机关的责任追究。从近些年的实践情况看，较典型的知识产权违法风险是在知识产权许可过程中发生的违法行为。比如，高

---

❶ 张铣："技术转让中信息披露存在的问题及其应对"，载《知识产权》2015 年第 7 期。

通公司被控滥用标准必要专利的问题、❶IDC 被控滥用标准必要专利的问题。❷

三、知识产权成果获取风险

企业或者科研院所为了提升市场竞争力,总是不断通过研发或者其他方式追求更高水平的创新成果并取得相应的知识产权,实现在一定时期内对于某些技术成果的合法垄断及有效运用。但是,企业或者科研院所获得某些创新成果及相应知识产权的预期可能会因遭受风险而落空或者出现较大的曲折。从我国的实际情况看,这类知识产权成果获取风险又可以分为三种情况:在自我研发设计过程中的风险;在合作研发过程中的风险;在从外部获取知识产权成果过程中的风险。

在自我研发设计过程中企业或者科研院所的知识产权成果取得风险的具体表现是多种多样的:由于自身技术条件不成熟或者其他技术上障碍导致研发失败,未能形成研发设计的目标技术成果;在研发设计过程中发现作为研发设计目标的技术成果已经由他人申请或者取得知识产权,因研发设计工作的继续失去意义而不得不放弃原定的研发设计任务;在研发设计工作完成后,虽然产生了预期的技术成果,但由于他人抢先申请了知识产权或者与已有的知识产权成果相冲突,致使企业或者科研院所无法按照预期申请相关的知识产权;❸企业或者科研院所虽然通过研发设计获得预期的创新成果,但由于该成果不符合法律规定的授予知识产权的条件而难以申请和获得相关的知识产权。

---

❶ 王尔德:"中国反垄断第一大案:高通认罚 60 亿",载《21 世纪经济报道》2015 年 2 月 11 日第 2 版。

❷ 叶若思、祝建军、陈文全:"标准必要专利权人滥用市场支配地位构成垄断的认定——评华为公司诉美国 IDC 公司垄断纠纷案",载《电子知识产权》2013 年第 3 期。

❸ 这些研发设计单位不仅不能申请和取得知识产权,也不能使用研发设计成果,因为这种使用会构成对他人已经取得的知识产权的侵害。

我国近些年大力推动协同创新，产、学、研合作研发更是得到普遍长足发展，合作研发在促进我国科技进步方面发挥了很大的作用。但是，在各类合作研发过程中也出现了一些问题和风险，知识产权风险就是其中一个重要的问题，甚至有学者将知识产权风险看成合作研发企业所面临的三大风险之首。❶从实践中经常发生的合作单位之间的纠纷看，关于技术成果和相应知识产权归属的争议是较为常见的，成果流失风险和产权风险已经成为产学研合作创新中知识产权风险的主要表现形式。❷

对于部分企业来说，由于自行开发其所需要的知识产权成果存在技术能力欠缺、成本过高、时间进度不能满足需要等难题，他们往往通过知识产权许可、转让或者企业并购获得自己需要的知识产权成果。在知识产权许可、转让的过程中，由于企业自身在合同订立环节把关不严，或者在合同履行过程中对方存在不诚信等行为，企业很可能未能获得合同约定的知识产权成果。近些年，我国企业海外并购业务发展迅速，很多企业在选择并购对象时往往是针对并购对象所掌握的相关知识产权成果的。有时处于被收购企业控制或与其业务有关联的知识产权可能是个假象，其真正的权属实际上归其他企业；❸如果企业事先没有做好对知识产权的尽职调查工作，很有可能被假象所蒙蔽，最终无法通过企业收购获得自己所意图得到的知识产权成果。

四、知识产权价值损失风险

知识产权价值损失风险包括两种，一是知识产权成果现有价值的减少，二是权利人对于其知识产权成果应得利益的损失。由于知识产权价值确定的高难度以及知识产权价值影响因素的复杂性和多样性，几乎所有拥有知识产

---

❶ 张克英、李仰东、郭伟："合作研发中知识产权风险对合作行为影响的研究"，载《管理评论》2011 年第 12 期。
❷ 王怀祖、黄光辉："产学研合作创新的知识产权风险研究"，载《科技管理研究》2015 年第 3 期。
❸ 董新凯："企业'走出去'的知识产权风险及防范"，载《现代经济探讨》2017 年第 5 期。

权成果的企业都面临知识产权价值损失风险。

知识产权成果现有价值减少的表现与原因可以概括为三个。其一，知识产权成果在权利人使用过程中的价值减少。这主要表现在商标品牌价值的减少。如果权利人在使用商标品牌时不注意商品或者服务质量的提高，损害了消费者或者用户的权益，将导致其商标品牌在公众心目中地位的下降，该商标品牌的声誉和市场价值将因此受到较大的损害。其二，知识产权成果在被许可人使用过程中的价值减少。这种风险同样主要发生在商标品牌上面。在商标品牌许可他人使用过程中，如果被许可人的商品或者服务质量较差，或者有其他损害用户或消费者权益的行为，就会导致公众对于该商标品牌的负面评价，该商标品牌的市场价值就会因此受损。另外，在商标品牌许可他人使用的过程中，如果采用独占使用许可方式，被许可人出于扩张其自身品牌的考虑在合同期间对于被许可的商标品牌进行收藏，就会导致被许可的商标品牌市场影响的淡化，甚至导致该商标品牌的沉没，该商标品牌的市场价值自然也就会严重减损。其三，知识产权成果因为竞争性成果的增加而导致的价值降低。这种知识产权成果价值减少的现象主要发生在以专利为代表的技术性知识产权成果上面。由于更多竞争性技术成果的出现，可以替代的技术增多，现有知识产权所保护的技术成果的市场需求通常会因此减少，其市场价值自然也就相应地降低了。

权利人对于其知识产权成果应得利益的损失主要发生在知识产权交易或者运营过程中。知识产权成果的拥有者可以通过对于其知识产权的许可、转让、投资、质押融资、证券化、托管或者信托等方式获得直接收益或者间接利益。但是，知识产权成果拥有者在进行这些交易或者运营活动时通常都要对相关知识产权的价值进行评估。从现实情况看，价值评估是知识产权交易或者运营得以顺利进行的基础，甚至有学者认为，对知识产权进行科学合理的价值评估，是影响知识产权资本化顺利实现的关键因素。❶如果价值评估不准确，特别是评估价值远远低于知识产权成果的实际价值时，知识产权成果

---

❶ 陈静："知识产权资本化的条件与价值评估"，载《学术界》2015 年第 8 期。

的拥有者在直接收益或者间接利益方面将会遭受很大损失。虽然学界和业界在理论上和实践中探讨了很多知识产权价值评估的方法，但由于知识产权价值影响因素的多样性、广泛性和复杂性，这种价值评估经常会出现较大的偏差。正如有学者所说，知识产权价值评估由于知识产权客体无形性、市场因素复杂性等因素，往往会导致评估值存在准确性、公允性问题；[1]以专利质押为例，专利权的价值评估是影响其质押额度的重要因素，但由于质押专利在法律、技术、经济上的复杂特性，其价值估值尤为困难。[2]

五、知识产权成果流失风险

知识产权成果流失风险产生的原因可能是多方面的。但从实际情况看，大多数知识产权成果流失的风险形成于知识产权成果拥有者在管理上的疏忽。知识产权成果流失风险的具体形态主要有三种：（1）知识产权成果拥有者未能获得自己应有的知识产权授权。除前文所说的企业培育的商标被他人抢先申请注册或者企业研发的技术成果被他人抢先申请专利外，这种风险还包括企业或者科研机构的创新成果因发表论文被公开而丧失新颖性，致使企业无法申请本可以获得的专利，企业所拥有的高知名度商标因广泛使用而成为商品通用名称，致使企业无法申请商标注册等。（2）知识产权成果在事实上的消失。这种风险主要发生在商业秘密这种知识产权上，由于商业秘密以处于秘密状态为其权利维系的前提，一旦成果泄露或者被他人窃取，也就意味着权利人商业秘密成果的流失。对于绝大多数商业秘密的拥有者来说，这种风险始终存在。（3）知识产权在法律上的终止。这种风险主要是指知识产权由于权利人的疏忽或者其他原因而被授权机关取消。该风险的主要表现有：注册商标在期限届满时因未在规定时间内申请续展而被商标局注销；专利权因权利人未在规定时间缴纳专利年费而被国家知识产权局终止；注册商

---

[1] 陈瑜："知识产权价值评估的困境及对策"，载《知识经济》2012 年第 18 期。
[2] 杨健："企业专利权质押融资中价值评估问题的解决思路"，载《理论探讨》2015 年第 5 期。

标因商标权人在使用过程中的一些违法行为、连续 3 年无正当理由停止使用或者成为商品的通用名称而被商标局撤销；注册商标或者专利权因为自身存在一定的瑕疵而被商标局或者国家知识产权局宣告无效。

六、结　语

从当前实际情况和未来发展趋势看，我国企业无论是以境内经营为主还是以出口为导向或者以境外经营为主，都会面临各种各样的知识产权风险，这些风险产生的原因也是各式各样的。对于企业来说，为了避免遭受知识产权风险的损害，必须识别并认清不同类型的知识产权风险及其特点，探究知识产权风险发生的原因或者影响因素，积极防范与控制风险。

"一带一路"国家的知识产权制度

李甜甜[*]

内容摘要 在知识经济时代,越来越多的国家/地区已经意识到知识产权实力才是提升综合国力的关键因素。努力在逐步发展的知识经济时代中站稳脚跟,对每一个发展中国家而言都是至关重要的。处在这个时代的中国,致力于一个"一带一路"的伟大构想,以促进区域一体化和经济全球化的发展,最终提升国家的综合实力及知识产权实力。本文着重对"一带一路"国家的知识产权制度风险进行分析,从各国自身出发,实施知识产权国际化战略和本土化发展战略,达到互利共赢、发展创新和平道路的伟大目标。

关键词 "一带一路" 知识产权实力 国际化战略 本土化战略

一、"一带一路"
——传承历史与展望未来

丝绸之路的伟大构想,兴起于中国。其主要内容是通过连接亚洲、非洲、欧洲地区,将陆上丝绸之路和海上丝绸之路两种方式结合起来,建设一条有影响力的商业贸易之路。丝绸之路的历史渊源要追溯到我国两汉时期,那时候人们就首创了这条将洛阳、长安作为出发点,衔接东西方文化的陆上

---

[*] 李甜甜,扬州大学法学院民商法方向研究生。

商业和文化沟通通道。尽管发展过程中频繁的战乱，一度中断了陆上丝绸之路的传播，但这并没有因此终结丝绸之路的传承与发展。如今，丝绸之路的作用已不单单是用来运载中国古代人出产的丝绸、瓷器等商品，而是逐步形成一条旨在推动东西方在经济、政治、文化各方面进行沟通的重要路线。

中国独有的"丝绸之路经济带"及"21世纪海上丝绸之路"，简称"一带一路"，主要内容是通过中国古代伟大丝绸之路的历史影响，将现当代和平发展的伟大旗帜高举，是一个以促进全球和平合作以及共同发展的中国版方案，与此同时"一带一路"也是世界走向国际化发展的"重点倡议"，以"共商、共建、共享"为核心理念，强调"五通"，即在建设"一带一路"时重点坚持国家间的政策沟通、道路联通、贸易畅通、资金融通、民心相通。这"五通"，确保沿线的发展中国家与中国在"一带一路"的伟大构想下享有平等权与选择权，在此过程中提高国家间的"利益交汇点"、构建和谐的"利益共同体"、形成长久的"人类命运共同体"，造福沿线各个国家/地区的人民。由此可见，我国的"一带一路"倡议对沿线国家/地区是有益的，一是能促进区域经济一体化的高速发展，从而有利于改善世界经济发展相对不平衡的现状，二是促使国际经济贸易朝着多极化的方向发展，加快形成国际贸易新格局。

二、"一带一路"国家/地区的知识产权实力

在经济和科技全球化的不断发展下，国际知识产权保护制度在很大程度上也得到改善。如今，以 TRIPS 协定为主要内容的国际知识产权保护制度在全球范围内得到普遍适用。所有的发明、技术创新、文化创新等创新成果被置于全球知识产权的法律保护之下，一系列的无形财产也成为企业和国家发展的重要驱动力。因此，国家的知识产权实力成为评价一国综合国力的强有力指标。

一个国家的知识产权实力是该国知识产权参与经济、文化和科技中所形成的对经济、文化和科技发展的催化剂，也是一个国家科技、文化和经济系

统的协调、整合和传导力。❶知识产权作为一种智力性创造成果，只有通过协调经济、文化和科技三者之间的关系，才能成功地将科技和文化的一系列创新成果转化为助力经济发展的催化剂，使一个国家的知识产权实力得到提升。

如今，在这样一个知识经济时代，为了提高国家的知识产权实力，促进经济全球化发展，同时面对以美国为主的排除中国国际贸易的严峻形势，我国要想具备一定的竞争力，国家必须主动出击，以合作共赢为理念，建立一个对外开放的格局，顺利与国际接轨，从而实现国家经济形态的进步。我国在 2013 年作出的共建"丝绸之路经济带""21 世纪海上丝绸之路"的强有力呼声，其初衷就是为缓解国际竞争激烈的经济贸易体系而提出的带有主动性的道路化选择。倡议提出之初，就得到了国际社会的高度关注。"一带一路"的沿线国家主要是除美国、英国、日本之外的 64 个发展中国家。这些国家的普遍特征是，市场资源丰富但知识产权发展的指标偏低，再加上全球各个国家的法律制度复杂多样的大格局，如何在这些发展中国家布局可行的知识产权战略方案，以应对其正在或即将面临的知识产权制度风险，一度成为提升国家知识产权实力的关键。❷ 在此过程中，我国必须努力克服可能遇到的种种困难，提出应对风险的措施。

三、"一带一路"沿线国家/地区的知识产权制度风险

知识产权制度的最先制定者是欧洲工业革命的发源地——英国，英国也是专利和著作权法的起源地。美国是知识产权制度的有效实施者，美国成为世界强国的发展过程，一定程度上也是知识产权政策推动创新发展的过程。韩国是一个将知识产权作为战略工具，从工业化国家成功转变为创新型国家的现代国家。欧美地区的主要国家都倾向于将知识产权制度作为推动经济增

---

❶ 俞文华：《知识产权强国评价体系研究》，知识产权出版社 2016 年版，第 50 页。
❷ 王莲峰、牛东芳："'一带一路'背景下我国企业海外知识产权风险应对策略"，载《知识产权》2016 年第 11 期。

长，促进科技进步的政策性武器，同时也是创新型国家保护自身知识产权技术优势，实现创新发展的强有力工具。因此，有学者认为，几乎全部国家的知识产权法律都是其所处社会和经济政治环境的产物。❶ 建立在这样认识的基础上，各个国家所处的社会环境既有的一系列风险，就是社会发展过程中不可避免的"产物"，再加上国家的经济、政治、文化的不稳定因素，可以说在一个已然是风险社会的大环境中，提升国家的知识产权实力，存在风险乃是意料之中。知识产权法具有300多年的成长历史，是一种重要的法律制度文化，它是对知识产权的归属、使用、管理和维护等活动中产生的社会关系进行规整的法律规范的总称，在风险社会中激励和保护知识创新的同时，就会随即产生学者们所称的现实或潜在的制度风险。

（1）知识产权制度本身的风险。就中国而言，改革开放以来，为了实现与国际接轨的目标，在较短时间内迅速制订并颁布了一系列的知识产权法律法规。中国的知识产权法律法规是较被动的立法，是通过外力强加的法律移植，因为缺乏制度传承，没有文化土壤，往往会带来法律实施效益不足的"风险"。❷ 这就是我国知识产权制度自身存在的现实风险。中国身为一个传统的发展中国家，同时也是一个蓬勃发展的新型工业化国家，务必稳妥有效地处理国家发展过程中的知识产权问题。在"一带一路"的背景下，沿线发展中国家的知识产权制度本身也有类似中国的制度风险。不仅如此，这些发展中国家的法律制度复杂多样，势必在合作的过程中产生制度上的差异性矛盾，这一点可以说是运行过程中的重难点问题。

（2）知识产权法律的国际化现象日益明显。知识产权法的国际化，意味着与知识产权保护的基本原则和重点规范相关的内容将在全世界得到广泛适用。由此，给包括中国在内的，同样被外力强加过的其他发展中国家带来了提升知识产权实力上的根本性困难。目前以TRIPS协定为核心的当代国际保护制度，是由几个发达国家主导签订并实施的，其在知识产权保护和国际贸

---

❶ 吴汉东："知识产权的制度创新本质与知识创新目标"，载《法学研究》2014年第3期。

❷ 吴汉东："知识产权的制度风险与法律控制"，载《法学研究》2012年第4期。

易之间建立起全新的联络,成为一个国家平等参加到国际贸易中的前提条件。❶ 在这样的国际知识产权保护的新规则下,一些发达国家要求将知识产权的权利范围进行扩张并想得到高水平的保护,目的并非满足其他国家获取知识的普遍性需求,而仅仅是维护本国创新优势的利益,这对于知识产权制度本身就不完善,面对大环境如此被动的发展中国家而言,无疑又会产生不可估量的风险。

四、"一带一路"发展与知识产权制度风险应对战略

"一带一路"的发展,让知识产权制度风险成为各沿线国家不可忽视的问题。面对"一带一路"建设中的知识产权制度风险,中国需要制定出一个有效的、可实施的战略措施,即知识产权战略措施。这一措施同样也是许多国家准备制定或正在实施的一项长期发展战略,对提升一个国家的竞争力起到很大的作用。此战略的重点是要坚持以知识产权制度为实施的基础,形成一套完善的知识产权管理体系,鼓励知识产权的创造、知识产权保护和知识产权转化与应用,使一个国家的知识创新能力和国际竞争力得到提高,促进经济持续发展。❷ 因此,知识产权的国际化战略和本土化发展战略即是接下来我国需要采取的重点方案。

1. 为了应对各国知识产权制度本身存在的风险,我国提出要发展知识产权的国际化战略

(1)要坚持知识产权制度先行。面对风险,最重要的有力保障是通过法律来实现的,即我国要构建一套全新的知识产权法律法规。在这一进程中,要创建制度共同体,完成"一带一路"倡议下的区域知识产权一体化建设,从而化解各沿线国家之间的知识产权制度矛盾。为了促进区域知识产权制度

---

❶ 高华:《国际贸易中的知识产权滥用及我国应对研究》,科学出版社2015年版,第1页。
❷ 张静敏:"知识产权战略化研究",载《北京电力高等专科学校学报》2012年第7期。

一体化的实现,我国应该为此设立跨区域组织协调机构。❶ 该机构专职负责区域间的合作工作,包括政治合作、经济合作等,以此来加强区域内国家间的交流,减少不稳定因素。

(2)增强国家间的知识产权对话,增强国际影响力。作为发展中国家重要的一员,我国现有的知识产权制度由于缺乏文化传承和文化土壤,较发达国家相对落后。为了顺利与国际接轨,我国需要提升区域组织在国际贸易体制建构和改革的话语权。借助"一带一路"区域内各国际组织的力量,制订出多元化的国际经贸规则。只有在多元化的国际经贸规则下,才能形成更加有力的区域性多边知识产权争端解决机制,在"一带一路"的背景下,实现以互赢、互利、创新和平为目标的全新发展道路。

2. "一带一路"发展中知识产权的本土化发展战略

该战略的主要内容是提高我国经济、社会的协调和谐发展。之所以要强调知识产权的本土化发展战略,是因为要凭借"一带一路"的战略措施,成功地将中国化创造、中国化贸易、有中国特色的品牌带出国门,在国际产业合作和经济贸易往来的进程中,努力构建中国的知识产权优势,❷ 提高我国的知识产权实力,从而让国家的综合国力得到显著提升,向知识产权强国目标迈进一大步。

要想有效地实施知识产权的本土化发展战略,需要借助政府主体和市场主体。区域地区知识产权措施的首要制定者、施行过程中重要的推动者是各国政府,它们在实现这一战略的过程中起到关键作用。与此相对应的市场主体是知识产权的创造者和应用者,同样扮演着重要的角色。政府和市场都需要我们全方位、多方面地提升国家的知识创新能力。首先为了加强各个区域的共同协作,政府应对经济文化落后的地区给予教育上的大力支持,鼓励一大批优秀人才到西部地区就业,提高中部地区与西部地区的基础设施建设程度,逐步带动这些地区的经济发展。而对于市场主体来说,目前,享有权利

---

❶ 葛莉:《知识产权发展与区域经济研究》,中国社会科学出版社2016年版,第234页。

❷ 吴汉东:"'一带一路'战略构想与知识产权保护",载《法治社会》2016年第5期。

的主体不仅包括单一的创造者，还包括进行投资创新的部分企业。知识产权制度与法人制度的建立，成为"现代产权制度建立的标志"，[1]在法律实施效益不高的前期，作为权利的享有者，他们在追求知识创新的同时，也必须遵循现有的知识产权制度，约束自身的行为。知识产权侵权行为在很大程度上会对创造者的积极性产生影响，主要体现在权利的创造者在生产和研究知识产品的过程当中。带来的消极影响就是积极性整体不高，导致国家的知识产权实力整体得不到提高。面对这一现实，主张制度经济学观点的学者们认为可以通过调节有关知识产权交易和保护的成本、收益之间的关系，从而告诉理性的经济学人放弃侵权以及其他相关的不法行为。[2]

除上述建议外，要充分合理地结合现代化的网络信息资源，构建能够促进发展的区域知识产权战略实施协同网络，这是目前我国可以实施的实际化路径。区域间的知识协作是施行本土化发展战略的重要因素，政府可以通过多种方式鼓励部分企业运用一些合理手段构建一个区域知识产权战略实施协同网络，增强我国各个区域之间知识信息的沟通与交流。

五、结　语

以"一带一路"倡议为出发点，走共赢的、互利的、创新和平的发展道路是实现知识产权国际化的有利途径，是提高我国知识产权实力所作出的主动出击。在知识经济迅速发展的时代，我国在实施"一带一路"倡议的同时，不仅要不断地加强知识产权保护，还要注意知识产权制度中风险问题防范。我们要将既有的知识产权制度结合实践的发展、结合国际大格局的发展，及时调整自身的知识产权制度，以此来应对现实或潜在的制度风险。只有按照这样的思路，中国才能在"一带一路"的伟大构想下，成功勾画出一幅以伟大"中国梦"为目标的宏伟蓝图。

---

[1] 刘凤朝："论技术创新与制度创新的互动——以知识产权制度的创立和发展为例"，载《科学技术与辩证法》2000年第2期。

[2] 吕忠梅等：《经济法的法学与经济学分析》，中国检察出版社1998年版，第369页。

知识产权国际保护制度的发展趋向及"一带一路"背景下中国的路径选择

刘依佳[*]

内容提要 因现行的知识产权国际保护制度无法满足各成员方的利益需求，多边对话机制陷入僵局，发达国家转而以双边协定、诸边协定等形式保护知识产权，由此，知识产权国际保护制度出现多极化倾向。在此背景下，我国提出"一带一路"倡议，在机遇与挑战并存的国际市场，我国应加强政府与企业的协作，从内部建构和外部行动两个方面入手，突破多极化趋势下受制的局面，推动知识产权区域一体化制度发展，从而建构知识产权国际保护的新秩序。

关键词 "一带一路" 知识产权 国际保护

一、知识产权国际保护制度的多边演进与发展困境

知识产权的国际保护制度是各国利益博弈、政府间磋商等诸多因素共同作用的结果，但知识产权的地域性特征决定了各国在立法时必然从利于本国的角度出发，而不注重减少国家间立法差异，从而导致依据一国法律获得保

---

[*] 刘依佳，南京理工大学知识产权学院研究生。

护的知识产品在其他国家并不必然甚至难以获得保护。❶ 随着国际贸易的扩张与经济全球化的推进,以国内法为基础的知识产权国际保护制度难以发挥本应具有的协调立法冲突、统一保护标准的功能,其弊端日益显现。在此情形下,为了突破国内管辖的局限性,以求获得国际范围内的知识产权保护,各国纷纷签订国际公约与多边协定,形成知识产权国际保护的基本体系,随着世界知识产权组织等国际组织的推动,知识产权保护进入组织化发展阶段。❷

1. 知识产权国际保护制度的多边走向

知识产权的国际保护需求源于知识产权的地域性特点,其他国家对进入本国的知识产品并无保护的义务。随着国际贸易的发展,为了防止本国产品被他国人任意使用,一些国家进行谈判磋商,以消除不同国家的立法保护水平差异,降低立法、执法成本,促进统一市场形成。《巴黎公约》和《伯尔尼公约》由此应运而生。随后,保护知识产权联合国际局(BIRPI)成立以负责公约的管理运行。但由于 BIRPI 缺乏发展中国家的参与,因此,为了进一步推动国际知识产权立法的一体化,在其基础上成立了世界知识产权组织(WIPO)。WIPO 为各国知识产权保护水平提升、执行与知识产权相关的立法与事务发挥了重要作用。

然而,WIPO 下辖的国际知识产权条约往往只注重立法,对执行问题并无明确具体的规定,因而在发生纠纷时,各国司法或行政机关缺少可操作的纠纷解决机制。在抵制假冒贸易这一目标的推动下,各国达成共识,订立了《与贸易有关的知识产权协议》(TRIPS 协定),标志着知识产权国际保护多边贸易框架正式建立。

2. 知识产权国际保护制度的运行障碍

随着发展中国家力量的壮大,以发达国家为主导订立的国际公约受到质

---

❶ 张猛:"知识产权国际保护的体制转换及其推进策略——多边体制、双边体制、复边体制",载《知识产权》2012 年第 10 期。

❷ 吴汉东、杜颖、肖志远:《知识产权法学》,中共中央党校出版社 2008 年版,第 386 页。

疑。现有的国际公约对知识产权保护水平较高，有利于发达国家，而相对于产品生产能力、技术创新能力较低的发展中国家，无疑是不公平的。因此，广大发展中国家要求均衡南北利益的分配，以及消除不公平待遇。此外，在执行有关协定的过程中，也存在国家间的分歧与矛盾。发达国家质疑 TRIPS 协定给予发展中国家过多优惠让步，允许其在最低保护标准限度内任意降低保护强度，导致国际知识产权保护整体效率的降低。而发展中国家认为，TRIPS 协定保护的客体具有局限性，对发展中国家以及最不发达国家的传统知识和遗传资源等缺乏有效保护，由此引发了专利权与公共健康等争议。现有条约无法兼顾发达国家的技术优势与发展中国家的利益，这就导致知识产权国际保护制度的运行困境。同时，上述争议造成发达国家与发展中国家两大阵营的对立，双方在知识产权保护立场上的对抗也使得多边体制下继续讨论知识产权保护标准的谈判进程无限拖延。

二、知识产权国际保护制度的新趋向

国家间利益的博弈并未停止，各方角力的结果使得知识产权国际保护制度也发生了转变，逐渐从多边对话机制转向双边和多极化的诸边对话机制。然而知识产权保护制度是与科学技术相关联的，尤其是信息技术。❶ 信息技术高额的参加成本与低廉的边际成本，使得发展中国家无法与发达国家抗衡，在国际谈判中也难以发声，发达国家仍主导着知识产权国际保护的动向。但对话机制和实质内容都有所转变，知识产权国际保护制度出现新的趋向。

1. 对话机制

从知识产权国际保护制度的形成过程来看，知识产权国际保护实质是发

---

❶ 易继明：《技术理性、社会发展与自由——科技法学导论》，北京大学出版社 2005 年版，第 40 页。

达国家向全球宣传其知识产权保护理念,并通过国际协定将其利益诉求固化。❶ 随着各国防范知识产权侵略扩张意识的增强,国际多边谈判难以满足所有国家的利益诉求,故多边对话逐渐转变为双边对话和诸边对话,尤其是发达国家,采取各个击破的策略,签订了大量双边协定和诸边协定,WTO多边对话平台逐渐被零散分布的多个对话机制替代。

从新旧机制的特点来看,多边对话机制的优点在于统一多国知识产权保护标准,通过民主谈判取得一致成果,并能被所有成员遵守和履行。其缺点也很明显,由于涉及国家众多,利益冲突较大,故谈判成本较高,难以取得一致结果。此外,由于各国经济水平不同,科技实力也不同,因而对知识产品保护力度也有所差异。发达国家基于出口贸易扩张的需求,不断向欠发达国家施加压力,要求其提高知识产权保护水平,这不仅导致欠发达国家在进出口贸易方面遭受打击,也为其国内本土文化带来冲击。而欠发达国家提出对传统资源、地理标志的保护,在国际社会中并不受重视。所以各国对知识产权保护的内生需求不同导致多边对话效率极低。相比之下,双边和诸边对话机制成员较少,不受 WTO 机制约束,也不局限于特定区域,仅就共同关心的特定问题进行磋商,所以灵活性大,效率也较高。其中影响力比较大的谈判,如 ACTA、TPP、TTIP,都取得了一定成果,切实保障了谈判成果在各成员国间有效实施。

2. 实质内容

除了对话机制的转变,知识产权国际保护标准也有所改变。无论是 ACTA 还是 TPP,保护标准都更为严苛,在民事侵权的救济赔偿、海关边境措施以及刑事责任等方面订立了详细而严格的规定。❷ 例如,TPP 加强了对

---

❶ 〔美〕苏姗·K.塞尔著,董刚、周超译,王传丽审校:《私权、公法——知识产权的全球化》,中国人民大学出版社 2008 年版,第 94 页。

❷ 〔德〕亨宁·格罗斯·鲁斯汗:"贸易协定为国际贸易壁垒创造障碍?——《国际反假冒贸易协议》中的边境措施与转型中的商品",载《美洲大学国际法评论》2011 年第 26 期。

著作权的保护，延长了著作权的保护期，并将临时复制也纳入保护范围。❶ TPP 对专利的保护也进一步加强，对动植物以及疾病的诊断和治疗方法也提供一定保护。此外，在商标方面，TPP 允许气味和声音商标的注册。

在实施机制方面，发达国家转而通过 ACTA 这样的诸边机制，专门设立委员会形式的多国组织，委员会下设多个分委会，委员会的组织程序由其自己掌控，直接执行知识产权保护标准，从组织机构和程序实施上保障了规定的贯彻落实。

三、"一带一路"倡议的提出

通过上述国际政治经济格局和国际知识产权保护制度的发展趋势分析可以看出，发达国家的强力推动和发展中国家的集体抗衡是国际保护体制转换过程中的基本基调。中国需把握国际政治经济格局和未来态势，完善国内知识产权法律法规，制定合理的外交战略，采取充分的应对措施，确保在各方利益博弈中立于不败之地。由此，我国提出"一带一路"倡议，以促进区域经济一体化的建设，推动建构更加和谐稳定的知识产权国际保护的新秩序。

在当今的国际格局中，中国面临的形势十分严峻：东部面临"C"形地缘封锁，美国主导的 ACTA、TTIP 等国际协定排斥中国出口贸易。中国企业在"走出去"的过程中面临一系列知识产权保护问题。一方面，对于引进的外来技术，中国企业在消化吸收的基础上进行创新，需要解决引进技术的知识产权问题；另一方面，对于自主创新的产品，在出口过程中要解决出口国的知识产权保护制度问题。随着近些年中国经济实力的增强，企业的自主创新能力不断提高，自主知识产权作为一种无形财产被越来越多的企业所重视，在商业贸易中也作为一种商业工具加以运用和交易。但是，在国外市场中，中国企业的知识产权意识还不够强，中国产品被侵犯知识产权的案件时

---

❶ 张磊、徐昕、夏玮："《跨太平洋伙伴关系协议》（TPP）草案之知识产权规则研究"，载《WTO经济导刊》2013年第5期。

有发生，知名品牌商标也屡遭抢注。在这样的背景下，"一带一路"倡议的提出就具有十分重要的意义和合理性。

（1）顺应了区域经济一体化的趋势。区域经济趋于一体化，知识产权制度也应随之跟进。随着世界经济政治重心的转移，新的全球化动能逐渐趋于新兴国家，美国的霸主地位受到动摇。亚太地区经济的崛起使其在国际舞台上的地位不可忽视。中国在亚太地区具有得天独厚的优势，因此"一带一路"倡议的提出，既促进了区域经济一体化的和谐发展，也为构建公平、合理的知识产权国际保护新秩序提供了保障。❶

（2）推动了我国"走出去"战略。随着我国经济的增长和科学技术的进步，我国企业积极实施"走出去"战略，参与国际商贸往来，推动我国自主创新产品走出国门。而"一带一路"倡议的核心思路是共商、共建和共享，与"走出去"战略的宗旨不谋而合，且"一带一路"沿线的东亚、南亚、中亚地区的国家多属于发展中国家，经济处于上升期，急于谋求进出口贸易的扩张，区域的联合可以促进资源共享、经济互补，实现经济一体化的和谐发展。

（3）调整了我国对外开放的格局。"一带一路"倡议的提出不仅表明了我国和平发展的国际立场，也充分表露了我国应对国际经贸规则新变化的积极态度。经过40年的改革开放，我国已基本形成与国际贸易的全面对接。当今中国已成为吸引外资最多的进口大国之一，在引进资本的同时，我国也注重推动自主产品走出国门。在当今知识经济时代，知识产权是各国国家实力和在国际交往中地位的重要因素之一。以微软、IBM、西门子为代表的知识产品奠定了美国、德国在全球贸易中举足轻重的地位。以华为、中铁为代表的中国企业，以全新的姿态进入了国际市场，开拓了我国以知识产品为支撑的对外开放新格局。

（4）创新地提出了"走出去"战略。当今国际竞争的关键在于技术创新，低技术含量的生产不仅消耗资源，利润空间也极低。因此，我国要在国

---

❶ 吴汉东："'一带一路'战略下知识产权保护的中国选择"，载《人民论坛》2017年第3期。

际市场中立足前沿，必须"走出去"，发展知识产权密集型产业，提高知识产品的创新能力，降低经济发展与资源消耗之间的关联程度，以科技创新推动经济发展，引领产业升级。知识产权国际保护制度作为"走出去"战略的法律保障，对激励和保护知识创新发挥了重要作用。

四、"一带一路"背景下中国的路径选择

我国作为国际舞台上的新兴力量，知识产权保护水平较低，国际保护制度还不够完善，这就导致我国企业知识产权屡遭侵犯，在国际贸易市场中处于竞争劣势。因此，我国应借鉴国外知识产权保护制度，设计出最适宜我国的知识产权国际保护路径。

（一）国际经验

美国、德国作为知识产品出口大国，知识产权保护制度较为完善，其经验值得我国借鉴。

（1）美国的严格保护制度。美国极为重视知识产权的保护。一方面，美国对侵犯知识产权的行为制定了一系列严苛的制裁手段，包括限制该国进口贸易、提高关税、取消优惠待遇等。另一方面，美国对本国知识产权采取高标准的保护措施，例如，鼓励企业积极申请国际专利，产品每进入一个国家，首先要申请专利保护，并且在同一种产品的很多类别上都申请，以形成知识产权群，从而更有效地保护其知识产权。

（2）德国的区别对待政策。德国作为制造业出口大国，建立了一套较为成熟的"企业主体、国家支持、员工努力"的海外知识产权战略管理和法律保护体系。❶德国产品的出口目的地主要在欧洲，而对于竞争压力小的非洲地区，德国在专利使用费和技术转让上给予较多优惠。对待发达国家和发展中国家，德国也采取了不同的待遇。这样在保护知识产权的同时，也有利于

---

❶ 张长立、高煜雄、曹惠民："'一带一路'背景下中国海外知识产权保护路径研究"，载《科学管理研究》2015年第5期。

德国企业在海外树立良好的品牌形象与口碑。此外，政府对企业知识产权保护提供法律保障，形成政府、行业协会双重协助的保护体系。

由此可以看出，世界贸易强国一般通过提高企业对知识产权成果的重视、占据高端产品上的比较优势、建立知识产权群、加强知识产权储备、政府与企业联手等途径来保护海外知识产权。

（二）中国路径的具体设计

在知识产权国际保护的新格局下，中国应结合"一带一路"倡议，突破多极化趋势下受制的局面，从内部建构和外部行动两个方面入手，设计出适宜国情的保护路径。

内部建构方面，政府与企业应联手协作，具体应采取以下应对措施。

1. 政府的应对措施

政府作为企业进入国际贸易市场的强力后盾，应为企业提供市场信息与法律援助。

（1）鼓励企业申请海外知识产权。申请知识产权是权利受到保护的前提，我国企业在海外权利屡遭侵犯就是由于权利保护意识不强，对此政府应鼓励企业在"走出去"的过程中积极申请权利保护，以便在权利遭受侵犯时获得救济。鼓励知识产权服务行业发展，可以更好地为企业提供专业支持。此外，政府应为企业申请知识产权提供援助，针对外国申请费用过高的情况，政府可给予适当补贴或税收优惠。

（2）为企业提供信息保障。企业在海外市场往往会面临信息获取不及时、不对称等问题，政府可依托驻海外使馆，为企业提供实时信息，构建企业—政府一体化的信息交流机制。

（3）建立法律服务体系。政府可联合驻外经销机构、行业协会、法律服务机构，建立海外维权援助体系。当企业面临纠纷时，可向政府申请援助，政府作为中介，将其信息反映给法律服务机构，进行信息对接，进而为其提供专业的法律咨询。

2. 企业的应对措施

企业作为市场贸易的主体，通过以下措施来加强知识产权的保护。

（1）构建我国企业的知名商标体系。为占据海外市场份额，企业仅依靠低廉的价格并不能建立起优势，必须通过宣传推广，提高品牌的知名度，从而提升竞争力。打造品牌可以结合出口国的本土文化，针对特定受众进行推广。在"一带一路"的背景下，服饰类轻工业民用生活品大量出口，广受好评，企业可借此契机，树立良好的品牌形象，扩大产品优势和市场份额，在国际市场构建我国企业的知名商标体系。

（2）利用商业秘密保护核心技术。企业的自主创新产品在出口的同时，会带来技术外溢的风险。竞争者可能通过模仿、剽窃等手段批量生产仿制品，并以低廉的价格出售，从而损害企业的利益。"一带一路"沿线国家，除中东欧等少数国家外，其他多为发展中国家，技术创新水平较低，极易出现利用非法手段获取我国企业的技术方案及核心知识产权的问题。因此，我国企业可利用商业秘密来保护核心技术，商业秘密制度是法律赋予权利人以保密手段或技术措施来防止信息外泄的权利，他人以非法手段获取商业秘密的，应承担相应法律责任，从而有效降低了企业核心技术被泄的风险。

除了着力于内部制度建构外，还应为我国对外贸易提供良好的外部环境。外部行动方面，我国应坚持区域制度优先原则，并加强对外交流，从而深化"一带一路"倡议，建立公平、合理的自由贸易区。

（1）坚持区域知识产权制度优先原则。当区域制度与国内法冲突时，应坚持区域制度优先，以统一区域知识产权制度，建立兼顾各成员方利益的并为其所遵守的区域贸易规则。在实施区域制度的同时，可以借鉴其他国家立法，进一步完善我国国内法，使其更符合国际潮流。

（2）加强国际对话。中国作为最大的发展中国家，在国际舞台上应发挥话语权，积极对外沟通。在与发达国家对话时，可借鉴其先进理念与制度；与发展中国家对话时，可推广"中国经验"，形成优势互补。在"一带一路"倡议的指引下，中国应以沿线贸易区为阵地，政治互信、经济互惠，推动区域一体化发展，并以区域为中心向外辐射，缩小与发达国家间的差距，推动建立全球范围内公平、和谐的交易秩序。

（3）携手民间力量。民间机构属于非政府组织，其力量不容忽视。如

2012年，为抵制《禁止网上盗版行为法》的通过，包括维基百科在内的7 000多个网站关闭，谷歌从其网站上收到了700多万抗议该法制定的签名。❶ 无论在发达国家还是发展中国家，民间力量都发挥了重要影响作用，抵制了知识产权的不良扩张，矫正了现有制度的弊端，并为建立全新的良好的知识产权保护环境做出了贡献。因此，我国应携手民间力量，共同遏制西方标准的知识产权保护理念扩张。目前我国已与国外有关组织展开合作，2005年，中国人民大学法学院联手知识共享组织（CC组织），翻译CC协议并将其本地化，在我国进行推广。❷ 今后，我国还应拓宽与民间组织的合作渠道，通过互联网等新兴媒体，尝试与民间力量合作的新途径。

---

❶ ［美］迈克尔·A.卡里尔："SOPA, PIPA, ACTA, TPP：一系列创新的版权立法和协议"，载《西北技术与知识产权杂志》2013年第11期。
❷ 杜颖："知识产权国际保护制度的新发展及中国路径选择"，载《法学家》2016年第3期。

如何认识"一带一路"倡议下的知识产权风险

刘姗[*]

内容提要 在经济全球化的背景下知识产权保护制度愈发重要。"一带一路"倡议作为国家级顶层设计,将成为经济全球化的重要组成部分。在"一带一路"倡议背景下,企业对外贸易日益频繁,企业的竞争已经不仅是生产要素的竞争,更是知识产权的竞争。因此,知识产权制度必须与经济发展协同共进,重视政策法律风险,积极提出应对方案,以"一带一路"为中心,克服地区差异,化解地域矛盾,打好知识产权的攻坚战,维护我国企业的合法权利,实现和平发展。

关键词 "一带一路" 知识产权 风险 对策

"一带一路"是植根于丝绸之路的历史土壤,向沿线所有的国家/地区开放的经济战略。习近平总书记称为"'世纪工程' 惠及世界"。[①]"一带一路"倡议将充分依靠中国与有关国家/地区之间既存的双边、多边机制,借助现存的、行之有效的区域合作平台,秉承和平发展的理念,积极发展与沿

---

[*] 刘姗,华中科技大学法学院研究生。
[①] "一带一路"高峰论坛开幕式演讲:"外媒点赞习近平'一带一路'论坛开幕式演讲:'世纪工程' 惠及世界",载 http://www.chinanews.com/cj/2017/05-15/8223729.shtml,2017年05月15日。

线国家的经济合作伙伴关系,共同打造政治、经济、文化互利共赢的利益共同体、责任共同体和命运共同体。这是一个大胆的承诺,旨在将中国等泛亚洲区域以及欧洲、非洲大陆连接起来,特别是通过大规模基础设施连接起来。这充分体现了中国在国际上的责任和担当。"一带一路"倡议将成为经济全球化的有力推手。知识产权保护作为经济发展的重要保障必须随之跟进。以"一带一路"为中心,克服地区差异,应对政策和法律风险,化解地区矛盾,实现区域经济和知识产权和平发展。

一、"一带一路"的文化内涵

在知识经济时代,国家要建立一个有效率的竞争性国家创新体系而实现国家经济形态的进步,从而提高企业竞争力及人民生活水平和质量。❶"一带一路"正是我国知识经济体系下的产物,"一带一路"贯穿亚、欧、非大陆,连接发展中的泛亚太经济圈和欧洲、非洲大陆。建设"一带一路"具有重要的战略意义,它是对中国对外开放格局的一次重要调整:自改革开放以来,中国逐渐与世界接轨,初步达成与国际经济和贸易规则的对接。改革开放40年以来,中国经济发展迅猛,GDP稳居世界第二。❷ 为了实现更高层次的对外开放,中国在"引进来、走出去"的战略基础之上,提出"一带一路"倡议构想,在它的引领之下,我们将迎来新一轮的对外开放。实现由需求侧经济向供给侧经济的改革。

建设"一带一路",是跨越时空连接中国梦与世界梦的战略构想,也是融通古今、连接中外,顺应和平发展合作共赢的时代潮流,承载丝绸之路沿途各国繁荣进步的共同理想。❸ "一带",即丝绸之路经济带,以中国西部城市为起点,连接中亚、西亚及欧洲,共商共建,形成沿路经济带;"一路",即海上丝绸之路,以中国东部城市为起点,以南亚、东南亚、非洲以及欧洲

---

❶ 黄顺基:《走向知识经济时代》,中国人民大学出版社1998年版,第278页。
❷❸ 吴汉东:"'一带一路'战略构想与知识产权保护",载《法治社会》2016年第5期。

之间的海上路线为经络,构筑沿海经贸区。

"一带一路"作为国际重要倡议,是建立在各国平等与自主选择的基础之上的。"一带一路"的核心思路就是共商、共建、共享。❶"一带一路"倡议惠及的范围十分广泛,发展潜力也十分巨大。在现如今知识经济的背景之下,知识产权作为国际贸易发展重要组成部分甚至是"标配",在国际经济增长的过程中更加不可或缺。因此,"一带一路"的经贸战略包含知识产权战略。

国际贸易包括商品贸易、服务贸易和知识产权贸易三种类型。知识产权是一种无形财产权,最终还是要以商品和服务为载体。在中国践行"走出去"战略的同时,"made in China"的商品和服务也不得不更加重视知识产权问题。发达国家对于商品和服务的知识产权保护已经达到了更高水准,以美国为代表的发达国家希望建立独立于 TRIPS 协定的保护规则,而这势必会削弱原有国际规则的影响力。因此,"一带一路"沿线的发展中国家,就需要重视知识产权国际规则的重构和完善,避免以 WTO 和 TRIPS 协定为核心的知识产权国际规则体系被冲垮。

二、"一带一路"的发展成果

据统计,实施"一带一路"倡议以来,我国的国民总收入 2010~2015 年稳步上升,国内生产总值、货物进出口额、货物出口总额、货物进口总额等方面也大体呈现稳步上升的局面。"一带一路"经济区开放后,承包工程项目突破 3 000 个;2015 年,我国企业共对"一带一路"相关的 49 个国家/地区进行直接投资,投资额同比增长 18.2%;2015 年,我国承接"一带一路"相关国家/地区服务外包合同金额 178.3 亿美元,执行金额 121.5 亿美元,同

---

❶ 国家发展改革委、外交部、商务部:"推动共建丝绸之路经济带和 21 世纪海上丝绸之路的愿景与行动",载 https://baike.so.com/doc/24505499-25358779.html,2017 年 10 月 25 日。

比分别增长 42.6% 和 23.45%（见表 1）。❶

表 1

时间指标	国民总收入（亿元）	国内生产总值（亿元）	货物进出口总额（亿元人民币）	货物出口总额（亿元人民币）	货物进口总额（亿元人民币）
2010 年	411 265.2	413 030.3	201 722.15	107 022.84	94 699.3
2011 年	484 753.2	489 300.6	236 401.99	123 240.6	113 161.4
2012 年	539 116.5	540 367.4	244 160.21	129 359.25	114 800.96
2013 年	590 422.4	595 244.4	258 168.89	137 131.43	121 037.46
2014 年	644 791.1	643 974	264 241.77	143 883.75	120 358.03
2015 年	686 181.5	689 052.1	245 502.93	141 166.83	104 336.1

"一带一路"倡议不仅带来经济增长，也带来知识产权成果的增加。据统计，2016 年我国在"一带一路"相关国家/地区专利申请数量同比增长 47.1%；2016 年"一带一路"相关国家/地区在我国申请专利数量同比增长 18.2%。❷

2017 年 5 月，我国在北京举办了首届"一带一路"国际合作论坛（the first Belt and Road Forum for International Cooperation，BRF），习近平主席在开幕演讲中承诺要把更多资金投入 BRF，加速其目标实现，促进金融一体化和改革以及基础设施建设。BRF 被视为一个有担当的大国外交姿态，会逐渐减少地区发展差异，平衡地区发展。

三、"一带一路"背景下的知识产权风险

知识产权的"一带一路"是国家"一带一路"倡议的应有之义。政府对"一带一路"知识产权合作机制也保持了高度的关注。国家知识产权局表示，

---

❶ 载 https://www.yidaiyilu.gov.cn/datasearch.htm? 1 # china _ macro，2017 年 9 月 10 日。
❷ 刘晓春、高志达："'一带一路'倡议中的知识产权风险与防范"，载《中国对外贸易》2017 年第 5 期。

要以知识产权来支撑"一带一路"经济战略的发展,通过"一带一路"沿线各个国家/地区之间的沟通、交流、协调,建设"一带一路"知识产权信息共享平台,研究发布各个国家/地区知识产权研究报告,从而加强"一带一路"区域知识产权国际合作。❶

以"一带一路"为契机,对于知识产权保护制度来说是一次难得的历史机遇,同时也面临许多风险和挑战。具体而言,其风险主要包括以下几个方面。

(1) 区域化知识产权政策法规风险。"一带一路"倡议涉及沿线诸多国家/地区,一方面各国的知识产权发展水平参差不齐,不同国家/地区的政策和法规差异较大。有些国家的知识产权制度能够达到TRIPS协定的要求,有些国家则立法和执法的环境较差,知识产权发展水平相对滞后。另一方面是"一带一路"沿线的中东等国家/地区的政治不稳定因素较多,政治风险会很大程度上影响知识产权政策、法规的连贯性。

(2) 地区差异和矛盾。"一带一路"倡议覆盖亚欧非三大洲,各地区的意识形态、宗教、法律、文化等方面均存在巨大差异,从而引发地区知识产权保护制度矛盾。如果不采取知识产权的提前布局,那么地区差异和矛盾会严重影响知识产权的保护,从而影响企业的经济增长。

(3) 我国企业对知识产权重视不足。在当今世界的国际贸易中,产业输出越高端就意味着知识产权战略协同就越有必要。然而在"一带一路"倡议背景下,我国企业知识产权意识淡薄,很容易在产品进入某些国家/地区时产生侵权,最终往往导致企业损失惨重。如2014年,小米手机在印度上市后不久,爱立信突然发起专利诉讼,声称小米侵犯了其8项专利。应爱立信请求,印度法院向小米发出"诉前禁售令"。小米提出上诉后,法院仅同意搭载有高通芯片的小米手机在印度销售,但每台手机还需交预存缴纳金,而另一种搭载联发科芯片的产品则被维持禁售。❷

---

❶ 刘晓春、高志达:"'一带一路'倡议中的知识产权风险与防范",载《中国对外贸易》2017年第5期。

❷ 汪洪:"'一带一路'与知识产权的战略协同",载《实践思考》2016年第10期。

四、"一带一路"知识产权风险应对

针对 BRI 倡议实施下知识产权保护的风险问题,应当抓住以下几个对策。

(1)做到维护知识产权有法可依,制度先行。"一带一路"倡议是促进共同发展,惠及全世界的世纪战略方针。知识产权是知识经济社会中不可或缺的重要制度,要实现"一带一路"倡议目标,必须重视知识产权保护。然而"一带一路"面临区域化政策法规风险,为应对该风险,我国应当努力构建以"一带一路"为依托的知识产权制度一体化。具体而言是:构建区域知识产权制度一体化。如前所述,知识产权的"一带一路"是"一带一路"倡议中的应有之义,因此,要做到知识产权一体化与"一带一路"经济贸易一体化的同步跟进,让知识产权保护制度与经济发展协同共进,避免脱节。

(2)建立知识产权信息平台。当今世界是知识经济和信息经济的时代。在"一带一路"倡议下,我国有必要建立国际化知识产权信息平台,这也是北川善太郎所提出的法律模型在知识产权保护领域的一种实践,这样可以在最大程度上公开知识产权保护情况,减少企业因不知情而受损失的现象。另外也可以加强各国之间的联系,增加对地区差异的了解,避免区域冲突。

(3)企业应重视知识产权布局。所谓"打铁还需自身硬"。在"一带一路"倡议指引下,企业之间的竞争已经不限于生产要素的简单竞争,更多的是知识产权竞争。企业必须具有全面竞争力,才能卓尔不群,脱颖而出;企业必须重视知识产权,提前对知识产权战略进行全面布局,对国际相关行业有所了解,才能避免不必要的侵权纠纷。企业首先要构建知识产权保护体系,有必要建设专业的知识产权团队,了解行业从生产到销售的各个环节的知识产权保护,构建完整的知识产权布局。其次防止商标抢注。每当一个企业进入新的国家/地区时,都有可能面临商标抢注的问题,一旦商标遭到抢注,企业难免付出巨额代价赎回或者不得已放弃已有一定名气的商标。因此，企业应提前做好预防和准备工作，将国外制度与自身知识产权保护相结合。

五、结　语

在"一带一路"倡议背景下，我国应秉持开放的区域合作精神，致力于维护全球自由贸易体系的成果。知识产权保护作为"一带一路"倡议的重要组成部分，应当受到充分的重视。在"一带一路"倡议推进的同时，进行知识产权制度的战略共进，做到知识产权保护有法可依，制度先行；推进知识产权信息共享平台建设，避免"一带一路"经贸战略与知识产权保护脱节；企业应当提前做好知识产权的战略布局和准备工作，以互利共赢为核心，实现沿线各国的和平发展。

浅谈"一带一路"倡议下的知识产权风险与应对

张宇航[*]

内容提要 "一带一路"倡议的提出正值"两个一百年"目标中第一个一百年目标实现的关键时期,这个关键时期的重大战略既可以为经济放缓增长的国内市场提供新的活力,也可以为第二个一百年目标的实现打下坚实的基础。"一带一路"倡议的重要意义毋庸置疑,我们需要考虑更多的是如何保障我国在"走出去"过程中能够对知识产权风险提前预防与沉着应对。本文结合"一带一路"沿线国家/地区发展现状,提出一些建议,以期能够为"一带一路"倡议下应对国际知识产权风险提供一种视角。

关键词 "一带一路" 知识产权 风险来源 风险应对

一、前　言

2013年9月7日,习近平总书记在哈萨克斯坦提出建设"丝绸之路经济带",同年10月3日,在印度尼西亚提出打造"21世纪海上丝绸之路"。自此之后,"一带一路"建设相关理论不断完善。至2015年3月27日,在海南博鳌亚洲论坛上,中国国家发展改革委、外交部和商务部联合发布了《推

---

[*] 张宇航,南京理工大学知识产权学院研究生。

动共建丝绸之路经济带和21世纪海上丝绸之路的愿景与行动》,❶ 标志着"一带一路"倡议建设进入全面推进阶段。

"一带一路"倡议构想,是新时代中国对外开放"走出去"发展的必然选择,是中国为推动经济全球化深入发展而提出的国际区域经济合作新模式。在全球经济发展新格局下,主动求变、掌握未来国际格局变化的主动权,争取更多的国际话语权是实现中华民族伟大复兴的"中国梦"的必然要求。在这样的背景下,"一带一路"倡议的提出是一个必然的选择。"一带一路"倡议的核心目标是促进经济要素有序自由流动、资源高效配置和市场深度融合,推动开展更大范围、更高水平、更深层次的区域合作,共同打造开放、包容、均衡、普惠的区域经济合作架构。❷

中国的发展是和平的发展,中国不奉行霸权主义,更不会称霸。而"丝绸之路"文化正是符合中国发展理念的载体。总体上来说,"一带一路"倡议可以简单地用"一个核心理念""五个合作重点"和"三个共同体"来表达。"一带一路"背后的理念就是"和平、合作、发展、共赢"。同时,"一带一路"倡议建设努力实现政策沟通、设施联通、贸易畅通、资金融通、民心相通。中国也希望与"一带一路"沿线国家/地区发展成为利益共同体、命运共同体、责任共同体。

"一带一路"倡议已经被写进十九大报告和《中国共产党章程》,这足以表明党和国家对其的重视程度。十九大报告5次提及"一带一路"建设,明确指出中国遵循"共商、共建、共享"原则,积极促进"一带一路"国际合作,努力实现"五通",打造国际合作新平台,增添共同发展新动力。❸目前"一带一路"的朋友圈已经涵盖五大洲,有64个国家、地区和国际组织与我国签署"一带一路"合作文件。可以预见,"一带一路"倡议将为中国和沿线国家带来巨大的发展利益,但是在快速发展的同时我们也应该看到

---

❶❷ 刘卫东:"'一带一路'战略的科学内涵与科学问题",载《地理科学进展》2015年第5期。

❸ 申现杰:"国际区域经济合作新形势与我国'一带一路'合作战略",载《宏观经济研究》2014年第11期。

问题的存在。在各种问题中,我们应该更加重视来自国际的知识产权风险。因为这是经济发展的核心利益,如果处理不善将给我国带来巨大的损失。

二、"一带一路"沿线国家/地区知识产权概况

"一带一路"沿线64个国家/地区按照地域大致可以分为:中东欧、蒙俄、中亚、东南亚、中西亚以及北非等6个区域,在这6个区域中,知识产权建设处于领先地位的国家分别是:波兰、俄罗斯、哈萨克斯坦、新加坡以及埃及。❶ 在考虑知识产权风险时,我们应该看到不同国家/地区发展水平的参差不齐,这也就意味着对待不同的区域和国家需要采用不同的方式和方法。根据2017年全球创新指数排名,新加坡排名第7,中国第22,斯洛文尼亚第32,其他国家排名均较中国落后,这表明"一带一路"沿线国家/地区的知识产权保护水平是两极分化的。这就要求我国在应对知识产权保护问题时需要因地制宜,面对知识产权强保护国家和知识产权弱保护国家拿出两套不同的应对方案,有针对性地实施强弱互补的保护策略。

目前,"一带一路"沿线已经成形并正在发挥作用的区域性知识产权组织有如下几个:东盟知识产权合作组织、欧亚专利组织、欧洲专利组织。这三个组织的成立背景、成员组成及关注的知识产权问题各不相同,在知识产权保护制度上既存在交叉又存在碰撞。这就给在"一带一路"沿线形成统一的知识产权体系带来了障碍。要想制定完善的政策必须先了解这些组织的基本情况,下面将对上述的三个组织作简单介绍。

1. 东盟知识产权合作组织

东盟知识产权合作组织是东南亚国家联合成立的一个地区性知识产权合作平台。目前已经覆盖东南亚6.3亿人口,其目的是培育良好的知识产权发展环境,建立一体化的东盟知识产权制度,促进东南亚地区经济繁荣发展。早在1995年,东盟各国就制订了《知识产权合作框架协议》,这个协议使东

---

❶ 王莲峰:"'一带一路'背景下我国企业海外知识产权风险应对策略",载《知识产权》2016年第11期。

盟各国在知识产权领域的合作变得更加默契，也为整个东南亚区域整体水平的提高打下了基础。之后东盟各国又先后制订了《2004~2010年东盟知识产权行动计划》《2011~2015东盟知识产权行动计划》，在这两个行动计划的指导下，东盟各国都积极采取措施，努力协调各国知识产权发展战略、大力推动东盟知识产权法制一体化建设，这样的方式使东盟知识产权环境得到显著改善。在整体环境向善的情况下，我国于2004年与东盟签署了《落实中国—东盟面向和平与繁荣的战略伙伴关系联合宣言的行动计划（2005~2010）》，并于2009年签署《中国—东盟知识产权合作谅解备忘录》，这两份文件的签署为双方在知识产权领域的合作奠定了坚实基础。东南亚是我国的近邻，也是"一带一路"倡议重要的合作伙伴，我们必须重视与东南亚国家的交流合作，为未来建立一体化知识产权体系做好准备。❶

2. 欧亚专利组织

欧亚专利组织的成立在于解决苏联解体后各独联体国家之间在专利领域遗留的问题，还期望建立统一的欧亚专利制度，目前主要负责各成员国专利的申请、审查、授权及管理工作。欧亚专利局自1995年开始运行，已经取得显著成效。一项通过欧亚专利局提交的专利申请经审查符合授权条件后，就可取得欧亚专利权，并且欧亚专利权对各成员国具有统一的效力。这在很大程度上解决了各成员的交流发展存在障碍的问题，也统一了各成员国在专利申请、审批、授权方面的效力。2010年，欧亚专利局率团首次访问中国，双方对未来的合作进行深入探讨，这次访问为双方的长远合作奠定了基础。❷

3. 欧洲专利组织

欧洲专利组织诞生于1977年，该组织的设立宗旨是加强成员国之间关于保护发明的合作。欧洲专利组织行使职能时又设立两个下属组织，分别是行政管理委员会和欧洲专利局。其中，欧洲专利局的职能是对各成员国提交

---

❶ 张占江："'一带一路'战略构想下的知识产权保护策略"，载《中国发明与专利》2015年第6期。
❷ 王宏："'一带一路'战略下的知识产权保护问题"，载 http://www.rmlt.com.cn/2016/0725/434333.shtml，2016年07月25日。

的专利申请进行审查、批准及授权公告后的异议审理。根据《欧洲专利公约》，各成员国向欧洲专利局提交的专利申请被授予专利权后，即可在所有指定国家生效，与各指定国依照本国专利法授权的专利具有同等效力。

欧洲专利组织的成立大大提高了专利审批效率，起到了统一专利审批标准，促进各成员国知识产权保护水平增长的作用。但是因为欧洲专利制度仅适用于专利的审批阶段，对于专利在各国的保护程度则不进行管理，这导致欧洲专利制度在一定程度上缺乏法律上的确定性。为解决这一问题，欧洲专利组织设立了欧洲单一专利制度。该制度的特点在于只要是通过欧洲专利局获得授权的欧洲专利申请，根据权利人的申请，都可以在参与单一专利保护制度框架的成员国内提供统一保护并具备统一效力。此制度从根本上解决了欧洲专利的法律确定性问题。❶

上述三个知识产权组织有一些共同点，但是也有较大的差别。共同之处在于这三个组织的成立目的都是解决该区域内的知识产权问题，加快区域内知识产权制度的发展，也因为如此，这三个组织的知识产权制度都具有明显的针对性，但是也有着明显的局限性。好处是可以针对区域内的知识产权问题做到具体问题具体解决，提高了效率，缺点在于这样的制度设计不利于域外国家的进入以及与域外国家的知识产权合作。同时也有可能引起不同制度之间的矛盾与冲突。三个组织的差别在于它们的成立背景和知识产权发展水平不一样，组织的关注焦点也不同。结合"一带一路"倡议，我们要想在这些区域建立统一的知识产权制度有着巨大的困难。不过可喜的是，我国与这三个组织都已经建立了良好的合作。只要在"一带一路"建设过程中充分发挥我国知识产权大国的协调作用，进一步通过知识产权交流协调不同国家之间的矛盾，努力建立起具有普遍性、公平性，并且集中各个组织优点的知识产权体系，就能有效应对"一带一路"倡议海外知识产权所面临的风险。

---

❶ 张占江："'一带一路'战略构想下的知识产权保护策略"，载《中国发明与专利》2015年第6期。

三、"走出去"面临的知识产权风险

1. 侵权与被侵权的风险

在"一带一路"倡议实施中,我国"走出去"面对知识产权风险的主体是企业。根据现有经验,后发企业进入国际市场必将面临来自先行企业的知识产权风险,这就意味着我国的企业侵犯其他企业知识产权的风险极大。尤其是发达国家的许多企业已经形成较为完善的知识产权布局策略以及全球知识产权保护策略,这有可能导致我国企业在"走出去"的过程中困难重重。另外,我国企业"走出去"还会面临来自其他企业的恶性"被侵权"的风险。比如,我国著名商标企业在进入他国市场后发现自己的商标已经被抢注,这方面有代表性的案例就是"飞鸽牌"自行车商标被印度尼西亚抢注,"联想"电脑商标被当地企业抢注。❶这些惨痛教训都在提醒我们不得不提高应对知识产权风险的意识。

此外,"一带一路"沿线许多国家/地区还没有建立强有力的知识产权保护制度,这些国家还处在自主技术不强、自主品牌不强,需要利用创新推动经济转型的阶段。由于这些国家/地区知识产权保护力度较弱,有着很多模仿他国专利或品牌的情况出现。这就意味着我国企业被侵权的情况将会经常发生。而且,我国"走出去"的企业占多数的是民营企业,当这些企业的知识产权被侵犯时,因为风险意识的淡薄与自身能力的限制,它们无法进行有效的自我保护。

2. 制度与诉讼的风险

如前所述,"一带一路"沿线国家/地区因为政治、历史、经济原因导致各国以及各区域的知识产权制度存在很大的差异。比如,在新加坡只有发明得到专利法的保护,实用新型得不到专利法的保护,至于外观设计则另行立法进行保护,相比之下,印度尼西亚的专利法只保护发明和实用新型,外观

---

❶ 张长立:"'一带一路'背景下中国海外知识产权保护路径研究",载《科学管理研究》2015年第5期。

设计则另行立法保护。这样的差别就需要我国企业针对不同制度采取不同的策略。如果一味地采用同样的策略则会面临较大的知识产权风险。

另外，不同国家/地区的诉讼制度也不相同。不管是正常的侵权诉讼还是恶性的侵权诉讼，都势必会耗费我国企业大量的人力物力。当企业面临需要大量投入才能保护自己权利的情况时，就有可能出现企业放弃维权的结果。所以，我们需要重视法律制度的差别。

3. 知识产权贸易壁垒风险

当我国企业想要进入一个国家时，会有可能面临以知识产权为核心的非关税贸易壁垒，这样的行为阻碍着我国企业进入该国市场。这种壁垒有的是通过专利、商标、版权等知识产权单独构筑的，还有的是通过与技术标准、安全标准、环境保护标准等相结合而成的。[1] 这就迫使我们只有以高额的成本和高昂的代价才能顺利进入该国市场。另外，一些国家还会采取进口许可、出口限制、绿色贸易壁垒以及技术性贸易壁垒等一系列方式阻碍我国企业进入相关市场。这些风险都要求我们要不断提高知识产权风险应对能力。

四、国外知识产权保护先进经验

在当前经济全球化的背景下，创新是经济发展的动力。保护创新的知识产权制度建设就显得格外重要。世界上先进国家在经济全球化发展的背景下，都会利用自身知识产权制度的优势来保护本国创新成果，以便在全球取得经济效益。研究先进国家的发展策略可以发现，在它们进行经济发展的同时也会大力推进有利于自身的知识产权制度的全球化，并且还会通过一系列手段来巩固自身创新成果的优势地位，保证获得最大的经济效益。这其中有借鉴意义的如美国、德国等都有比较健全的海外知识产权保护措施。

1. 美国的知识产权保护经验

美国在"二战"后经济迅速恢复并最终成为世界第一大经济体有着其特

---

[1] 张婷："'一带一路'战略下我国与东盟国家贸易中知识产权风险防控对策探析"，载《电子知识产权》2017年第5期。

殊的原因，这其中当然不能忽视知识产权制度建设的作用。美国一直以创新作为经济发展的重要推动力，其大型跨国企业在知识产权经营方面更是有着独特的方式。从市场经济的角度来看，美国政府对经济的干预较少，却唯独在知识产权立法方面对经济市场产生了巨大的影响。这足以显示知识产权制度建设对经济发展的重要作用。随着美国企业逐渐跨国化，美国制定了"301条款"以及"303条款"等众多法律法规，[1]对侵犯美国企业知识产权的国家和企业采取十分严格的制裁手段，各种制裁手段包括进口限制、提高关税以及取消特惠待遇等。此外，美国还在诸如WTO、国际知识产权组织、关贸总协定等国际组织中积极推行其强知识产权保护的想法。

除了美国政府重视相关制度规则的建立外，美国企业也十分重视保护自身的知识产权。在企业还未进入相关国家时，美国企业的知识产权布局就已经开始，比如提前申请专利、注册商标等。通过这样的专利布局，美国企业可以将其技术创新上的优势直接转化为可以看得见的经济效益，在保证创新成果的同时提高自身应对知识产权风险的能力。同时，美国企业还十分重视对知识产权侵权行为的打击。它们会投入大量的人力物力打击侵犯自己知识产权的行为，这样一方面可以保护自身知识产权，另一方面还能提升该企业的知名度，维护企业形象。另外，美国企业在对外投资时还会采取独资的方式，这样做有利于避免相关创新技术被当地工作人员获取，避免知识产权外溢的风险。

2. 德国的知识产权保护经验

德国的知识产权保护不同于美国，一方面因为美国是各种国际规则制定的主导者，另一方面也由于德国的企业竞争力与美国企业不同。德国的优势在于精细的工业制造技术以及产品的优秀品质，而且德国出口的主要对象是欧洲各国，面对的是具有相同历史、经济、政治的国家，知识产权保护的力度也不需要特别强。德国企业相比美国来说规模较小，所以政府在知识产权保护方面发挥了更大的作用，形成"企业主体、国家支持、员工努力"的知

---

[1] 张长立："'一带一路'背景下中国海外知识产权保护路径研究"，载《科学管理研究》2015年第5期。

识产权保护模式。❶ 此外，德国企业在对不同市场区别对待方面做得更出色，比如在艾滋病药物出口非洲时就采用了比较优惠的政策。另外，德国行业协会在保护知识产权方面也发挥了较大的作用。

五、我国知识产权保护的一些建议

关于防范"一带一路"倡议实施过程中的知识产权风险，政府和企业需要同时发力。政府在"走出去"的过程中应该起到为企业保驾护航，建立制度，廓清障碍，提供信息，培养人才的作用。而企业应该积极响应国家政策，提高自身知识产权风险防范意识，积极进行知识产权战略布局，提高自身创新能力，建立适合自身的知识产权风险防范机制，选择最有利于自身的发展模式。

(一) 政府进行知识产权保护的一些建议

1. 建设"一带一路"区域一体化知识产权体系，加强国际交流合作

在"一带一路"沿线国家中，我国处于知识产权建设相对较强的地位，具有相对完善的知识产权体系。因此，我国应该发挥知识产权相对强国的作用，依靠大国影响力、国际话语权，发挥在建立知识产权制度中的主导地位。"一带一路"倡议是一个长期战略，它需要持久发挥影响力，这要求必须建立一个沿线国家/地区都能参与并接受的知识产权体系，将沿线国家/地区的知识产权保护机制纳入同一轨道中来。这样做不仅有利于国家之间经济的共同发展，更有利于制度建设的共同进步。同时，我国企业在"走出去"的过程中也能找到更便利地解决知识产权纠纷的方式，规避大部分知识产权风险。在这方面可以借鉴《北美自由贸易协定》的例子。《北美自由贸易协定》要求成员国在知识产权保护方面必须达到的最低标准，这有力地推进了

---

❶ 张长立："'一带一路'背景下中国海外知识产权保护路径研究"，载《科学管理研究》2015 年第 5 期。

区域知识产权保护的一体化。但是建立一体化知识产权体系并不意味着一刀切，必须重视不同国家不同地域的差异，努力寻找平衡点，满足各国经济发展的需求。我们必须坚持"互惠互利、合作共赢"的基本原则。对于一些知识产权保护制度薄弱的国家，我国应该给予更多帮助，输出我国先进的制度，提供法律人才帮助建设相关制度。对于知识产权制度建设完善的国家，我们应该学习其先进经验，完善自身制度建设。我国还必须加强与他国的交流合作，开展大范围、多层次、高质量的国际交流活动。加强国际间的制度建设信息互换，积极输出人才参加国际会议，建立更广泛的人才交流渠道，促进国际的相互学习。

2. 根据各国特色建立风险评价机制，风险预警机制

在我国企业进入相关国家之前，政府应出面主导对相关国家的知识产权风险评价并向企业做出风险预警。例如，目标国家市场的知识产权保护状况如何、目标国家的知识产权制度建设进展如何、目标国家潜在的知识产权风险可能包括哪些，并根据相关评价做出风险大小的预警，给企业进入相关市场提供第一手的信息。这样做可以最大限度地减轻企业应对知识产权风险的负担，集中企业力量开拓海外市场，将更多精力放在提高创新能力，改善产品质量上。虽然政府的前期投入会比较大，但是通过这样的方式可以让政府更多地了解相关国家的基本情况，有助于做出更有利于我国企业发展的政策，并且可以培养一批相关法律人才，促进国家法治建设。

3. 建立"一带一路"知识产权信息平台，设立"一带一路"知识产权维权援助专项资金

在"一带一路"建设中，政府是传递信息的主要载体。通过驻外使馆以及其他驻外机构，获取最新海外消息，并对消息进行整合。同时在国内建立"一带一路"海外动态发布平台，汇集全部海外动态，发布在平台上，为企业提供一个获取最新消息的平台。同时平台还应该具有企业交流功能、案例分享功能、沿线国家/地区知识产权制度基本情况查询功能，并能够为企业寻求帮助提供渠道、资金以及人才。在信息平台建立的同时，还应该建立"一带一路"沿线国家/地区的法律法规语料库与案例库，最大程度地为企业提供信息资源。

另外,政府还应该设立"一带一路"知识产权维权援助专项资金,帮助企业在发生知识产权纠纷时渡过难关,解决企业的后顾之忧。

以上两种方式在企业"走出去"前后都能够为企业提供比较完备的帮助,既解决了企业不敢"走出去"、担心知识产权风险过大的动力问题,又解决了企业"走出去"之后遇到知识产权纠纷的后顾之忧问题,增加了企业的自信,提高了企业积极响应国家政策的积极性。

4. 加强"一带一路"知识产权理论研究,培养本土智囊团

在"一带一路"倡议建设中,理论建设至关重要。因为不同国家不同区域有着较大的差别,并且没有一个可以适用的理论来为相关建设做支撑,所以就要求我国建立一套自己的理论体系。在这套理论体系中,应该充分发挥中国特色社会主义的优势,体现我国的大国特色,展示我国的国际实力,彰显我国的制度优势。同时相关理论还要包容各国的优缺点,起到互惠互利、共同发展的理念传播作用。

在相关理论研究过程中,相关知识产权人才的培养也十分重要。面对各国知识产权发展的不同情况,我国应该注重培养具有跨国知识产权问题研究与解决能力的人才,尤其是要具备相应的语言能力、制度解读能力、理论体系建设能力。长期以来我国学者大多向西方学习先进理论知识,对于"一带一路"沿线国家/地区的研究较少,相关的人才更加稀少。这就需要大量培养人才,尤其是青年人才,以起到贯彻国家政策、长期建设"一带一路"的作用。

(二)企业在应对知识产权风险方面的一些建议

1. 提高知识产权风险防控意识

凡事预则立不预则废,做到有备无患,提前预防才能事半功倍。但长期以来我国企业在向海外发展的过程中预防知识产权风险的意识水平始终不高。现在面对"一带一路"建设的历史机遇,我国企业应该首先将预防知识产权风险的意识提高,做好应对知识产权风险的准备,积极响应国家的政策方针,在政府提供的信息平台上吸取有利于自身的信息,做到风险水平心中有数,风险来源心中有数,风险类型心中有数。

2. 积极在"一带一路"沿线国家进行知识产权布局

当企业的知识产权风险防控意识提高到一定水平之后,就需要为开拓海外市场进行实际的准备了。根据发达国家的经验,如果企业在进入目标国家市场之前就能够有力地进行知识产权布局,这会在很大程度上避免知识产权风险并且能够提高自身创新成果的市场竞争力。知识产权布局包括专利布局、商标布局等。因为知识产权具有很强的地域性,所以无论是专利布局还是商标布局都显得十分重要。在知识产权布局的过程中,需要企业充分了解自身发展优势,结合自身优势,将核心专利、核心商标抢先布局进入目标国家,同时也要注意避免核心技术外泄,导致产品失去竞争力。通过知识产权布局,可以在很大程度上避免商标被抢注、专利被无效的发生,也可以减少本属于自己的权益不得不通过高额的成本来收回的尴尬情况。

3. 积极应对海外知识产权的纠纷

在"一带一路"建设过程中,企业发生知识产权纠纷在所难免。当发生了知识产权纠纷时,我国企业应该冷静处理、从容面对,结合自身优缺点,充分了解目标国家相关制度再进行纠纷解决活动。"一带一路"可能发生的知识产权纠纷有我国企业被侵权以及侵犯他人权利两种情况。当出现我国企业的合法权益被侵犯时,企业应该主动出击,通过诉讼和非诉讼手段及时制止侵权行为,争取最小限度的企业亏损以及最大限度的侵权补偿。当发生企业侵犯其他主体的合法权益时,企业要主动和解,避免产生大规模的负面影响,将侵权对企业形象的损害降到最低,同时也提升中国企业的国际形象。如果面对的是对方的恶意诉讼,我国企业就不应该容忍退步,要坚定立场,将我国企业强大的实力展现出来,避免被贴上"好欺负"的标签。

4. 企业在"一带一路"市场扩张时可以选择的发展模式

在企业全球化战略中,"滴水模式"是一个可以帮助企业快速确立优势的选择。一般情况下,这种模型首先将各国按照收入和经济水平分为高收入发达国家、中等收入发展中国家和低收入欠发达国家,然后在企业具备技术优势时,根据目标国家市场需求和收益机会,企业选择率先进入发达地区之后再扩散到发展中地区,形成滴水模式。反过来,后发企业的扩张途径是,先从发展中国家或欠发达国家同时进入多个市场,在学习并提升各方面能力之后,培育竞争优势,再选择进入发达国家,这就是形成洒水模式。❶ 我国在"一带一路"国家/地区中属于知识产权强国,经济发展和创新能力都处于领先水平,企业的竞争力也位于上游,所以我国企业在进入目标市场时可以选择"滴水模式",例如,在东南亚国家可以选择知识产权保护水平较高的新加坡市场先行进入,建立完备的知识产权布局,之后再进入周边国家市场,这样可以更大程度地带动周边国家市场发展,引发"蝴蝶效应"。

另外,企业还可以通过知识产权内部化策略来规避专利技术外溢风险,保护核心技术与核心利益。知识产权内部化策略包括专利拆分申请、经营模式、领先市场、降低价格、并购策略等内部化的非知识产权法律保护方法。这样做可以有效防止竞争对手通过反向工程以及其他手段快速破解企业的核心技术,达到长久保护的目的。另外,企业还可以采取一系列具体措施来预防知识产权外溢,如模块化拆分专利技术,利用企业的研发网络分散申请;利用地理距离限制企业知识外溢;加快专利技术更新周期并利用资本优势兼并市场国同业模仿者;利用商业秘密保护必要的核心知识等。这样一来就降低了竞争对手有机会超越自己的可能,保持企业的长久发展优势。

5. 企业自身人才培养

目前一些调查结果显示,我国国内能够熟练处理涉外事务的律师十分稀少,熟悉"一带一路"沿线国家/地区知识产权事务处理的更是凤毛麟角。国家在一直大力培养相关人才的同时,企业也应该注重培养自己的人才队伍。企业在"走出去"的过程中,最有利于自身经济利益的就是起用目标市场当地人才。通过分公司的设立,招揽当地相关法律人才为自身服务,既可以节省时间又可以提高效率。在当地人才的招揽过程中,企业还可以重点关注市场当地的华人群体,因为华人群体有着天然的文化认同优势,对中国企

---

❶ 王莲峰:"'一带一路'背景下我国企业海外知识产权风险应对策略",载《知识产权》2016年第11期。

业的文化认同感可以更好地提高工作积极性。在招揽到目标市场当地的人才之后,企业就可以通过对这些人才的使用,带动本土人才的培养,这就可以实现人才的良性互动,既省去了从零培养的艰辛过程,又为企业快速发展提供了良好保障。

六、结　语

"一带一路"建设是一项复杂的庞大工程,机遇与挑战并存,如何抓住机遇规避风险是我国企业应该着重思考的问题。面对未知的风险,本文在了解"一带一路"沿线国家知识产权制度发展的基本情况之后,借鉴应对国际知识产权风险先进国家与企业的经验,结合自身特点提出相关建议。同时,期望能够为相关理论的建立提供一种视角。

"一带一路"背景下企业知识产权风险表现、成因与防范

何 岚*

内容提要 在"一带一路"的发展中,企业会遇到不同程度的风险,尤其是在知识产权领域可能会遇到的风险更要引起政府和企业的共同重视。要从造成这些风险的起因入手研究,从而制定出防范这些风险的手段。本文首先详细解释了"一带一路"的概念及其对中国经济发展的重要性。其次概述了中国在大力发展"一带一路"的政策下,鼓励企业对外发展中产生知识产权风险的原因。继而分析认为这些知识产权风险主要存在于三个方面:第一,进驻国的立法上的不完善和执法上的有选择性歧视;第二,本国法律文件的自身缺陷;第三,企业对外发展中签署的限制性商业条款。最后列出相关防范措施。

关键词 一带一路 知识产权 防范措施 企业风险

当今社会是一个注重发展知识的时代,重视人才的培育与知识产权的保护。从我国企业的以往对外发展中可以看出影响企业在一国的发展状况的一项重要因素就是知识产权。在"一带一路"的理论提出到逐渐实施过程中,我国大中小企业纷纷响应国家号召部署沿线国家/地区的企业发展战略,"一

---

* 何岚,南京理工大学知识产权学院研究生。

带一路"倡议也得到了沿线各国和地区的热切欢迎，但是企业发现在向合作国家战略进军时不经意就会陷入各种风险，因此本文对企业在发展中遇到的一部分知识产权风险进行理论研究。

一、"一带一路"的理论基础

1. "一带一路"的提出

2013年习近平总书记提出"一带一路"倡议，在国家发展和改革委员会、外交部、商务部等部门协作下共同打造"一带一路"经济带。"一带一路"倡议以古代中国的陆上丝绸之路与海上丝绸之路为基础，将中国中西部地区与亚洲发展中国家、欧洲、非洲等国家/地区连点成线，打造一条亚洲经济圈和东欧经济圈的通道，带动众多发展中国家和地区一同发展，构建新经济带，共同发展。在国内，由于我国中西部地区长时间以来未得到较好的发展，"一带一路"途经新疆、陕西、甘肃、宁夏、青海、内蒙古等地，使得中西部地区成为直面东欧、中亚等地区国家的通道和货物贸易的物流基地，有利于解决我国长时间来区域发展不均衡的问题。

2. 构建"一带一路"的原因

由于近年中国的改革开放与迅速崛起，中国逐渐成为世界上举足轻重的国家，在过去的几十年中交易货物遍布全球，但是现在一般通行交易货币为美元，然而外币存储是有一定的贬值风险的。进入21世纪以来，钢铁产业成为我国的夕阳产业，过剩的产能造成国内钢铁价格过低，国内钢铁产业处于饱和状态，大部分钢铁企业一直处于苦苦支撑的状态。"一带一路"沿线地区大部分国家有丰厚的自然资源，由于地理位置等原因导致其并未更好地规划发展，同时各国之间的铁路联通的规格质量等良莠不齐，有的甚至缺少铁路通道，这将导致物流运送周转的周期过长，并且物流成本增高，不利于"一带一路"发展中各国物资的流转。中国适时提出共同构建"一带一路"，帮助"一带一路"协作国家/地区进行基础设施的修建，为我国的过剩产能寻找到一个合适的出口。为了加强沿线国家/地区的基建，我国发起创设亚投行，帮助他们合理发展通信、铁路、给排水、发电站、机场、大坝等，共同发展共同富裕。

二、"一带一路"建设中的企业知识产权风险

在给沿线国家/地区带去技术和设施的同时，我们也要思考在技术的国际化传播中如何防范我国企业"走出去"中可能遇到的知识产权风险，由于"一带一路"计划中所涉及的地域范围较为广泛，在这个地域范围内有些国家科技创新能力较强，创新产业发展较高并且他们对于自身知识产权的权利保护意识也处于世界前列。但是也有一部分国家由于科学技术能力低、创新产业发展较慢，所以对知识产权保护并不是很全面，其中有的国家法规政策经过多年的规划已经成熟，但是仍有部分不发达国家的法规政策不完善。不同国家/地区的知识产权政策良莠不齐，因此我国企业的对外战略部署如果过于放松就会陷入知识产权纠纷，企业在国外发展时首先会遇到因为法律制度、习惯的不同而可能造成的侵权纠纷。公司在产品技术对外部署之前要熟知当地的知识产权制度，充分了解后再进行"走出去"战略。

"一带一路"沿线大部分为发展中国家/地区，他们急需发展，不仅对本国的产品进行知识产权侵权，也仿制国外的产品，虽然我国有些产品的国际知名度不是很高，但是随着"一带一路"的发展，我国的产品逐渐在当地提升影响力。加之我国对于知识产权的保护也是近几年才开始逐渐加强，导致大部分的企业在国内发展时便不注意规避知识产权的风险，对知识产权权利保护的不重视，常常会导致企业在将要对外扩展时才发现自己的知识产权被他人抢先注册等，企业后期进军该地时需要付出一定的代价。例如我国的驰名电脑品牌"联想"，2003年之前其商标并不是现在的 Lenovo，而是 legend，之所以会更改商标是因为其进军其他国家/地区时发现这个单词早已被其他人注册，联想公司发现如果想要回收其他国家/地区注册的 legend 需要付出极大的精力和时间，而且不一定能全部收回来，于是果断决定放弃具有一定知名度并且已经沿用19年的商标，将其商标更换为 Lenovo。知识产权的地

域性使得我国企业想要在国外进行商业活动就必须在国外注册商标,成为合乎法律规定的注册商标,如果不进行法律注册就进行商业活动很有可能会导致商业侵权。在许多发达国家,他们的知识产权保护意识十分完备,一般企业还未进军海外市场时就会提前做好知识产权风险防范措施,他们一般"产品未动,专利先行"。我国企业在"一带一路"发展中,如果因为疏忽大意未对商标实施及时的保护措施,可能会遭到商标抢注等问题。一旦陷入商标等知识产权纠纷中,可能会导致在"一带一路"的对外发展中的巨额损失,企业甚至可能望而却步,无法继续扩展海外市场。

三、企业知识产权在"一带一路"发展中遇到风险的缘由

1. 进驻地立法上的不完善和执法上的有选择性歧视

"一带一路"沿线大部分国家/地区为发展中国家,其法治发展普遍不健全。根据2017年全球创新指数可知相对于其他国家/地区,中亚、东盟地区的个别国家的知识产权指数较低,例如缅甸。缅甸不仅是"一带一路"经济带上的一个成员国而且是东盟成员,但是缅甸缺乏适当的知识产权立法,因为除了《1914年缅甸著作权法》以外,缅甸再没有其他的具体的有关商标法等知识产权法律,更没有对商标注册作出任何具体规定。即使在缅甸的刑法中有相关法条,❶但是这只能对相应知识产权提供一个效率较低的基础性保护。而在知识产权的其他领域的保护如著作权保护方面,《1914年缅甸著作权法》相距于今年份太过于久远,故其中关于处理侵权部分的法规早已失去现实意义。一般在审判著作权案件方面,如果是著作权纠纷,民事法庭通常都会选择通过友好协商的方式解决。缅甸能够给我国企业提供的知识产权保护的程度并不是很高,增大了企业知识产权风险。除了国家自身的立法问题外,还有因为保护本国企业而对我国企业进行歧视性执法的可能性,也会使我国企业的知识产权因缺少正当合法合理的对待而具有一定的风险性。

---

❶ "'一带一路'之缅甸投资法律规则与实践",载 http://gpj.mofcom.gov.cn/article/zuixindt/201509/20150901102617.shtml,最后访问日期:2017年10月31日。

2. 我国的自身缺陷

我国自身知识产权存在的几个问题导致我国企业在"一带一路"建设中"走出去"知识产权易遭遇风险。

（1）法律制度不健全。我国知识产权保护制度的建立是从1982年出台的《商标法》而起，1982年《商标法》是我国第一部知识产权法律。我国陆续又推出《专利法》和《著作权法》。虽然逐渐形成法律体系，但是随着现代社会科学技术的迅速飞升，不断出现企业知识产权侵权的事件。主要在于我国知识产权涉及的范围相对较广而并未做详细的细分模块，法律对一些事情采取禁用，一些采取许可，但是始终有空白领域，而在这些领域中因为法律并未规定是非对错，就会产生相应的风险。当今社会的科技发展速度较快，当有新兴的产业或者科技领域出现时，现行的知识产权法律体系难以适时地作出相应的调整，不适当的法律无法与现时的产业相适应，导致问题发生时法律适用的不适当，导致我国企业在"一带一路"对外发展中的沿线国家/地区依旧沿袭我国的法律习惯，一些不健全的法律会导致企业产生知识产权风险。

（2）行政监管不到位。知识产权法所调整的社会关系与行政权力联系密切，它们之间的连接点在于知识产权的申请、变更等都是需要行政机关审批的。通常知识产权侵权时很大程度上要依赖行政机关对知识产权进行恰当的保护。❶ 因为缺少健全完善的知识产权责任制度以及行政执法程序，在实际实施过程中通常会发现行政机关玩忽职守，同时执法的力度不强，造成无法及时合理地处理知识产权纠纷案件，同时处理后果并没有很好的严惩效果及威慑力，企业在对外发展中无法得到有效的行政监管。

（3）行业重视度不高。在将自身产业推向国际化的过程中，要在国际化的竞争中技术站得住脚，要提升自身技术发展的水平，而且要保持自身的知识产权优势。但是我国在长时间的发展中，并未注重企业与国民的知识产权意识，高新技术行业中许多企业只重视技术开发而知识产权保护意识有待提

---

❶ 齐爱民、朱谢群：《知识产权法新论》，北京大学出版社2008年版，第8页。

高。所以当大中小型企业"走出去"时常会因为不好的"旧习惯"极不重视知识产权,特别是中小型企业,因为只重视市场的战略规划发展而不注重保护技术,经常会导致假冒产品或者发生商标在国外被抢注的现象。例如"北京同仁堂""狗不理""海信"等商标在国外遭到了抢注,不仅影响老字号的商誉,而且对产业"走出去"造成严重的贸易壁垒。

3. 我国企业签署的限制性商业条款

限制性商业条款也被称为限制性商业行为,国际上普遍认为限制性条款主要指企业利用其自身市场优势,通过滥用其市场支配地位等手段限制其他企业进入市场抢占份额,这种行为对于国际贸易特别是对发展中国家的经济形势造成巨大的不利影响,造成强者愈强,弱者愈弱的形势。这些限制性的商业协议被写入合同则成为限制性商业条款。❶ 限制性条款则会造成企业在技术产业等方面落后于先进国家。

由于我国在改革开放初期招商引资,吸引多数外国高新技术投资者与我国企业签订协议投资发展,它们提供技术方案的前提是要求与我国企业签订一系列限制性商业条款,借口保护它们的专利权、商标权等合法权益,但是实际上是为了高额的酬金和不合理地限制竞争技术。它们往往利用自身的技术优势加大自身的权利,限定了我国企业的市场竞争力,而且有时会利用自身技术先进优势将已经过时的技术等输出至我国。由于依赖许可方的技术发展,我国的限制被许可方如果想要进驻"一带一路"沿线国家/地区利用许可方的技术基础,则会面临诉讼高额赔偿的风险。

四、如何降低在"一带一路"建设中企业的知识产权风险

1. 立法保护

美国等发达国家的科技技术发展较为前沿,所以它们在知识产权保护的法律和规避风险中经验丰富,我们可以借鉴其经验,减少我国企业在"一带

---

❶ 何长松主编:《国际商法学》,国防科技大学出版社 2005 年版,第 28 页。

一路"建设中的风险。目前，我国正在积极地进行《民法典》的编纂工作，计划将知识产权等相关内容正式写入《民法典》中，各类知识产权法的修订工作均在有条不紊地进行。我们不仅要关注我国国内的立法，而且应当实时关注"一带一路"沿线国家/地区的知识产权保护立法，例如巴基斯坦欲提高本国的知识产权形象，提升巴基斯坦知识产权水平，那么我国企业进驻巴基斯坦时就要关注是否有有关法律的更新等。同时我们应当积极与"一带一路"沿线国家/地区签订经济带的知识产权合约等，共同保护沿线国家/地区企业的知识产权，减少企业的技术产品等在各国的流通风险。

2. 行政保护

2016年年底，我国政府对于加强知识产权事业发展顶层设计的计划，又前后发布了两个较为重要的文件。一个是《"十三五"国家知识产权保护和运用规划》，进一步明确了"十三五"期间知识产权事业发展的目标、任务和举措。另一个是《知识产权综合管理改革试点总体方案》，对地方知识产权综合管理改革试点工作作出明确的战略部署，积极打通知识产权工作上下全链条，综合发挥各类知识产权的整体效应，更好支撑创新驱动发展战略。2016年，中国政府不断加大知识产权保护力度，严厉打击各类侵权行为，杜绝违法犯罪行为。专利行政执法办案总量突破4万件，同比2015年增长36.5%，而立案查处商标侵权假冒案件2.8万余件，深入开展打击网络侵权盗版"剑网"专项行动和软件正版化工作。特别是我国始终坚持对于本国企业与非本国企业的知识产权一视同仁、同等保护，努力营造良好的创新环境和营商环境，知识产权保护社会满意度稳步提升。❶ 提升行政单位对于知识产权的保护重视度，加强行政单位的知识产权意识，提高行政处罚威慑力、加强行政保护的效率，避免出现行政周期过长致使知识产权保护无法得到有效保护的情况。

3. 行业保护

行业中，我国企业缺乏合作精神，在竞争中单打独斗很难面对欧美国家

---

❶ "申长雨在第57届WIPO成员国大会上的一般性发言"，载http://www.sipo.gov.cn/jldzz/scy/zyjh/201710/t20171011_1319176.html，最后访问日期：2017年11月2日。

的扎实的知识产权战略布局,所以我国企业应当联合起来,取长补短。同时要提高行业中对知识产权重要性的重视度,未来的社会是高新技术产业的社会,是知识产权的社会,我们要积极鼓励企业组织形成行业协会,充分发挥行业协会的重要积极作用,及时为企业提供相应的信息服务,帮助企业收集必要的数据资料。应充分发挥行业协会在技术交流、人员培训、宣传教育等的独特作用。❶同时行业协会也应当积极组织企业进行知识产权学习,提高企业整体内部成员的知识产权意识,使我国的知识产权人才不仅仅是只靠专门化训练出来的,而是要在社会中也培养出多样性的知识产权人才,使整个社会具有高度的知识产权保护意识,共同保护国家知识产权。

---

❶ "如何发挥行业协会在知识产权保护中的作用",载 http://news.enorth.com.cn/system/2013/03/17/010752329.shtml,最后访问日期:2017 年 11 月 5 日。

"一带一路"倡议下企业的
知识产权保护

王天姿[*]

内容提要 为了应对经济全球化，面对新一轮的科技革命和产业变革，加强区域合作，统筹国际、国内两个大局，我国提出了范围涵盖亚、欧、非三大洲的"一带一路"发展倡议。随着"一带一路"倡议的推进，沿线各国企业之间的交往日趋频繁，贸易数额不断增加，企业知识产权矛盾也油然而生。面对联系日益紧密的世界，复杂的国际知识产权环境，企业知识产权的保护问题必须予以高度重视。如何制定知识产权政策、发挥政府的职能、企业如何建立知识产权应对机制等一系列问题亟待解决。本文通过论述"一带一路"发展与企业知识产权的关系，引出企业知识产权保护的重要性和紧迫性，指出现阶段企业知识产权保护所存在的问题，最后从企业、国家、政府的角度提出知识产权保护的措施。

关键词 "一带一路" 企业 知识产权

一、"一带一路"倡议与知识产权

在新时代背景下的"一带一路"倡议，是中国发展的时代需要，给中国

[*] 王天姿，南京理工大学知识产权学院研究生。

带来了新的发展机遇,同时也迎来了新的、前所未有的挑战。中国企业大量地"走出去",以此形成的对外经贸的快速发展,产生了更加复杂、多样的知识产权保护环境,必然要求知识产权保护制度的配套跟进,这就为我国的知识产权制度提出了一个难题,我国应抓住机遇、迎接挑战,采取顺应时势的强有力的应对措施,为我国的"一带一路"倡议保驾护航。

(一)"一带一路"倡议的背景与时代内涵

从西汉张骞、东汉班超出使西域到唐朝玄奘印度取经,中国古代的对外交流、贸易与合作无不体现着中国人的聪明才智与胆识。2013年,习近平总书记在出访东亚和东南亚国家期间,提出了"一带一路"的重大战略构想,随后便得到众多国家的支持与积极响应。"一带"即丝绸之路经济带,以中国西部城市为起点,连接中亚、西亚直到欧洲,形成沿路经济带;"一路"即海上丝绸之路,以中国东部城市为起点,以南亚、东南亚、非洲和欧洲之间的海陆线为经络,构筑沿海经贸区。"一带一路"沿线国家/地区在很大程度上都是新兴崛起的国家,经济发展水平不高,在涉及的60多个国家/地区中,经济总量占全球经济总量的63%。虽然发展水平不高,但是均处于稳定、持续增长阶段,有较大的发展空间。

"一带一路"倡议构想的提出,赋予了古丝绸之路以新的时代内涵,共商、共建、共享的发展理念使得沿线国家/地区都能在"一带一路"倡议中获益。"一带一路"倡议顺应了时代潮流,将会改变当今经济全球化条件下发展不平衡的状况,有利于区域经济一体化和经济全球化的和谐发展。习近平曾在《致2016"一带一路"媒体合作论坛的贺信》中提出:"中国愿同沿线国家一道,构建'一带一路'互利合作网络、共创新型合作模式、开拓多元合作平台、推进重点领域项目,携手打造'绿色丝绸之路'、'健康丝绸之路'、'智力丝绸之路'、'和平丝绸之路',造福沿线国家和人民。"❶

---

❶ "习近平致2016'一带一路'媒体合作论坛的贺信",载 http://politics.people.com.cn/n1/2017/0412/c1001-29203823.html,最后访问日期:2017年11月10日。

(二)"一带一路"与知识产权的紧密联系

如今世界处于知识经济的发展时期,而知识经济的发展依赖于科技与信息的创造、发展、应用。知识经济作为一种可持续发展的经济类型,世界各国尤其是经济较为发达的国家极为重视知识经济的发展,政府和社会各界大力鼎助科技创造,重视高新技术方面的人才培养。国际经贸与知识产权结合紧密,知识产权的保护也随之成为经贸发展不容忽视的一环,而知识产权发展的后盾即是综合国力。可以说,当今时代,一个国家知识产权制度的发展程度和知识产权的拥有量与一个国家的经济实力和综合国力形成正比。从世界贸易组织取代关贸总协定之日起,国际贸易规则的关注重点从关税减免转变为知识产权的保护。知识产权贸易作为国际贸易的重要组成部分,逐渐引起各国的高度重视。在过去,知识产权只是作为一个鼓励创新的法律制度而发挥着其本身的作用,如今,知识产权战略与全球经济发展紧密联系在一起,因为其可以使国家在经济上获得国际上的优势地位。❶

"一带一路"建设能够使得广大发展中的国家协同发展,经贸往来的频繁使得大量的资金注入我国,与此同时,大量国内企业开始"走出去",而知识产权的保护制度依然成为我国对外经贸发展的"配套措施","一带一路"倡议与知识产权的"一带一路"相辅相成,知识产权制度的发展与完善是"一带一路"发展倡议的内在要求。因此,要想在国际市场上开拓出一片新的天地并占据主导地位,必须以尊重并重视知识产权为前提,以"一带一路"发展倡议为起点,与沿线发展中国家共同构建区域性知识产权法律秩序。所以,对知识产权的"一带一路"可以做出如下解释。

"一带"即知识产权保护带,即以亚、欧、非丝绸之路经贸区域为范围,通过多边、双边协定的方式,形成适宜于广大发展中国家发展水平的知识产权保护带,与此同时,向西团结欧洲发达国家;"一路"则是知识产权事业路,即在前述"一带"的基础上,以国际经贸促进知识产权向互利、合作、

---

❶ 吴伟光:"经济全球化视野下的国家知识产权战略——主体的变化与权力的扩张",见《国家知识产权战略与知识产权保护》,知识产权出版社2011年版,第7页。

共赢的国际新秩序发展,提高中国在国际知识产权保护中的话语权。❶

二、"一带一路"发展与企业知识产权

在"一带一路"的大环境下,我国的知识产权保护所面临的国际环境将会更加复杂多样,知识产权法律制度的滞后性和更新缓慢的特点,再加上漏洞日益凸显的企业知识产权保护,使得各方面的矛盾日益增多,所以法律与制度的完善已然成为无法逃避的问题。但在面临复杂环境的同时也会带来难得一遇的契机,应完善我国的知识产权保护措施,建立长效的应对机制,充分发挥知识产权保护对企业发展的助力作用,为我国企业的对外发展撑起一把强劲的"保护伞"。

(一)企业知识产权保护面临的环境

1. 外部环境

"一带一路"倡议沿线共 60 多个国家/地区,横跨三大洲,经济发展差距明显,知识产权保护水平、知识产权总量甚至知识产权人才数量也有较大差异。随着"一带一路"倡议的逐渐发展,区域经济一体化和知识产权保护的差异性愈发明显,这种知识产权保护环境的复杂情形给企业的对外发展出了一道难题。

国际知识产权制度由来已久。随着本国资本主义的发展和对外贸易的扩张,一些发展较早的资本主义国家已经不能满足于本国知识产权制度的有限的保护,国际知识产权制度的协定逐渐提上日程,如诞生于 1883 年的第一个多边国际知识产权条约《保护工业产权巴黎公约》、1886 年签订的《保护文学艺术作品伯尔尼公约》以及 1891 年签订的《商标国际注册马德里协定》等。随后在以美国为首的发达国家的倡导和积极推动下,以及广大发展中国家的妥协下,签订了《与贸易有关的知识产权协议》(TRIPS 协定)。在新的

---

❶ 吴汉东:"'一带一路'战略构想与知识产权保护",载《法治社会》2016 年第 5 期。

历史阶段下，知识产权保护逐渐走上了标准化、国际化的道路。❶

国家知识产权的保护发展多年，其两极差异逐渐凸显，其差异性和各国的经济发展关系紧密，一种是发达国家制定的保护范围和保护水平较高的、已经形成体系的，并得到广泛应用的国际知识产权保护制度；另一种是广大发展中国家主张的知识产权保护制度，相比发达国家制定的保护制度，其更侧重于对传统文化、遗传资源、公共健康等社会公共利益的保护。

"一带一路"沿线国家大多为发展中国家，这样的现实情况使得人们不得不重视各国的历史、文化、产业发展的差异，以及对知识产权的认知和保护水平的差异。再加上发展中国家在国际知识产权制度上没有影响力、欠缺话语权，所以要想形成区域知识产权保护规则难度较大。而相对于我国企业，现阶段最好的自我保护的办法就是针对不同国家、不同区域采取不同的应对措施。

2. 国内环境

为了国家科技水平的快速提高，提升国民的创新热情和活力，需要建立和完善相关知识产权制度，形成相对稳定和健全的知识产权保护体系，激发人民群众的科技创新热情。❷ 为此，党和政府出台了一系列的保护知识产权的政策，例如《国家中长期科学和技术发展规划纲要（2006—2020）》《国家知识产权战略纲要》以及国务院等五部门联合印发的《关于进一步加强知识产权运用和保护　助力创新创业的意见》等一系列政策，都为国内知识产权的保护做出了努力。与此同时，我国的专利申请审查期限也大大缩短，为发明人、创造人提供了便利。

我国从1984年《专利法》颁布至今，专利数量逐年增加，各大中小企业均有专利，特别是一些大型企业，每年的专利申请量达到数万件，专利数量已然成为企业综合实力的体现。此外，我国企业也越来越重视商标、著作

---

❶ 李丹薇："发展中国家与发达国家的知识产权争议和协调"，载《人民法治》2016年第5期。

❷ 孟丽："促进自主创新能力建设的知识产权政策探析"，载《黑龙江科技信息》2016年第30期。

权等的保护。随着专利和商标注册数量的增加，知识产权诉讼和纠纷也随之增加。企业之间如果产生知识产权方面的纠纷，必将耗费大量的人力物力财力，维权周期长、成本高、举证难、程序复杂，而且维权或者反击的成功与否可能会成为一些企业生存与否的决定性条件。

（二）企业实施知识产权保护战略的必要性

当今世界，随着经济、科技迅猛发展，知识产权作为一种无形的资产和重要的法律权利越来越被人们重视。小至小企业，大到一个地区、一个国家，甚至一个经济组织，知识产权已经成为一个强有力的生存武器和竞争武器。在全球范围内，影响力较大的、实力强劲的企业，无一不把知识产权战略纳入企业的发展战略，并把它作为赢得国际市场竞争的一种秘密武器。发达国家的企业对知识产权战略的布局较早且水平较高，它们的知识产权管理经验已经形成气候，而对广大发展中国家来说，知识产权等一系列的配套措施起步晚、发展缓慢，在国际上至今仍处于被动的劣势地位。在全球化的大环境下，在"一带一路"倡议的推进过程中，我国国内的企业无疑会被卷入复杂多变的国际大市场中，这种竞争必然会体现为企业间技术水平的竞争，换句话说就是知识产权的竞争。充分认识到知识产权保护、知识产权战略布局的必要性，充分做好知识产权竞争的应对机制是企业"走出去"参与国际竞争、开拓国际市场，取得市场竞争的主动权的必然要求，也是国家经济发展的内在要求。对于国家来说，实施企业知识产权战略对于振兴国有企业、创国际知名品牌，提升综合国力极为重要。我国在拥有自主知识产权的科技发明方面较为薄弱，一些品牌在国际市场上缺乏竞争力，就单个商品来说，企业需要把利润分给拥有知识产权的企业或者个人，自身从中获利较少。因此，在促进我国经济发展和解决国际贸易摩擦方面，通过保护知识产权、发展知识产权能够有效地解决相关问题。❶

企业制定知识产权战略，在知识产权方面建立优势地位，这对于企业自

---

❶ 许伯桐、毕凌燕、祁明：《现代企业知识产权保护》，中山大学出版社2007年版，第43页。

身发展来说极为重要。企业知识产权战略的实施是建立企业预警机制,防范企业风险的重要保障。建立预警机制,能够及时应对突发状况,防患于未然。特别是知识产权的情报战略的实施,能够未雨绸缪,使企业根据竞争对手的情况实施适当的技术开发、产品销售,对企业抵御知识产权风险发挥着重要作用。❶

(三) 企业知识产权保护存在的问题

从总体上看,虽然我国企业的知识产权总体数量较为可观,但是总体质量仍有很大的提升空间。从专利申请的角度来说,实用新型和外观设计这两种类型的专利在专利申请中较为常见,而技术要求相对较高的发明专利所占的比重相对较少,而发明专利较多的企业所产生的经济效益远超于实用新型和外观设计。可见,提升知识产权的质量,优化结构,凸显科技竞争的优势,才能把静态的知识产权转变为动态的经济增长效益。

知识产权作为一种具有较强地域性的权利,一个国家的知识产权制度、法律是根据本国的知识产权领域的发展现状制定的。国内大多数企业过去没有对外贸易的经验,特别是没有知识产权的对外应对战略,在当今"一带一路"倡议的大环境下,一些企业想要紧跟全球发展的潮流,进入"一带一路"沿线国家的市场,实现发展方式和发展结构的优化升级,就必须提高知识产权的保护水平,在海外做好知识产权布局,主动打入市场,有效地防范知识产权风险。❷

此外,虽然一些企业的知识产权拥有量丰富,但是难以在企业的运营过程中对其进行充分利用,发挥其最大的经济效益。企业知识产权的运用主要有三个阶段,分别为申请阶段、维权阶段和运营阶段。大多数企业都在申请阶段和维权阶段有所建树,但是在维权阶段止步不前,很难走到运营阶段,也就是说,大多数企业没有把自己的知识产权充分转化为经济利益,没有做

---

❶ 冯晓青:《企业知识产权战略》,知识产权出版社 2005 年版,第 31 页。
❷ 鲁芸芸:"'一带一路'建设中企业知识产权保护问题探究——以云南省'新三版'挂牌公司为例",载《云南省律师协会会议论文集》2016 年,第 34 页。

到"物尽其用"。至于专门管理知识产权部门,很多企业都没有设立,在做知识产权管理工作时,大多都是由其他管理人员兼职,在时间、精力和财力上都没有给予充分投入。

(四) 国内企业知识产权保护的措施

1. 企业层面

对企业来说,首先要提高对知识产权的重视程度,把知识产权提升到事关企业生存与发展的战略高度,对国家出台的知识产权政策要有准确的把握。有了知识产权战略的"外壳",就要填充其实质内容,即增强创新意识,加大对科学技术方面的投入,在企业上下形成良好氛围,乐于创新、善于创新,把科技水平的提高作为带动整个企业发展的杠杆。

加强企业的知识产权组织机构建设,强有力的知识产权管理组织是企业的知识产权工作得以有条不紊地前进和发展的基本保障。因此,企业要对其知识产权组织机构进行科学的设计,做好知识产权管理机构的职能定位,注意处理好知识产权管理机构与企业其他职能机构之间的关系,在知识产权管理机构的内部明确各个组成部分、每个知识产权管理人员的职责,最好实行严格的岗位责任制,使企业的每一方面的知识产权事务都有人关心和处理,将知识产权管理机构的职能落到实处,并通过岗位责任的压力迫使企业知识产权管理人员能够努力通过多种途径提高自己的专业素质和管理技能,保证每一个知识产权管理人员能够确实发挥相应的作用。❶

在推进"一带一路"倡议中,企业在贸易往来中接受和适应沿线国家法律环境的同时,还应考虑创新海外维权模式。沿线国家/地区法律环境复杂,按照传统的维权模式很难在产权纠纷中获得胜利,创新企业的维权模式无疑是一个新出路。❷ 企业应采取因地制宜的营销策略,结合当地的风土人情和市场状况,加大品牌宣传的力度,形成良好的声誉,树立良好的品牌形象,

---

❶ 董新凯:《国家知识产权战略实施的制约因素及对策研究》,知识产权出版社 2014 年版,第 332~334 页。

❷ 赵可金:《"一带一路":从愿景到行动》,北京大学出版社 2015 年版,第 66~68 页。

从而提高品牌的认可度。还可以与当地的知名企业联手,利用当地企业的知名度以及当地消费者对当地企业的信任度,使国内企业迅速融进当地市场。

2. 国家、政府层面

在推进"一带一路"的过程中,政府应逐步认识到知识产权保护的重要性,发挥主观能动性,稳步推进知识产权保护工作,把推进知识产权战略作为国家发展的重要一环,出台一系列的政策对国内即将"走出去"的企业进行鼓励和扶持,为企业保驾护航。

首先,要加强政府对知识产权的领导和组织建设,把知识产权保护工作提上日程。这就需要政府注重对党政领导干部、执法人员的培训,注重知识产权高层次人才的培养,提高知识产权管理和决策水平;设立专门的"一带一路"企业知识产权保护机构,以此来解决国内企业在海外贸易的过程中出现的问题,并给予及时而有效的帮助;规范国内的知识产权服务机构,例如商标代理和专利代理,形成规范、系统、完备的国内知识产权服务机构,用效益更高的服务为"走出去"的企业保驾护航。其次,政府可以引导企业在知识产权方面建立类似行业协会的组织,以此进行自我管理、自我教育和自我服务;政府应加强知识产权信息服务系统建设,完善信息公开制度,特别是关于企业知识产权方面的公开,让企业能够更加及时而准确地掌握最新的政策信息;在财政方面,把资金投入多向企业知识产权保护方面倾斜,把企业的科技创新活动引向中高端。最后,要加大执法力度,深入知识产权市场,严厉打击侵犯知识产权的不良行为,最大程度地保护知识产权所有者的正当权益。

发挥知识产权司法保护的主导作用,对于发挥知识产权保护的整体功能,具有极为重要的意义。首先,知识产权司法保护通过发挥保护创新、激励创新、促进运用、繁荣文化、精华市场的功能,为自主创新活动提供良好的法制环境和重要的法律保证。其次,司法保护所作出的有关知识产权争议的司法最终裁决,具有不同于行政执法的更强的优越性。❶

---

❶ 宋健:"发挥司法保护的主导作用,为实施国家知识产权战略提供坚强有力的司法保障",载《国家知识产权战略与知识产权保护》,知识产权出版社2011年版,第45页。

要想在"一带一路"环境下发挥好司法对企业知识产权保护的作用,首先,要适应我国经济社会发展的需要,把好国际知识产权保护的发展脉搏,完善知识产权保护体系,❶ 为企业提供切实有效的保护;其次,充分发挥好司法审判的作用,依法处理好关于企业的专利权、商标权、著作权等知识产权的案件、纠纷,最大限度地做到公平公正,切实维护企业的正当利益,让每一个案件的审判都能对企业的知识产权起到正确的导向作用,都能让公众有强烈的认同感;最后,要加强企业知识产权人才特别是审判队伍的建设,保持知识产权审判的稳定性和权威性。

三、结　语

"一带一路"倡议对企业来说既有忧又有喜,既带来机遇,也带来前所未有的挑战。企业知识产权作为一种无形的资产,需要企业本身、国家、政府给予高度重视,抓住问题的要害,制定切实可行的策略,提升知识产权的保护战略,把无形的知识资产转化为有形的经济效益,为我国企业的发展壮大,为"一带一路"倡议的有序推进,为建设创新型国家,为建成社会主义的现代化强国做出卓有成效的贡献。

---

❶ 吕炳斌:《建设创新型国家背景下的知识产权保护》,知识产权出版社 2010 年版,第 7 页。

浅谈"一带一路"背景下
知识产权的保护战略

马慧娟*

内容提要 "一带一路"倡议是我国综合各方考虑后提出的,目的是加强中国与中亚、东南亚、欧盟等国家与地区经贸文化交往。"一带一路"倡议不仅加强我国企业与世界多个国家的贸易往来,而且为我国企业"走出去"提供更多机会。然而在"一带一路"的背景下我国企业在"走出去"的同时知识产权争端也不断增多。本文综合分析"一带一路"背景下当今知识产权保护现状,提出了相关的保护战略。

关键词 "一带一路" 保护战略 知识产权

2013年9月,习近平主席第一次提出建设"丝绸之路经济带"的构想,10月,在APEC领导人会议中提出建设"21世纪海上丝绸之路"的构想。"一带一路"倡议构想提出之后,得到了全世界的广泛关注。

一、"一带一路"倡议的意义

"一带一路"倡议是顺应当今世界的发展潮流而提出的,符合沿线国家

---

* 马慧娟,南京理工大学知识产权学院研究生。

的共同利益,这一具有历史意义的战略促进了沿线国家的共同发展,是国际合作的新方式,有利于提高国际竞争力。"一带一路"是国家的战略性决策,具有划时代的意义,从中可以体会到平等互通、合作共赢的精神。

"一带一路"倡议意味着我国对外开放实现战略性改变。丝绸之路是我国最早对外开放的标志,是东西方在经济、政治、文化等方面交流的主要通道。从1978年改革开放至今,我国对外开放取得了令人瞩目的成就,但是受地理环境、经济发展情况等因素的影响,对外开放总体呈现东快西慢、海强陆弱的格局,一定程度上造成东、中、西部地区发展的失衡。"一带一路"倡议的提出将逐渐改变这种格局。在提升向东开放水平的同时加快西部的开发历程,加快了经济的发展。"一带一路"倡议顺应了当今中国发展的潮流,使我国的经济格局得到优化,为我国经济发展提供新的平台。1978年以前,我国经济发展水平较低,发展思路主要是引进外资。如今,经过多年的发展,我国已经有足够的能力走出国门,将中国的生产要素对外输出。"一带一路"倡议通过政策沟通、道路联通、贸易畅通、货币流通、民心相通这"五通",❶ 将中国的生产要素对外输出,不仅促进经济的发展,还提高了我国在国际上的地位,向全世界展示了我国雄厚的实力。

"一带一路"倡议有利于我国经济的转型。我国经济振兴,民族富强,人民安康,必然是要覆盖全民族的,其中当然包括中西部地区。然而,现实情况是,我国东西部地区经济发展差异较大,东部地区的发展水平远远超过西部地区。"一带一路"倡议的提出有助于改变这一现状,对东部和西部的发展同时并重,不偏不倚,利用沿海地区的发展来带动内陆的发展。这样不仅可以拓宽我国经济发展,还可以促进内陆和沿边地区的成长,最终实现我国经济的转型。由此可见,"一带一路"倡议的提出对我国乃至全世界都具有深远的影响。

---

❶ 文泽:"'一带一路'战略的意义",载《大庆社会科学》2015年第4期。

二、"一带一路"倡议背景下知识产权的保护现状

"一带一路"倡议的实施涉及 65 个国家/地区，每个国家的发展情况不同，对知识产权的保护自然不同。[1] 韩国、新加坡、以色列等国家对知识产权比较重视，自然保护得比较好，还有一些国家由于经济情况和相关的立法不完善，导致知识产权保护水平相对低下。因此，各国在保护知识产权方面呈现出不一样的局面。

我国从 2008 年开始实行国家知识产权制度，之后我国知识产权保护水平一直在不断提高。近几年，我国著作权登记呈不断增长趋势，专利申请数量增长速度非常快，商标取得的情况很乐观。以下以我国商标申请量、专利申请量来分析我国知识产权的保护现状。

随着经济全球化的发展，发达国家和发展中国家交往变得密切，有关知识产权的纠纷和诉讼逐渐增多。而现有的世界知识产权组织，缺乏完善的法律体系，没有建立起有效的争议解决机制，未能给予国家有效的保护，这使得知识产权的保护陷入困境。为此，1994 年通过了《与贸易有关的知识产权协议》（TRIPS 协定）。TRIPS 协定对知识产权客体的保护范围之宽是前所未有的。TRIPS 协定的产生，为世界各国的知识产权保护提供了范本并产生了深远的影响。中国作为一个发展中大国，在成为世界贸易组织成员后，努力完善本国的知识产权立法，与 TRIPS 协定相衔接。

自从我国《商标法》修改和完善后，我国的商标侵权情况有所改善，但是仍有些企业的商标被抢注和侵权，根本原因是企业没有重视商标的申请、保护工作。商标代表着一个企业所享有的较高声誉，不仅是一个企业的问题，还与国家经济发展的战略息息相关。在"一带一路"倡议的背景下，企业要重视自身商标的保护。商标权被正确地使用和保护，有利于企业开拓市场，提高知名度，吸引外资，成为提高企业综合实力的强大后盾，毫无疑问

---

[1] 田宜鑫："'一带一路'背景下知识产权保护问题研究"，载《法制博览》2017 年第 23 期。

这一战略是极好的。

我国商标的申请量逐年增多。2014年我国商标申请量为228.54万件。2015年我国商标申请量增长到287.6万件，上升25.85%。2016年我国商标申请量达369.1万件，增长速度可谓迅速。从中我们可以看到在实施"一带一路"倡议下，企业在交流过程中对商标保护意识不断增强。

自从我国1984年颁布《专利法》以来，每年国内的专利申请数量不断增多。2016年，我国在市场国申请专利4 834件，比2015年增加47.1%，涉及18个国家。其中，在印度申请专利3 017件，同比增长131.5%。2016年，沿线国家在我国申请3 697件专利，在2015年的基础上增长18.2%。表明我国专利申请结构进一步优化，企业的知识产权意识和创新能力越来越强。

三、我国知识产权保护的不足

"一带一路"倡议是我国企业走出国门，实施技术改革，增强企业国际竞争力的重大机遇。[1]从发达国家国际化发展历程中可以看出，发展中国家的企业想要进入国际市场面临较大的阻力，首先面临的就是知识产权风险。我国企业走出国门时，便受到了很多竞争对手的关注和阻挠，知识产权频繁受到侵害，给企业带来巨大的损失。多个国家/地区都认同并加入了中国的"一带一路"倡议，经济发展不均衡，知识产权法律立法的差异性必然导致大量的知识产权纠纷。因此，我国企业在进入国际市场时要做好防范工作，学会控制知识产权风险，这些工作对我国实施"一带一路"倡议具有重大意义。

1. 政府在知识产权保护上的不足

"一带一路"沿线的很多国家都设立了专门机构来处理知识产权问题，为企业提供了多元化的知识产权维权服务。例如俄罗斯等国设立了专门的知识产权机构，负责处理与知识产权相关的案件。我国保护企业知识产权的机

---

[1] 郭楠："'一带一路'战略对区域经济新格局的影响"，载《改革与战略》2016年第11期。

构主要是国家工商总局、国家知识产权局、国家版权局等,但是依旧存在不完善之处。

2. 企业缺乏风险意识

在国际贸易中知识产权的保护是一个重要问题。我国政府一直鼓励企业"走出去",经过多年的不断发展,我国的经济情况明显好转,中国的对外注资首次超过外资流入。在实施"一带一路"倡议时,企业应先考虑到将来可能面临的问题,据此做好应对方案,尽可能地避免不必要的损失。实际上,我国企业并未完全做好准备规避"一带一路"中的知识产权风险,商标侵权案件时有发生。如我国的百年老字号"王致和"被人在德国优先注册、"五粮液"在韩国被用汉语拼音抢注、"萤火虫"节能灯在德国被抢注等,这类商标抢注案件层出不穷。这些都是我国企业在走出国门时必然会遇到的情况,然而我国企业在日常工作中对商标的重视程度不高,总是等到公司的业务涉外时才开始准备申请在市场国注册,结果发现已经被抢注。"一带一路"倡议背景下,企业需要面对许多沿线国家,然而每个国家的知识产权保护体系各不相同,这就需要企业提前了解并做好相应的防范对策。

3. 缺乏完善法律制度

法律是保护企业知识产权的有力武器,在知识产权保护中发挥着重要的作用。在"一带一路"背景下,每个国家的经济发展情况不一样,相应地每个国家对知识产权的保护力度也不同。我国知识产权法立法较晚,❶法律体系不完善,存在许多空白之处,这就需要不断地改进。"一带一路"倡议是我国提出的,我国在制定法律制度时不能盲目追求发达国家的标准,应当具体情况具体分析,根据我国发展的情况制定法律制度,不能一味地借鉴其他国家。

---

❶ 田宜鑫:"'一带一路'背景下知识产权保护问题研究",载《法制博览》2017年第23期。

四、"一带一路"背景下知识产权保护的对策

1. 政府应加强对知识产权的保护

知识产权的发展需要法律的约束和政策的引导,这就要求政府发挥职能作用,充分发挥积极主动性,使知识产权的保护符合我国实际情况。在"十二五"规划期间,知识产权的保护水平有很大的改善,但我国仍然是个发展中国家,所以政府应该着重完善国内知识产权立法,根据实际情况构建知识产权保护机制。在拟定相关的知识产权政策时,要综合考虑经济情况、文化差异、保护水平等因素,切实保护我国企业的知识产权。同时政府要建立知识产权海外风险防范机制,建立专门机构来处理企业知识产权问题,让企业在有需求的时候能够及时寻求到帮助,切实地解决问题。

2. 增强企业知识产权的保护意识

随着经济全球化的深入,企业遭受侵权的现象屡见不鲜。然而我国大多数企业对知识产权保护不够重视,导致我国企业海外知识产权遭遇侵权现象经常发生,所以我国企业应加强知识产权保护意识。在发现自己被侵权时,企业应当主动拿起法律武器维权,可以通过发送警告函、提起诉讼等方式维护自己的利益。

近年来,我国企业知名品牌在国外被抢注的情况时常发生,对此企业应当重视起来,加强风险防范意识,学会防控。企业对于知名品牌,应该及时在市场国注册,防止被其他人抢注,如果被抢注,需寻求法律帮助,查找相关国家的法律资料,最大限度地降低损失。同时应结合市场的情况,及时注册一些商标,未雨绸缪。

3. 加大对知识产权人才的培养

目前,我国企业应对知识产权保护的法律问题相当棘手,主要由于能够独立进行知识产权业务办理的人才缺失。在外交部发布的《推动共建"一带一路"的愿景与行动》划定的"一带一路"重点18个省市中,法律资源分布不均匀,东北地区、西北地区和西南地区的律师资源缺乏,这就使得当地

企业进入"一带一路"市场国的知识产权风险增加,而"一带一路"倡议中涉及的相关城市又多在我国东北、中部和西南地区。❶ 许多专业性人才更愿意去繁华的地区,东北、中部和西南地区的教育程度和对教育的重视度不如发达地区高。另外,我国企业参与"一带一路"贸易的最大阻碍在于语言交流,尤其是官方用语,语言不通给对外贸易带来很大的困难,然而国内学习小语种的人才很是稀缺,复合型人才更是凤毛麟角。由此可见,专业性人才的重要,专业性人才的培养需要一起努力。国家要加强对知识产权人才的培养,现在许多高校已经设立专门的知识产权学院培养人才。我们要积极开展并组织专门人员进行"一带一路"课题的研究,为国家制定相关政策提供建议和力量。

五、结 语

"一带一路"是把双刃剑,既带来了许多发展机遇,也带来了许多知识产权风险。切实保护企业的知识产权,需要各方的共同付出,只有这样才能更好地维护企业的知识产权,打好企业的品牌战,增强我国企业的国际影响力。我国在实施"一带一路"倡议的同时要注意密切观察各国知识产权的保护情况。我们要积极地了解国际上的相关立法,为完善我国的知识产权保护体系贡献力量。

---

❶ 王莲峰、牛东芳:"'一带一路'背景下我国企业海外知识产权风险应对策略",载《知识产权》2016 年第 11 期。

"一带一路"国家的知识产权边境保护制度研究

郭珍珍*

内容提要 本文旨在通过研究"一带一路"沿线国家/地区的知识产权边境保护制度的现状，探究沿线各国的知识产权边境保护的立法现状和执法状况，为沿线各国建立知识产权边境保护协作机制提供方向和指导，减少沿线国家/地区在国际合作中的知识产权风险，加强沿线各国在国际贸易与投资中的交流与合作。

关键词 "一带一路"　知识产权　边境保护　国际合作

一、前　言

随着"一带一路"的建设和发展，中国与有关国家/地区之间的政治、经济以及文化联系越来越密切，但是在此过程中机遇与挑战并存，如何加强沿线各国家/地区之间的知识产权合作、建立良性竞争机制，减少在国际合作中的知识产权风险，成为深化"一带一路"倡议合作与对外开放的关键问题。

根据2017年上半年国家知识产权局发布的《"一带一路"沿线国家专利

---

* 郭珍珍，华中科技大学法学院研究生。

统计快报》数据❶可以发现，"一带一路"倡议对于中国与沿线各国双边的知识产权战略合作是极为有利的，沿线国家/地区保持知识产权领域的紧密合作符合各国共同利益，但是在当前的国际贸易与投资的环境下，知识产权侵权问题或成为阻碍国际贸易平稳发展的重要阻力，因此，促进知识产权边境保护的国际化成为促进国际贸易与投资发展的重点。

二、"一带一路"沿线国家/地区的知识产权制度现状

"知识产权边境保护制度"是指知识产权边境执法机关在货物或物品进出口的过程中，对受关境内的法律保护的有关知识产权的货物或物品提供相应的保护和监督的制度体系的总和。❷知识产权边境保护简单来说，就是对在进出境环节过程中发生的知识产权侵权行为进行规制，不同国家的执法主体、执法程序以及执法内容都不同，但是通常来看，各国知识产权边境保护制度中边境保护的主体通常是行政机关和司法机关，一般而言具有国家行政管理性质的海关部门是知识产权边境保护的执法主体，被赋予跨国贸易的边境检查职能，同时在知识产权边境保护中，知识产权边境的措施包括刑事保护、行政保护以及民事保护，刑事保护的主体是各国的公安部门或其他刑事侦查部门，行政保护涉及的主体包括海关、权利人以及进出口人，民事保护的方式包括私人和解和民事诉讼方式。

（1）我国知识产权边境保护制度。我国的知识产权边境保护同世界各国一样，主要体现在知识产权海关保护方面。我国 1995 年的《知识产权海关保护条例》及其实施办法对于如何开展实施知识产权边境保护并维护公共利益是具有重要意义的，在当时的立法环境下，此条例主要是仿照美国的边境

---

❶ 国家知识产权局规划发展司：《"一带一路"沿线国家专利统计快报》2017 年第 2 期。

❷ 朱秋沅：《知识产权边境保护制度理论与实案》，上海财经大学出版社 2006 年版，第 7 页。

保护制度,并且落实双边承诺的规定。❶ 之后,为了与 TRIPS 协定相协调,我国于 2000~2004 年进行了第二轮立法,在这个阶段,我国法律中增加了海关进行知识产权保护的新职能,并对边境侵权行为法律责任进行明确规定,对于边境保护的模式也分为依职权申请和应权利人申请两种,对于知识产权的边境侵权行为的行政责任予以明确,❷ 在这个阶段,我国边境保护制度已超过国际标准,但是执法力度并没有落实到位,在当时一系列的双边或多边安排下,我国海关从 2005 年开始强化国内执法的力度,同时于重点边境区域展开专项边境执法行动。2007 年在美国对中国发起 WTO 知识产权执法措施案的背景下,我国开展了第三次边境保护立法,在条例和实施办法中进一步明确了双边边境保护方式中各当事方的权利责任,同时也增加了当事人双方的和解程序。❸

(2) 对"一带一路"沿线国家知识产权边境保护制度的发展现状进行分析。首先是中东欧,中东欧有 8 个国家,这些国家的知识产权保护制度较为完善,不管是在经济发展水平,还是在知识产权环境方面都和中国相当。在这 8 个国家中,波兰以及捷克等国家已经加入欧盟,作为欧盟成员国,这几个国家遵循欧盟推行知识产权边境保护的整体推进思路,主要通过贸易类和海关类协定来实现知识产权边境保护水平的提升,但在欧盟立法没有规定的情况下,则根据自身的情况制定相应的边境保护规则,以共同体立法产生的知识产权,权利人可以申请联盟保护程序,也可以申请成员国国内保护程序。波兰十分重视知识产权边境保护措施的执法,其执法机关包括警察和海关,在这些行政机构内部设立专门的知识产权服务机构,这点与保加利亚具有相似性,同时其海关总署在内部设立专门知识产权执法部门,海关依职权或应权利人申请扣押侵权物;捷克也是主要由海关开展知识产权边境保护措

---

❶ 朱秋沅:《知识产权边境保护制度国际化与本土化研究》,知识产权出版社 2014 年版,第 322 页。

❷ 王淑敏:"'一带一路'的贸易便利化与海关知识产权保护的互动",载《社会科学辑刊》2017 第 2 版。

❸ 王殊:《中国知识产权边境保护》,中国政法大学出版社 2011 年版,第 28 页。

施，采用民事与刑事相结合的方式保护权利人的利益，进而保护国家社会的公共利益；罗马尼亚的知识产权边境保护措施较为完备，首先由执法主体——海关对知识产权产品进行备案，对于知识产权侵权产品采取民事或刑事程序上的保护措施；匈牙利在知识产权边境保护过程中，海关作为知识产权边境保护的主力军，在跨境贸易和服务中对知识产权的保护起到极为重要的作用。

然后是东南亚，东南亚地区包括新加坡、缅甸、老挝、印度尼西亚、泰国以及马来西亚等国家，这些国家大多数是新型国家或者发展中国家，从立法层面来看，新加坡和菲律宾等国家的知识产权制度较为完善，各项知识产权立法内容较为全面，同时有相应的配套措施；缅甸知识产权保护的立法不够健全，只有专利和外观设计的立法保护，知识产权边境保护制度也尚未完全建立；马来西亚对于贸易交易中出现的知识产权侵权行为主要是通过民事侵权的方式来保护的；其他国家虽然设立了基本的知识产权执法机构，但是知识产权边境保护的执法能力十分有限。

可以发现，"一带一路"沿线国家可以分为两种类型，一种是较为发达的国家，知识产权的保护水平和执法水平较高，知识产权的边境保护制度也初步建立并在完善之中，另一种为新兴经济体与发展中国家，知识产权制度的建立不够完善，边境保护制度体系的缺失导致这些国家在国际贸易中被边缘化，丧失了话语权与参与权，可能导致本国的公共利益被侵犯。因此，建立"一带一路"国家知识产权边境保护协作机制将成为适应区域经济一体化、经济全球化以及知识产权保护国际化的新趋势、促进国际经济贸易多极化发展以及建立国际贸易新格局的关键。

三、"一带一路"背景下的知识产权边境保护的国际合作

知识产权保护已经成为当今国际贸易投资大环境下的重要配套措施，而建立高标准的知识产权边境保护机制对于实现国际贸易新环境的稳定是极为重要的。因此，通过对知识产权边境保护的精细化立法，形成高标准的边境

保护规则，对于强化国内知识经济的发展和促进国际知识产权制度的协调合作具有重大意义。

在当前的国际环境下，海关国际合作成为各国之间加强知识产权边境保护国际合作的最为常见并行之有效的手段之一。"一带一路"倡议下的沿线各国家/地区也可以采取此方式，通过协议方式或在非协议框架下，通过信息共享、技术合作以及联合行动等方式在各国法律规定范围内开展区域合作活动。除了在海关互助协定中实现知识产权边境保护国际合作的目的外，还可以通过综合性的对外贸易条约或者专门的知识产权边境保护的合作协议等方式。对于知识产权边境保护国际合作的具体内容可以包括以下几个方面：首先是对于同一侵权行为的执法合作，通过采取联合行动，对同一侵权链条中的不同环节予以打击；其次，可以进行知识产权边境保护的技术合作，通过共享风险分析管理技术或者侵权信息掌控技术，提高打击跨国知识产权侵权的执法能力；再次，可以建立知识产权信息联网共享机制，紧密掌握侵权产品的侵权信息，便于收集知识产权侵权证据，从而实现侵权行为的前期预防以及后期跟踪，提高执法能力；最后，可以通过加强知识产权边境保护制度的交流，从执法主体、执法程序到执法制裁方式进行信息交流，汲取有效方式，拓宽立法视野，从而加深对他国知识产权保护制度的理解，并且提高国际合作的水平，最终实现建立"一带一路"倡议下沿线国家/地区知识产权边境保护的协作机制。

"一带一路"背景下跨国企业的知识产权保护研究

——以土耳其为例

郭雨凡[*]

内容提要 本文着重从土耳其这一"一带一路"枢纽国家出发,从知识产权经济学中的人力资本、研发强度、竞争优势和法律环境四个角度分析中土两国有关知识产权的差异,并从国家、政府以及企业的角度提出解决对策。实施跨国企业知识产权保护战略,需要依靠行政手段、法律手段、市场手段的相辅相成,国家统筹谋划是前提,政府制定措施是关键,企业主动应对是根本。三者必须有机结合,缺一不可。

关键词 "一带一路" 中小企业 知识产权

一、引 言

2013年中国提出共建"丝绸之路经济带"和"21世纪海上丝绸之路"的重大倡议,得到国际社会的高度关注。"一带一路"不仅能在我国对外开放的过程中注入源源不断的活力与内生动力,而且有利于巩固我国与沿线国家/地区的对话与协作,促进双方经贸往来,加紧在投资、金融等方面的深

---

[*] 郭雨凡,南京理工大学知识产权学院研究生。

入融合，实现双方携手进步。同时，也应看到，"国内企业'走出去'开拓海外市场，常会遇到专利纠纷，企业对海外知识产权环境信息了解不够充分，规避知识产权风险能力相对有限。"❶ 因此，在"一带一路"这个大环境中，加强知识产权保护，防止因知识产权争端，引起贸易纠纷和摩擦，并通过对知识产权的布局和运营，使企业获得竞争优势，成为目前亟须考虑的一个重大问题。

土耳其以自身独特的地理优势，在"一带一路"中占据非常重要的地位。土耳其横跨亚欧两大洲，扼守土耳其海峡，北临俄罗斯，南抵叙利亚、伊拉克，东毗中东，❷ 是当今将中亚经济带与中东地区有效对接，达到合作共赢并使多方资源使用效率最大化的重要支点。在中国与土耳其的贸易往来中，合理分析两国的知识产权，包括制度异同点、自主知识产权差异性以及企业运用的各个环节等，能有效地避免在贸易往来中中土两国因知识产权冲突而带来的经济风险，甚至是政治危机，从而在中土两国的贸易中实现"一带一路"倡议与两国的经济发展对接，使得中国与土耳其及其他沿线国家/地区朝着更加和谐、互利共赢的方向迈进。因此，本文主要以土耳其为例，分析在"一带一路"的大环境中，企业跨国经营模式下隐藏的与知识产权相关的潜在问题，并提出相应的解决对策。

当前对外投资企业愈加明确地体会到：近年来，知识产权保护问题已经日益成为新的技术性贸易壁垒讨论的焦点问题，知识产权纠纷伴随着日益频繁的贸易活动而呈现逐渐攀升的趋势。搞清楚目标国的投资环境与营商效果，需要系统分析其知识产权的现状和发展，才能及时作出合理的贸易决策，规避不必要的风险。在扩大对外贸易的同时加强知识产权保护，使企业获得稳定的经营环境，熟练应对竞争对手的知识产权威胁，既是"一带一

---

❶ 中国打击侵权假冒工作网："内地政学界议'一带一路'知识产权，为企业'走出去'助力"，载 http://www.ipraction.gov.cn/article/xxgk/gzdt/bmdt/201710/20171000160607.shtml，最后访问日期：2017 年 10 月 30 日。

❷ 韩隽、李游："近期土耳其国内安全形势分析"，载《新疆大学学报（哲学·人文社会科学版）》2016 年第 6 期。

路"的内在要求,又是维持跨国集团对外投资、技术转移和进出口贸易良好秩序的关键手段。

二、国内外研究现状

目前,国内外已有相当多学者就知识产权保护与贸易水平之间的关系做出了一些研究。

马斯克斯和帕那巴特(Keith. E Maskus & Mohan Penubarti)(1995)运用垄断竞争模型,最早对知识产权保护与贸易规模进行了研究。❶ 结果显示:贸易规模对专利制度最为敏感,专利政策实施的强度影响着发展中国家贸易规模的大小。李雷和马斯克斯(Li Lei & Keith. E Maskus)(2008)认为加强知识产权保护有利于发达国家向发展中国家的技术转让,能够有效降低发展中国家出口企业的边际成本,从而增加出口。❷

国内目前对此研究主要在理论和政策阶段。冯涛、郑玉琳、黄洁和张红研究了知识产权壁垒的形成以及对市场秩序的危害。❸ 他们认为,法律给予了知识产权权利人合法权利,然而知识产权保护强度是否合理还有待研究,这种合法权利一旦被非法滥用,就会扰乱有序的国际市场贸易环境。我国在提高出口贸易、增强企业优势、完善产业结构方面仍有待提高。

三、从经济学角度看保护知识产权的正当性

从经济学中对于产权制度的常规论证方法"成本—收益"分析的角度来看,知识产权保护的正当性不容置疑。财产权的收益包括静态收益和动态收

---

❶ 胡元礼、岳秀芹:"也谈与国际贸易有关的知识产权保护",载《北方经贸》2006年第2期。

❷ 冯晓青:"知识产权制度与技术创新之内在联系研究——以两者内在协同机制、模仿和知识产权保护强度为考察视角",载《时代法学》2013年第2期。

❸ 徐元:"知识产权壁垒问题综述",载《工业技术经济》2010年第10期。

益，前者是指以法律规则来替代产权人与全体第三人的谈判与交易，后者是指财产权提供了激励，即获得将来收益的稳定预期。知识产权的交易成本、经济租和保护成本与有形的物质财产的权利相比，成本更大，保护更难。因此，具有社会理性的投资在知识财产的创造者回收其沉没成本时才不会受到遏制。总之，我们可以期望通过法律的约束性使得未经过权利人允许的人必须通过一定的代价来接近这些知识财产，从而给予权利人一定的补偿。

对于投资者来说，一项具有良好市场前景的技术，加上周密的市场布局必然离不开知识产权的保护并赖以为生。这就意味着在开阔市场时保证经营安全，企业走上正轨后形成技术优势，构成合法的市场垄断，在企业发展到一定规模、一定阶段时，借助知识产权优势及时通过金融、投资专家的运作，扩大融资，提升企业价值，这一切操作都是以知识产权的成功保护为前提。为技术创新采取及时、全面的知识产权保护，将会给投资方打下一针强心剂。

四、从知识产权经济的角度看中土两国的知识产权保护

张秋龙在《知识产权经济时代已经到来》中称知识产权经济为集高素质人才、研发与经营、市场配置等因素于一体的一种全新经济形态。因此，本文通过人力资本、研发强度、竞争优势和法律环境四个方面来分析中土两国知识产权的差异性，对对外贸易企业的知识产权保护水平做出评判。

（一）人力资本

尽管没有物质资本那么具体，但是人力资本这一无形物对经济的生产同样起着关键作用。人力资本是对人的投资的积累，最重要的一类人力资本是教育。可以通过在实践中积累经验来积累人力资本，通过在企业内部的学习、积累与运用，达到提高劳动生产率的目的。

土耳其科学、工业和技术部副部长戴维称，土耳其深刻认识到教育对经济水平提高的重要性，一直致力于打造世界知名学府。加强教育建

设已经在土耳其初有成效，远程教育作为一种新型教育方式，在土耳其的大部分高校被广泛应用，通过多点连接的直播式或交互式教学课程，高校、企业与科技创新之间的联系更加紧密，可以足不出户并且低成本地获取最新的知识和技能，形成知识经济体摆脱"中等收入陷阱"成为土耳其人的共同目标。据悉，土耳其的高校数量在过去的10年中达到原来的2倍多，并将在2023年再增加100所。同样，多年来我国大力加强人才培养和制度建设，人口素质不断提高，创新能力显著提升，正在将人力资源开发和人力资本投资作为战略重点，将发展"人口红利"变为提升"人力资本红利"。针对我国专利申请"多而不优"的矛盾，国家知识产权局于2015年年初提出"数量布局、质量取胜"的工作理念。国家在科技创新，特别是重点领域的科技创新投入不断加大。各级政府调整政策导向，从单纯重视数量转向数量、质量并重，已逐渐充分认识到知识产权是当今全球经济活动中的重要竞争筹码，中国将在全球创新体系中发挥越来越重要的作用。

然而，尽管对人力资本已经有了足够的重视，但目前中土两国仍然在这一方面存在诸多问题，主要体现在以下几个方面。

（1）教育水平显著提高，创新能力有待加强。尽管中土两国教育发展总体水平不断提高，但主要还停留在接受教育输入的层面，而强调创新思维和动手实践能力的素质教育还没有真正落实，导致知识产权尤其是专利申请总量偏低。

（2）人力资源总量较高，人均创新产量偏低。中土两国对全民受教育问题越来越重视，并取得了一定的成果，然而通过分析专利申请人地域分布不难看出，人均创新数量偏低且大多聚集于经济较发达地区。

（二）研发强度

作为衡量研发强度的标准，专利申请与授权量是一个重要的指标。图1和图2是对我国的专利申请与授权量以及土耳其来华的专利申请与授权量的比较分析。

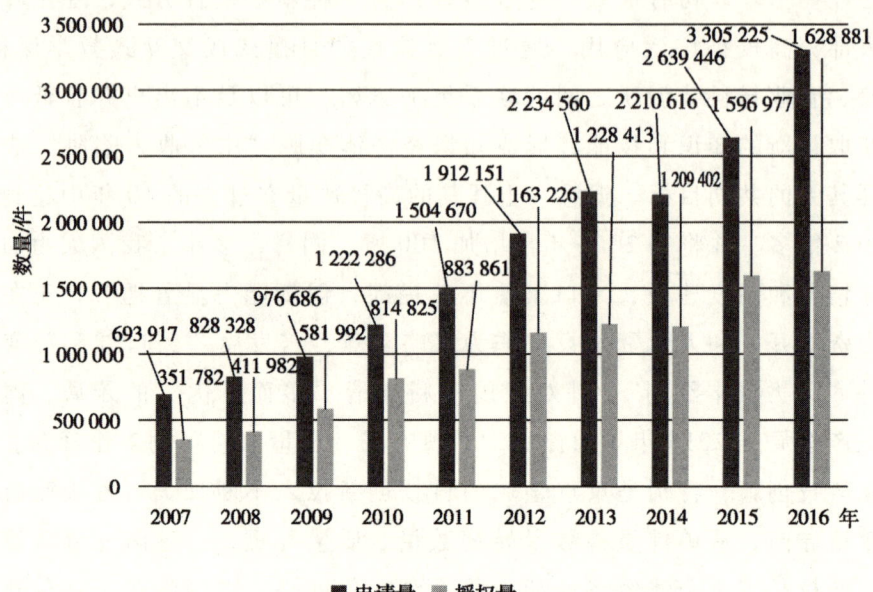

图 1　2007~2016 年我国国内专利申请与授权量走势❶

从图 1 来看，我国的专利申请和专利授权基本都持上升趋势，2016 年的专利申请量已超越 300 万件。2015 年中国政府明确提出"建设知识产权强国"的工作理念，激发出各个行业创新主体的创新研发积极性，在全球化的大趋势下、在市场竞争越来越激烈的国际环境中，各行业竞相实现我国科技创新水平的跨越式提高，为高技术产业奉献自己的力量。但总体上，我国企业的关键技术、优势竞争力相较于西方知识产权强国还比较薄弱。因此，有必要借鉴它们的成熟经验，补己之短，特别是从发挥知识密集型产业创新功能角度，建立政府、行业、企事业单位三级联动知识产权导航运行机制，提出我国的"建设知识产权"强国战略。

最近几年，土耳其的政治环境和社会状况不再动荡，经济水平逐步提

---

❶ 数据来源参见中国国家知识产权局网站。

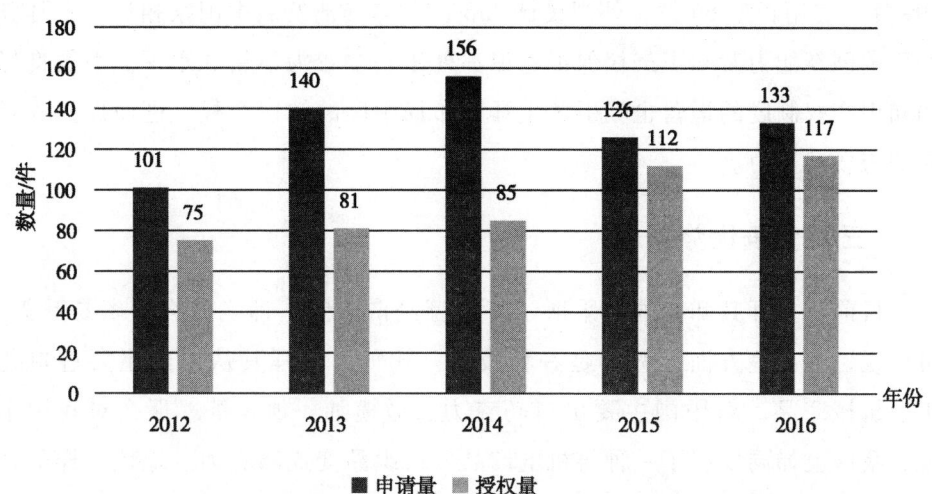

图 2　土耳其来华专利申请与授权走势❶

高，吸引了国内外的大量投资。据世贸基金组织提供的材料来看，当土耳其的购买力达到 9 320 亿美元平价的时候，其经济会飞猛增长，跃升为全球第十六大经济体，另外，土耳其的增长率将高达 8.9%，超越其他国家而成为第二大发展国家。可以看出，土耳其的经济实力不容小觑。从商务部提供的材料分析来看，2017 年前半年，中国和土耳其两国的进出口货物的成交额高达 144.9 亿美元，其中，土耳其向中国提供了 15.6 亿美元的出口额，土耳其从中国进口商品达 129.3 亿美元，占土耳其国内进口额的 9.9%，❷ 截至 2017 年上半年，中国已经成为土耳其货物出口和进口的重要一环，是其第十七大出口国和最大的进口国。由土耳其来华专利申请与授权走势图（图2）可见，近几年的土来华的专利申请量都保持 100 件以上，且授权量呈现逐年递增趋势。此外，国家知识产权局有关数据显示，土耳其在华申请专利总受理量包括发明 675 件、实用新型 83 件、外观设计 488 件，授权专利总量包括发明

---

❶ 数据来源：中国国家知识产权局网站。
❷ "土耳其知识产权发展报告 2017"，载 http://world.people.com.cn/n1/2017/1025/c1002-29608131.html，最后访问日期：2017 年 10 月 25 日。

399 件、实用新型 69 件、外观设计 458 件。与其他发展中国家相比，土耳其的科技创新能力及知识产权保护意识都处于一个较为不错的水平。中国良好的知识产权制度的运营也吸引了土耳其布局中国的知识产权，进而保护其相应的市场竞争力。

（三）竞争优势

目前，土耳其和我国都采取了外向型经济政策，即实施自由贸易政策。可以说，在某些方面，贸易是一种技术。比如，土耳其从中国主要进口化工、机械产品，对中国主要出口巧克力、橄榄油、地毯等。那么对我国来说，我国就如同发明了一种将机电产品、纺织品变成巧克力、地毯一样的技术而获益，否则我们就要在我们本不擅长的巧克力、橄榄油等领域花费更多的资源而不一定能取得良好的效果。保护两国各自的竞争优势，做好相关的知识产权保护有利于维护双方稳定和谐的贸易环境。对知识产权权利人来说，可以期望以更高的价格许可给更多人，对被许可使用的人来说，可以以更简单的方式获得产品的使用许可，从而达到一定程度的共赢。

（四）法律环境

尽管中土两国都足够重视知识产权的保护，经济发展也相当可观，然而中土两国知识产权制度的区别仍会给跨国企业招致某种程度的风险。"市场未动，知识产权先行"已经成为广大市场竞争主体的必备知识，然而在"走出去"的过程中，广大经营者发现两国知识产权制度的差异性造成了障碍。

另外，2000 年加入《欧洲专利公约》（EPC）的土耳其也正努力谋求加入欧盟阵营。考虑到更好地实现与欧盟国家知识产权政策的对接，土耳其正积极安排国内知识产权政策与体制的部署，以更好地实施知识产权保护工作。根据《土耳其专利法》有关内容，非法行使权利人专利权的，可要求其停止非法侵权行为；赔偿专利权人因此遭受的损失；并可依法没收或销毁侵权产品等。对跨国企业来说，熟悉土耳其的知识产权制度，从而在商业贸易活动中规范自身行为，规避知识产权风险十分必要。

五、知识产权保护策略

自"一带一路"倡议落实至今,我国与沿线国家/地区在贸易交往中都取得了令人满意的效果,鼓励中国企业"引进来"和"走出去"、实行跨国经营战略政策应该坚持贯彻下去。要严格实施知识产权保护策略这一"一带一路"建设的内在要求,注重防范和化解知识产权法律风险、维护企业海外投资利益。在中土两国经济往来的过程中,如何确保投资安全已经成为广大经营主体面临的重要课题,而政治手段将不再是解决经济纠纷中的首要与唯一选项。以下是国家、政府、企业采取知识产权保护的一些针对性建议。

(一)从国家层面来看

(1)国家要进一步实现相当程度的对外开放。合理安排与"一带一路"沿线国家的交流,建立落实好纠纷解决机制,积极参加知识产权规则的制订及完善,共同致力于构建全新的知识产权国际新秩序,有利于规避和化解知识产权风险,及时解决知识产权纠纷,消除和知识产权有关的投资障碍和贸易壁垒,从而实现贸易互通。为跨国企业合法进行商业活动搭建一个温暖的避风港。要考虑到双方的经济发展水平和各自的国情,在切实维护好自己国家利益的同时,照顾周边国家的发展,最大限度地实现"一带一路"倡议的初衷。

(2)国家要尽快制定真正切合中国社会实际发展的教育模式,发展具有全球化视野的"大国教育发展战略"。不能只将教育改革停留在输入知识层面,应该注重在实践中培养创新能力,完善素质教育体系,增强全民创新意识,提高教育投资的回报率。更加重视高素质人才的培养,加大对人力资本的投入,直接刺激经济增长;另外可以弥补资本边际生产率递减的效应,即提高其他生产要素的劳动生产效率,间接促进经济增长。❶ 积极制定教育和

---

❶ 李波、冯革:《知识服务业的产业生态》,上海人民出版社2006年版,第183页。

培训、激励政策。培养不仅具备知识产权相关的专业技术知识,还涉及法律、外语、金融、评估、投资等诸多领域,同时具备国际视野,能够敏锐、准确地发现和把握市场需求方向,熟练运用市场规则开展经营活动的复合型人才。

(二) 从政府层面来看

中土双方逐利的市场竞争主体对知识产权规则的需求具有一致性。中土两国政府应携手打造运行良好、平等共建、协调统一的制度政策。只有律令统一、投资方对其投资回报的可预期性稳定才会保证沿线国家/地区尤其是作为"一带一路"东道主的中国更加积极地推动,以及经营主体更加具有内生动力激励其完善和执行知识产权规则,才能确保"一带一路"倡议的顺利实施。尤其是当前以国有企业为投资主体的势头减弱之后,私营企业等市场竞争主体必会迎头赶上,其经济活动更需要运行协调统一的知识产权规则来保驾护航。中国政府应积极建立"一带一路"国家区域性知识产权争端解决机制,除了诉讼和仲裁外发展包括小型审议、早期审判评议、调解等替代性争端解决机制,通过多元化路径化解不同法系国家之间因知识产权制度差异所带来的沟通问题。要基于本地区经济转型、提升就业、促进本国/地区的知识产权信息推广、技术转移转化、扶持中小企业发展壮大等方面的需要,出台知识产权创造与保护政策。

(三) 从企业层面来看

1. 企业要主动谋划知识产权在"一带一路"的布局

"产品未动,知识产权先行",根据已有的贸易网络配置知识产权,新兴的跨国企业甚至可以考虑根据各国的知识产权保护状况配置贸易网络。我国企业应该有重点地加大对优势领域的生产要素投入,增强技术水平,提高内部知识产品创造水平,提高出口产品的自主知识产权,从而增强被控侵权时的对抗力,对竞争对手形成指控反制。企业之间应该联合作战,打造以防御型为主的专利池、建立企业间专利战略合作机制对内实现信息共享和专利交叉许可，并通过整合现有的专利和财力，实现对外的共同预警、专利谈判和专利诉讼应对等，提升企业专利转化运用能力。必须尽快打破比较优势思维的禁锢，尽快建立自身明确的竞争优势，要充分认识到技术—经济范式的重要性，制定符合中国实际的高科技发展战略，形成以资源中心、利润中心的模式用心经营，摆脱桎梏，开创新局，在日趋纷繁复杂的市场活动中披荆斩棘、脱颖而出。

2. 企业要加强对科研成果的保护，积极促进科技成果转化为知识产权

企业的生存和发展越来越依赖技术创新，而单纯的技术创新并不能带来创新收益的独占和商业上的成功。企业中专利保护力度欠缺主要体现在维权周期长、成本高、赔偿低、举证难、效果差。❶ 为避免这些"绊脚石"，应更加周密地防范交易涉及的风险。此外，由于企业自身的力量有限，因此应考虑与拥有丰富知识产权研发人才、研发技术的科研机构以及高校院所等开展积极的交流与合作，以此作为自己的后备人才和资源仓库。

3. 组建专门的知识产权律师联盟

"一带一路"有其丰富、独立的经济发展内涵，需要有与之匹配的知识产权律师队伍。一些大型主体需组建专业的知识产权律师联盟，打造严密的防御模式，协调沿线贸易的知识产权争端问题，为沿线企业及政府提供"一带一路"知识产权咨询和建议。在组建律师联盟时，需要注意避免以下几点：企业各自为战，有关知识产权的信息共享和沟通不畅；律师联盟与产业脱离，缺少相互衔接；各类联盟业务重点不明晰，开展工作缺少抓手。

同时，企业要调动企业内的文化因素，主要通过讲座、培训的方式，聘请知识产权专家为企业进行专题讲座和答疑解惑，提高员工的知识产权保护意识，形成良好的知识产权学习与应用的氛围，对企业内发明创造者提供物质激励或其他奖励，进而调动员工实现技术创新的积极性。此外，投保对将来一旦发生产品责任风险非常重要，一切补偿可交给保险公司办理。在美国，把不上产品责任险的产品销售称为"不穿衣服的人在街上走。"对此我

---

❶ 李明德："关于《专利法修订草案（送审稿）》的几点思考"，载《知识产权》2013年第9期。

们应该积极借鉴。

（四）从社会层面来看

（1）强化知识产权保护意识。有层次、有步骤地开展知识产权基本知识与侵权惩罚行为的宣传活动，并且开展有关法律法规的教育。

（2）积极组织创办知识产权文化活动。通过培养全民对知识产权的认同感来弥补知识产权制度固有的缺陷，调动全民参与的积极性。

总之，实施跨国企业知识产权保护战略，国家统筹谋划是前提，政府制定措施是关键，企业主动应对是根本。三者必须有机结合，缺一不可。中土双方在"一带一路"倡议的平等前提下谈共赢，双方均对加强知识产权领域的对话与交流有着深切意愿，建立良好的知识产权生态体系，能帮助跨国企业营造贸易、投资的融洽气氛。如今，一个互利共赢、横贯东西的伟大愿景正在一步步实现。追求梦想，不懈奋斗，将给世界带来无限生机和美好前景。

企业海外经营中知识产权风险防控研究

马小燕[*]

内容提要 随着我国"一带一路"倡议的提出,有更多的企业将打开海外经营的市场。知识产权问题是国际经济贸易往来中的重要问题,在企业"走出去"的过程中,要重视知识产权问题的处理。企业自身要提升对于知识产权的重视度,政府要建立其对于企业在遭遇知识产权风险时的救助机制,借鉴美国等发达国家在国际贸易中的经验,尊重交易国的文化、经济特点,推动区域化的知识产权的体系构建。通过企业自身、政府与社会中介三方力量,为我国企业的海外经营提供良好的知识产权风险防控机制。

关键词 知识产权 风险防控 企业 海外经营

企业海外经营的知识产权风险防控研究包括企业海外经营的知识产权风险的探析与企业海外经营中知识产权风险的化解两个部分。对于风险的探析,本文将从企业海外经营的知识产权风险的类型入手,通过对风险的研究,对这一问题获得初步了解,对不同的海外知识产权风险的类型提出一些特定的解决方案;对于企业海外经营中知识产权的风险的化解,将从国家与企业自身这两个不同的主体进行探究,探讨国家与企业自身可以为企业海外

---

[*] 马小燕,南京师范大学法学院研究生。

经营的知识产权风险采取哪些措施，这些措施对于参与我国"一带一路"倡议的企业具有重要的启示意义，有利于其了解自己可能遇到的知识产权问题，解决在"走出去"过程中遇到的知识产权问题。

一、企业在海外经营中可能遭遇的知识产权风险的类型及解决

企业在海外经营中可能遇到的知识产权问题可能是多种多样的，这些知识产权的风险可能会导致企业在海外无法正常使用自身的商标，或者要进入诉讼程序，耗费大量的时间金钱与精力，给企业的海外经营带来损失。本文将从以下几个方面分析企业可能遭遇的海外经营中的知识产权风险。

1. 商标被恶意抢注

由于我国的很多企业在一开始经营的时候只在中国国内申请了注册商标，其商标的保护范围没有涉及以后再进一步拓展自己的业务时的国外市场的保护。企业在遭遇商标抢注的问题时，会使其在境外使用自己的商标时面临侵权的风险，在通过诉讼或者谈判的途径取回自己的商标时往往要付出很高的代价。世界上大部分国家的商标保护奉行先注册的原则，谁先在相关国家注册了商标，谁就能享有在该地区的商标专用权。商标被恶意抢注问题是一个全球性的问题，越是知名的商标越容易遭到商标的恶意抢注。我国知名商标在国外被抢注的现象屡见不鲜，如"王致和诉欧凯商标侵权案""西门子抢注海信商标案"等，这些案件通过长期的谈判或者诉讼途径取回了自己在国外的商标权，但是在国外进行诉讼，与各方进行谈判对于经营海外业务或者打算经营海外业务的中小企业来说是困难重重的。

2. 针对商标被恶意抢注的解决途径

（1）企业制订长远的经营方案，及时注册商标。对于商标被恶意抢注的问题，企业需要在开始时就制订出较为长远的经营计划，规划出自己未来可能拓展的国际市场。在中国完成企业商标注册的时候，也尽可能完成在其他目标国的商标权注册，使得商标的注册先于企业市场拓展的步伐，不给商标

抢注者留下可乘之机。

（2）选择更合适的商标注册方案。商标的国际注册主要有四种形式：单一国注册方式、马德里注册、非洲知识产权成员国注册、共同体注册。❶ 单一国注册指的是申请人分别向目标国递交商标申请；马德里注册指的是依据《商标国际注册马德里协定》或者《商标国际注册马德里协定有关议定书》向联盟成员国提出商标注册申请，其前提是申请人在所属国已经申请注册了相应的商标；❷ 非洲知识产权成员国注册主要针对的是对于非洲国家的知识产权注册；共同体商标的注册针对的是欧共体范围内的商标注册。企业应当结合自己所需要拓展的市场范围选择商标在海外注册的方式。

3. 知识产权陷阱

企业在拓宽自己市场的同时可能会涉及投资并购的问题。知识产权陷阱指的是企业在并购时未获得价值最高的被收购企业的核心知识产权，这使得企业可能面临巨额的许可费用。

4. 针对知识产权陷阱的解决途径

企业在准备投资并购的时候，应当充分对目标企业的知识产权状况进行调查，这一过程又可以叫作知识产权的尽职调查。知识产权的尽职调查包括专利、商标、著作权、域名、商业秘密、植物新品种等。在尽职调查的过程中需要注意以下几个方面。

（1）应当明确目标企业申请了哪些知识产权项目，拥有哪些权利，在这些权利上是否设立了权利负担，是否有允许他人行使所拥有的权利，是否将自己的知识产权转让给他人所有。目标企业的知识产权项目不仅包括其在国内申请的知识产权，而且应当调查其在国际范围内的知识产权项目申请的情况，以及是否获得了他人持有的知识产权的使用许可权的情况。

（2）还应当调查企业正在准备申请的知识产权的项目，包括已经提交注

---

❶ 冯涛：《商标法专题研究》，知识产权出版社2011年版，第218页。

❷ 缔约国的商标申请人在其所属国注册某一商标后，向世界知识产权组织的国际局提出该商标的注册申请，国际局向有关缔约国发送要求缔约国注册此商标的通知，通知缔约国1年后，该商标就被视为缔约国的注册商标。

册申请，但是尚未获得权利书的情况，以及尚未提交申请的知识产权项目。在接手公司的时候，做好相关的申请资料的交接工作。

（3）对于企业掌握的知识产权的项目，在知识产权尽职调查中应当查明所掌握的权利的质量，如专利权。有的企业可能持有较多的专利权，专利的质量却不尽如人意。对于取得的知识产权项目进行一个风险的评估，预防在取得相关的知识产权之后可能会遭受的侵权状况，做好相关知识产权的完善和风险的预防工作。❶

5. 专利侵权诉讼

专利的侵权诉讼与知识产权的陷阱存在部分交叉，专利侵权诉讼指企业可能面临的海外的专利侵权诉讼。针对专利侵权的诉讼，提出专利无效是可以采取的做法之一。❷ 针对专利的无效申请，就发明专利而言，过往对于某个专利提出的无效申请越多，审查意见提出的次数越多，审查员在多次审查之后仍未宣告该专利无效，说明该专利被宣告无效的难度就越大。企业的法务人员可以通过分析原告或者被告过去参与专利侵权诉讼的次数，在专利侵权诉讼中的获胜率来对对方企业的专利诉讼的能力进行分析，胜诉率较高的企业内部可能拥有较高的知识产权或者诉讼法律的人才，应对专利诉讼风险的能力较强。

6. 专利侵权诉讼问题的应对办法

专利预警制度能够指导企业更好地处理专利侵权的问题与专利侵权诉讼。专利的预警制度需要借助专利数据检索来实现。专利的数据检索可以分为三个阶段：企业准备进行技术创新前、企业研发出技术成果时、企业遭遇专利侵权的诉讼时的专利数据检索。❸ 在企业进行创新前期进行专利技术的检索，有利于企业明确自己所想要创造的技术新颖性程度如何，在专利领域

---

❶ 李洪江："创新型企业专利尽职调查操作实务"，载《中国发明与专利》2014年第5期。

❷ 魏保志：《从专利诉讼看专利预警》，知识产权出版社2015年版，第197页。

❸ 王晓刚："我国高速铁路专利预警机制的研究"，载《铁路运输与经济管理创新》2017年第10期。

已有多少与此相关的成果,以避开自己的技术可能会侵犯到他人的可能性,对于企业的科技研发进行一个提前的专利布局。在企业研发出技术成果,申请专利后进行专利数据检索,有利于企业及时发现侵犯自己专利权的技术,对其宣告无效,维护自身的专利权。在侵权案件发生时进行专利检索,可以帮助企业厘清专利侵权案件的脉络,分析专利技术的各个要素,更好地把控侵权案件的发展走向。

二、国家对于企业遭遇海外知识产权风险时救助机制的构建

企业在面临海外知识产权的风险时,特别是中小企业,由于它们自身掌握的信息不足、没有海外经营的经验、企业人才不足等问题,在海外经营中可能会遭受巨额的损失。这就需要政府构建起一个科学的企业遭遇知识产权风险的救助机制,以帮助企业更好地解决海外经营中的知识产权风险问题。政府可以实施的知识产权政策工具包括:研究开发支持、税收政策,设立维权服务基金,公共采购等方式。结合政府可以采用的知识产权政策工具和企业海外知识产权风险的特点,本文提出以下几种海外知识产权风险的救助机制。

1. 建立相关海外知识产权法律信息库

企业海外知识产权风险的防控要求我们认真学习各个国家与知识产权有关的法律制度。建立知识产权法律信息库有利于政府为企业在海外经营的过程中遇到的困难提供更好的法律帮助,更重要的是有利于企业提前按照目标国的法律要求完善自己的经营战略。

海外知识产权法律信息库应当涵盖的内容包括国际方面与知识产权有关的法律信息,如TRIPS协定等。各国知识产权法律的文本(应当涵盖实体法与诉讼法的内容),针对"一带一路"倡议的实施应当尽快将"一带一路"建设可能涉及的法律信息及时纳入信息库。在大数据的时代,这种做法同样会带动一批法学研究人员对国外的法律状况进行研究,将研究成果反馈给我

国的各个企业,从而为它们在海外的经营提供实质性的规避法律风险方面的帮助。

海外知识产权法律信息库不仅应当包括与知识产权有关的法律、政策、协定等方面的信息,还应当纳入与海外知识产权纠纷有关的案件信息,及时获取上传最新发生的案件状况,及时更新案件进展。可以邀请知识产权方面的专家或者律师对案件进行评析。这有利于各方通过对案件的研习,提升自我类似风险的防范意识,学习企业在解决海外知识产权纠纷时的做法,避免类似风险。

目前我国国家知识产权局的网页中,已有与各国各区域知识产权制度介绍的内容,以及国外的主要知识产权网站的链接,除此之外还拥有"一带一路"沿线国家/地区的专利统计的简介。可以选择以国家知识产权局的官方网站为依托,进一步丰富网站中涵盖的海外知识产权法律的信息,如可以在其中加入国际知识产权纠纷的案例信息。

2. 政府组织企业进行知识产权培训

大部分企业之所以会遭遇知识产权风险是由于企业的管理人员、技术人员掌握的知识产权有关知识不足。政府可以通过召开座谈会、讲座,借助高校平台给予公司相关人员学习知识产权课程的机会,以此来提高企业的知识产权风险的防范能力。

3. 成立企业知识产权海外维权服务基金

我国企业在海外遭遇与知识产权有关的诉讼时,会面临较大的诉讼成本问题,包括诉讼费用、律师费用、调查费用等。对此我国可以成立企业知识产权海外维权服务基金,减缓企业在遭受知识产权风险时承受的经济压力。❶

该项维权基金的设立需要多个政府部门的支持,如国家知识产权局、商务部、财政部、外交部等,各部门应当协调好各自的职责,避免发生相互推

---

❶ 刘介明、陈旭:"企业海外经营中的知识产权风险防控能力研究",载《中国法学》2017年第7期。

责、效率低下的现象。❶ 对于维权服务基金的管理要科学，避免其进入官员自己的口袋。对于申请维权支持的企业，要对其遭遇的海外知识产权风险进行初步审查，可以在提起相关诉讼，或者遭遇诉讼的时候再向其发放。

4. 立足世界局势制定知识产权国际发展政策

美国曾积极推动 TRIPS 协定的达成，这一协定促进了世界范围内的良好贸易格局，倡导对于发展中国家给予特别保护。如今，日本、美国等发达国家都在追求更高的知识产权保护水平，❷ 如美国推动的《跨大西洋贸易与投资伙伴协定》（TTIP）和《跨太平洋战略经济伙伴协定》（TTP）的制定。TPP/TTIP 所倡导的是最终所能够达到货物贸易完全的零关税，贸易的理念从发展中国家享有特殊待遇向着完全的自由市场转变。这两个协定将俄罗斯、中国等国家的参与排除在外。TPP/TTIP 所划定的自贸区的建成将导致自贸区内的国家由于关税优惠、产品质量等原因，将与第三国交易的机会转让给协定国。国际贸易的规则由多方参与向着区域、双边协定转变。另外中国企业也曾多次遭遇美国的"337调查""301调查"。❸

中国对于此种情形应当采取相应的对应措施，如建立中国自贸区。我国自贸区的建立正在推动的过程中。目前中国在建的自贸区有 19 个，涉及 32 个国家/地区。同时"一带一路"的提出也有利于我国与各沿途国家发展贸易关系。值得注意的是，沿线国家/地区的知识产权状况也存在较大的差异，知识产权的保护水平不一。❹ 推动与沿线国家/地区达成双边协定，结合我国与贸易国的现状制订合理的知识产权保护方针，同时推动区域化的知识产权保护制度的建立，以此来对抗发达国家推行较高的知识产权保护带来的不利。

---

❶ 丁佩琪："'一带一路'建设中知识产权风险防范分析"，载《现代营销》2016 年第 9 期。
❷ 吴汉东："'一带一路'战略构想与知识产权保护"，载《法治社会》2016 年第 5 期。
❸ 黄茂兴等：《TPP 的中国策：全球化新时代中国自贸区突围之路》，北京大学出版社 2016 年版，第 39 页。
❹ 吴汉东："'一带一路'战略下知识产权保护的中国选择"，载《人民论坛》2017 年第 3 期。

同时，中国也应当坚定地维护世界贸易组织制定的《与贸易有关的知识产权的协议》，维护它所构建的良好的世界贸易格局。

三、企业自身防控知识产权风险能力的提升

1. 自主创新能力的提升

早在 20 世纪 70 年代，美国许多管理学家就提出，随着科技的快速推广，产业的竞争日益激烈，在这种持续变革的环境下，真正赢得持久营利的战略仍然体现在无形的竞争优势方面。知识产权作为企业的无形财产，对于企业的发展来说至关重要。企业想要拥有较高水平的知识产权，就需要提升自主创新的能力。

企业的自主创新能力是企业拥有较高知识产权风险防范能力的前提，特别表现在专利领域。企业的创新由两个部分构成。（1）企业对于引进技术的二次创新，我国目前的科技水平虽然达到了一定高度，但是在某些领域，与发达国家相比，还存在一定差距。这就需要我国引进先进的科学技术。但是在引进技术时，不应当仅仅满足于对技术的使用，还应当在引进技术的基础上对其进行提升改进，即二次创新。（2）企业的原发创新，企业应当重视技术或者是新产品的研发，我国目前处于由原来粗犷的发展方式，靠廉价劳动力、消耗资源来带动经济发展转向由创新来驱动经济的发展。这也意味着，我国的企业要想在国外获得竞争优势，必须重视创新。企业自主创新能力的提升有着以下几个关键点：（1）国家对于企业的知识产权创新项目进行资金上的扶持或者税收上的减免，鼓励企业进行创新。（2）企业根据自己的需要，引进创新型的技术人才。（3）企业对于科研项目进行投资，通过签订协议的方式，在科研项目完成之后，获得相关的科研成果的使用权。

2. 企业品牌战略

企业通过打造自己的品牌，可以使得自己的产品与其他的产品相区别，从而塑造出一种独特性，通过这种独特性使得我国的企业与其他企业产生差异，通过差异化的战略，获得超额利润。品牌效应可以使得消费者降低对产

品价格的敏感度，使得消费者愿意接受产品的高价格。

在科技高度发达、信息快速传播的今天，产品、技术及管理诀窍等容易被对手模仿，难以成为核心专长，而品牌一旦树立，不但有价值并且不可模仿。因为品牌是一种消费者认知，是一种心理感觉，这种认知和感觉不能被轻易模仿，这就构成一种产品市场的进入壁垒。

2005年《商业周刊》上，全球知名品牌100强中，中国企业无一上榜。❶ 2016年度国际品牌咨询公司Interbrand发布的全球最具价值品牌百强中，中国企业占有2个名额，即华为与联想。这表明在打造中国企业的品牌战略这一领域，我们仍然要付出长足的努力。

3. 中小企业专利联盟战略

专利集群的战略有利于企业更好地克服专利给企业发展造成的阻碍，特别是企业想要进行国际化经营的时候。专利集群战略可以分为两个内容：（1）单个企业的专利集群战略，需要通过企业申请获得的多项专利来实现，又可称为企业专利组合。（2）企业通过合作形成专利联盟。❷

在技术高速发展的大背景下，一个产品中往往包含有多项专利技术，要想对产品的生产获得更多的优势，对产品的后续经销获得更好保护就需要实施专利集群的战略。对于中小企业来讲，它们没有更多的技术优势去创造如此多的技术成果，从资金上来讲，它们也没有足够的研发资本，难以形成企业的专利布局，在遇到诉讼的时候，又不足以承受较高的诉讼成本。所以，专利联盟的战略更适合中小企业，中小企业通过知识产权联盟，可以提高群体、区域，甚至国家的综合竞争力水平。

四、结　语

企业海外经营中的知识产权风险的防控需要有国家、社会、企业三者的

---

❶ 夏清华：《中国企业自主知识产权能力建设研究》，武汉大学出版社2010年版，第70页。

❷ 同上书，第108页。

统一联动，需要同时顾及企业知识产权中的商标、专利、著作权等问题，需要建立信息库、预警机制、调查机制、反馈机制等多重保障，需要我们在实践中不断地根据新出现的问题来对风险预防的机制进行调整，以保障我国企业的海外经营可以将知识产权的风险降到最低。

第二部分

"一带一路"建设与专利风险防范

"一带一路"倡议下我国企业专利的海外风险与应对

周小华[*]

内容提要 "一带一路"倡议下,我国企业"走出去"势在必行,但"一带一路"沿线各国对专利的保护水平不一,各国对专利保护的法律制度也各不相同。我国企业其实是在机遇与风险中砥砺前行,面临繁复的风险与危机。专利侵权现象频发,诉讼纠纷难解,专利壁垒等都阻碍了企业"走出去",然而风险不可避免,提早应对方是良策。企业应当做到布局先行,提前做好市场国专利布局工作,强化企业技术保护,积极严谨地将我国企业技术在市场国申请专利,以期形成严密的专利保护网,积极寻求良好的海外发展。

关键词 "一带一路" 专利风险 应对策略

2013年,习近平主席先后出访中亚和东南亚国家,提出了共建"丝绸之路经济带"和"21世纪海上丝绸之路"的重大倡议,该倡议得到国际社会的高度关注。随着《推动共建丝绸之路经济带和21世纪海上丝绸之路的愿景与行动》的顺利出台,"一带一路"倡议的行进步伐愈加稳健有序。正如吴汉东教授所言,"一带一路"既是顺应区域经济一体化新趋势的"中国表

---

[*] 周小华,南京理工大学知识产权学院研究生。

达",也是建构知识产权国际保护新动态的"中国主张"。❶ 在"一带一路"倡议下,沿线国家/地区坚持开放合作,互利共赢,我国企业也积极利用本次机遇实施"走出去"战略。值得注意的是,随着知识产权规则的逐步发展,在海外市场中,传统的生产要素不再占据竞争的核心地位,如何做好知识产权攻防战将成为企业的制胜法宝。

国家知识产权局发布的一组数据显示:2017年上半年我国在"一带一路"沿线国家(不涵括我国)提交了2 174件专利申请,同比增长17.8%,惊人的涨幅奠定了专利保护在我国企业对外发展中的关键地位。

一、海外地区专利保护的环境分析

"一带一路"沿线国家(除我国外)共计64个,显然,不同国家对专利的保护各有不同,换言之,海外地区的专利保护环境各不相同。总体来说,我国企业必须认识到该地区的专利保护环境,才能进入东道国市场,更好地运行专利。

(一)专利保护水平高低不一

众所周知,专利具有明显的地域性特征,各国专利环境难以一言概之,因此拟通过梳理沿线国家加入知识产权保护国际组织的情况了解各国专利保护与国际保护的接轨程度,据此侧面反应各国专利环境。目前,在专利的国际保护上存在4个影响最深远的国际组织和条约,分别是世界知识产权组织(WIPO)、世界贸易组织(WTO)、《巴黎公约》以及《专利合作条约》(PCT),"一带一路"沿线各国参加的具体情况如表1所示。

---

❶ 吴汉东:"'一带一路'战略下知识产权保护的中国选择",载《人民论坛》2017年第3期。

表1 "一带一路"沿线国家加入国际组织（条约）情况

加入的组织（条约）	国家数量
世界知识产权组织	62
世界贸易组织	50
《巴黎公约》	60
《专利合作条约》	51

据表1可知，沿线64个国家多数加入了知识产权国际保护组织，其中有62个国家为WIPO成员；加入WTO的有50个；此外有60个国家加入巴黎公约；51个国家是PCT成员。各国对知识产权、对专利的保护态度可见一斑，但这并不代表各国对专利的保护水平相当。

据表2可推知，沿线64个国家中有43个国家加入了这4个知识产权国际保护组织或条约，67.2%的比例可以表明沿线国家对于专利的保护程度整体较高，但将沿线国家的数据按区域划分处理，明显看出东南亚、中东欧地区的国际化程度更高，专利保护水平更高；而南亚地区则相对偏低。与国际专利制度愈加接近的国家要求配套更高水平的专利保护，而远离国际保护标准的国家对专利的保护水平相对较低。

表2 "一带一路"沿线国家加入国际组织（条约）地区比例

地区	国家数量	全加入情况	比例
中东欧	16	13	81.3%
东南亚	11	9	81.8%
南亚	8	2	25%
独联体及中亚蒙古	13	9	69.2%
西亚中东	16	10	62.5%
总计	64	43	67.2%

（二）专利保护法律制度迥异

"一带一路"沿线国家（我国除外）多达64个，不同国家的立法进程各有不同，最终所形成的专利保护法律制度也不尽相同。一些国家（如日本）着力于对内构建知识产权体系，对外通过签署国际协议以保护本国专利；一些国家（如新加坡）则制定了仅保护发明的专利法，实用新型和外观设计另行立法保护；❶ 此外如菲律宾则是以知识产权法典形式对发明、实用新型和外观设计进行全面保护。❷

换言之，沿线国家出于对自身经济、文化、政治、历史等因素的多方考量，搭建出的法律制度也带有本国特色。假如我国企业在"走出去"时缺乏对不同国家法律制度的充分了解与该国专利的有效布局，则很可能陷入被动的局面，"走出去"也将难以成行。

二、我国企业在海外地区专利保护的风险表征

随着我国企业"走出去"战略的不断深化，企业专利所面临的风险也日趋复杂，可能遭遇的陷阱超乎以往，主要表现在以下三个方面。

1. 专利侵权现象频发

我国企业专利在海外市场的运行极易陷入侵权危机，这种危机既可能是自身专利被他人侵权，也可能是在不自觉间侵犯他人专利。正如上文所述，沿线国家专利保护水平有高有低，面对不同的保护标准应予以不同的应对。

一方面，由于专利地域性特征显著，我国企业在面对"一带一路"倡议的良好机遇时缺乏全局观念，在扩展海外市场时还没有完备的风险防范意识和专利布局，贸然实施"走出去"战略却未能紧跟市场专利保护动态，未能掌握不同市场的专利保护制度和标准，且沿线国家企业或者其他跨国公司极有可能借助当地优势地位、我国企业经验不足等因素抢先申请专利权，使得我国企业的专利无用武之地，甚至使得自身专利沦为侵权，最终陷于专利侵权危机，只能黯然收场。

另一方面，沿线一些国家的自主创新能力尚有待加强，专利保护力度较

---

❶ 潘瑛："新加坡专利检索简介"，载《中国发明与专利》2014年第9期。
❷ 柳福东："东盟国家专利制度比较研究"，载《知识产权》2005年第1期。

弱，模仿和借鉴现象普遍。而专利权的获得以专利技术的公开为必须条件，我国企业的专利一旦进入该类市场，很有可能为他人所模仿却无法得到有效保护，这就导致企业专利陷入被他人所侵犯却求助无门的尴尬局面。

2. 专利诉讼纠纷难解

专利侵权现象频发势必导致诉讼不断，无论是侵犯他人专利抑或被他人侵犯专利，专利诉讼面对的都是繁杂的诉讼程序，大量的诉讼费用以及企业发展机遇的耗损。更有甚者，为了排挤我国企业进入当地市场，恶意诉讼也是层出不穷。借助专利诉讼时间长、花费大的特点拖累公司的发展进程，即使最终胜诉但企业的声誉、市场份额的流失、发展时机的错失也让许多中小企业无力回天。

简言之，我国企业在"走出去"的过程中，如果付诸专利诉讼，面临的或是高额赔偿金，或是长期拖延战，时间和金钱的耗损对企业来说都是致命的，以至于企业的海外发展方案整体搁置甚至失败。

3. 专利壁垒难以打破

随着知识产权的国际化程度不断深化，国际贸易的重心逐渐向服务贸易和知识产权贸易转移，由于传统贸易壁垒越加受到限制，知识产权等非关税贸易壁垒愈加横行，其中专利壁垒尤其严重。发达国家以专利为工具，表面上以保护专利为名义，实质上为了保护本国贸易，在目标国设置专利陷阱或者采取一系列措施或其他手段限制他国专利进入本国市场，❶ 这种专利壁垒严重阻碍了我国企业的海外发展。

"一带一路"沿线国家中发达国家会借助自身优势地位设置专利壁垒，而一些发展中国家，自身创新力不足，大量专利为外国企业所掌控，尤其是美国、日本等综合实力强大的发达国家。它们凭借强劲的专利技术抢注大量专利，多年经营下已经形成大量的专利壁垒。在我国企业"走出去"的过程中，发达国家势必会借助已有的专利壁垒阻滞我国企业的海外发展。

---

❶ 张援越：“中美贸易中专利壁垒问题探析”，载《中国商论》2016年第19期。

三、我国企业在海外地区专利保护的应对策略

"一带一路"倡议下,我国企业"走出去"战略已然启动,但这是一把双刃剑。走得好,企业发展,我国综合实力都能再上新台阶;走不好,企业未必能全身而退,可能会导致经营失败,黯然离场。因此,做好专利攻防战,为我国企业"走出去",走得平稳保驾护航显得尤为重要。

1. 布局先行,树立专利权利申报意识

正如前文所述,"一带一路"沿线国家/地区对专利的保护不尽相同,我国企业"走出去"要维护好自身专利必须做到布局先行。专利布局是企业防御专利侵权、占领市场和打压竞争对手的最有效手段。❶ 为此,企业在做出"走出去"的决定时应当率先做好专利布局工作,有意识地进行专利申报。实施专利布局应当注意以下两点。

(1) 科学分析数据,搭建专利保护网。企业在进入市场的前期调研中,必须做好信息收集工作。通过科学、专业的数据分析,了解市场的特点及专利分析,在企业进军海外市场前找准专利保护点,搭建稳定的专利保护网,形成高效严密的专利保护链,将核心技术牢牢掌握在自己手中,即使一些外围技术泄密但紧握核心技术仍能立于不败之地。

(2) 积极申请专利,掌握竞争主动权。在专利申请之前,创新的技术只能作为商业秘密得以保护,但泄密风险较大,一旦爆发泄密风险该技术将无法为企业发挥它应有的作用。而申请专利相对来说更能保障技术的应有价值,但是要注意积极申请专利并非盲目申请。企业申请专利应当在专利布局的指引下有选择性地进行。需要综合产业、市场和法律以及企业自身状况等因素,选择最有可能发生专利侵权的领域,紧紧围绕核心专利进行申报。❷

---

❶ 王宏:"'一带一路'战略下的知识产权保护问题",载《人民论坛》2016年第17期。

❷ 张旺:"'一带一路'战略背景下我国企业的专利保护策略——以中国—东盟自由贸易区为视角",载《专利代理》2017年第1期。

通过专利申请获得专利将核心专利为法律所保护，让企业在竞争中掌握主动性，可以有更好的发展机会。

2. 技术为重，强化企业内外双重保护

归根结底，专利依靠创新。企业要想大步前进离不开创新，离不开技术进步。企业对专利的保护前提是企业拥有技术，因此企业应当注重对技术的保护。

从内部来说，在专利申请之前做好技术的保密工作，限制技术知悉人数，避免不必要人员对企业技术的接触，与相关工作人员签订保密协议等方式防止技术外泄；在申请专利时，通过模块拆分核心技术，将整个技术拆分为数部分，再分别申请，一些环节甚至可以以商业秘密方式保留，不予申请专利，这样既可以避免市场上整项技术的抄袭，又能保障专利的合理保护。正如王莲峰教授所言，通过这种方式防止完整的专利技术被轻易抄袭复制，尽可能使市场国竞争者难以完全掌握构成产品的核心专利。❶

从外部来说，专利的保护仅依靠企业自身难以为继，因此当企业已经在当地申请专利则可以积极寻求当地法律保护，包括但不限于行政保护、司法保护、国际保护等。当企业专利被他人侵犯时，维权意识必不可少，可以寻求行政保护，对侵权人进行行政处罚和制止，要求赔偿；可以付诸诉讼手段，寻求司法保护，通过专利诉讼积极维权；可以寻求国际保护，根据市场国签订的国际条约或参加的国际组织寻求合理的支持，这些方式对于企业来说有利于其在海外获得相对合理且有效的专利保护。

---

❶ 王莲峰、牛东芳："'一带一路'背景下我国企业海外知识产权风险应对策略"，载《知识产权》2016年第11期。

"一带一路"倡议下中国企业在印度投资专利风险及防范

蒋冰菁*

内容提要 "一带一路"沿线国家/地区中,印度基于其高速发展的经济背景,吸引了不少中国企业前往投资。然而,多家中国企业在印度遭遇专利侵权纠纷,因此损失惨重,这给其他准备投资印度的中国企业敲响警钟,揭示了做好印度投资专利预警工作的必要性。本文对中国企业在印度可能遭遇的专利风险进行梳理,分析这些专利风险的成因,并对中国企业印度投资的专利风险防范提出了具体的建议。

关键词 "一带一路" 专利风险 风险防范

一、引 言

在"一带一路"的沿线国家/地区中,印度基于其优越的地理位置和高速发展的经济背景,已经成为我国企业竞相投资的重点目标。然而,在中国企业大举前往印度投资、抢占印度市场的同时,一系列专利纠纷也不期而至,不少中国企业因此付出惨痛的代价,甚至乘兴而来,铩羽而归。

"一带一路"倡议背景下,中国企业为了避免在印度陷入专利纠纷的泥

---

* 蒋冰菁,南京理工大学知识产权学院研究生。

潭，在投资之前做好专利预警工作已经成为当务之急。因此，本文拟对中国企业在印度投资面临的专利风险进行梳理，分析这些专利风险产生的原因，并对如何规避这些专利风险提出具体的建议。

二、中国企业在印度投资面临的专利风险

1. 侵犯他人专利权的风险

继 2014 年小米公司在印度被爱立信指控专利侵权之后，时隔两年，OPPO 和 vivo 也因专利侵权纠纷被杜比公司起诉至印度法院。由于专利权具有地域性，中国企业将产品出口至印度时，有可能侵犯其他企业在印度已经取得的专利权。部分中国企业在没有做好印度知识产权环境调查、不了解竞争对手在印度专利储备的情况下就贸然进军印度市场，更加剧了侵犯他人专利权的风险。

2. 海外竞争对手滥诉的风险

当今世界，知识产权侵权指控的功能也在悄然发生改变，许多企业发起知识产权侵权指控可能并非仅仅为了维权。侵权指控也不再仅作为一种防御性手段，而是逐渐演变为部分企业遏制竞争对手、获取市场优势的攻击性手段。[1] 时至今日，许多发达国家企业已经将专利侵权诉讼视为打压竞争对手的一种商业手段。面对中国企业向印度市场的强势进军，在采用常规竞争手段难以获得理想效果的情况下，海外竞争对手往往会选择通过专利侵权诉讼来打压中国企业，阻碍其在印度发展。

3. 自身专利被侵害的风险

除了被控专利侵权外，中国企业自己的专利技术也可能被海外企业所侵犯，尤其是近年来中国企业吸取教训，加大了专利方面的研发投资，并取得了丰硕的技术成果，涌现出华为、中兴等一大批创新型企业，在此背景下，中国企业自主研发出的技术成果在印度也可能面临被海外竞争对手仿冒的风

---

[1] 董新凯："企业'走出去'的知识产权风险及防范"，载《现代经济探讨》2017 年第 5 期。

险。此外，如果企业自身的知识产权管理机制存在漏洞，专利风险防范意识不强，其专利技术在出口或与当地企业合作过程中可能会泄露，被竞争对手抢先在印度申请专利。更有甚者，海外竞争对手还可能跟踪分析中国企业的专利技术，在此基础上改进然后申请专利，以此对中国企业进行专利围堵。

三、中国企业在印度投资专利风险成因

1. 中国企业知识产权实力较弱，海外专利布局不平衡

知识产权实力较弱，是中国企业在印度容易遭遇专利侵权指控的重要原因。根据印度知识产权局发布的印度知识产权状况年度报告显示：2015~2016 财政年度，印度专利前十外国申请人中，高通以 1 884 件专利申请案居首。这份榜单中上榜的多是美国、日本、韩国企业，中国企业仅华为榜上有名，申请数为 648 件，位居第四。❶ 据统计，2016 年中国在印度共申请 3 017 件专利，中国企业在"一带一路"沿线国家/地区申请专利数量位居前三的是华为、小米和中兴，申请数量分别为 805 件、343 件和 273 件，❷ 将这两份数据对比可以发现，大部分中国企业的知识产权实力还比较弱，难以与发达国家企业抗衡。

另外，中国企业的海外专利布局不平衡，大部分中国企业海外专利布局策略偏重欧美等发达地区，而对印度市场则关注不够。根据世界知识产权组织发布的统计数据显示，2015 年中国企业在美国共申请专利 21 386 件，占海外专利申请总量的一半；而在印度申请专利数量为 1 681 件，仅占海外专利申请总量的 3.98%。以华为公司为例，华为累积的 19 453 件境外专利中，欧洲 11 474 件，美国 5 052 件，其余国家/地区总和仅 2 927 件。❸ 由此可见，中

---

❶ 印度知识产权局 2015~2016 财政年度知识产权状况年报，第 22 页。
❷ 国家知识产权局规划发展司：《"一带一路"沿线国家专利统计快报》2017 年第 1 期。
❸ 郭梦迪、郭江、卫平："国际竞争背景下我国企业海外专利布局困境与优化策略"，载《对外经贸实务》2017 年第 2 期。

国企业海外专利布局不够全面，海外专利储备主要集中于发达国家/地区，对印度这类新兴市场不够重视，导致中国企业在印度的专利储备不足，面临专利纠纷时十分被动，缺乏有效的反制手段，致使发达国家企业在印度利用专利侵权诉讼排挤中国企业时更加肆无忌惮。

2. 印度已成为发达国家专利布局的重要领域，专利竞争激烈

根据印度知识产权局发布的知识产权状况年度报告显示，近几年来，印度专利申请量增长迅速，这些专利申请大部分来自国外申请者，尤其是发达国家企业。2015~2016年度印度专利申请数量为46 904件，其中，来自国外申请者的申请共33 838件，占全部申请的72%。这些来自国外申请者的专利申请中，有28 248件申请为PCT国际申请，报告还公开了PCT国际申请主要来源国家，排名前三位的国家分别是美国、日本和德国。❶从这份报告可以看出，发达国家企业非常重视在印度市场的专利布局，实际上，不仅是中国企业，印度本土企业也曾被发达国家企业指控专利侵权，2013年，印度手机制造商Micromax就遭遇了爱立信提起的专利侵权诉讼。

这些发达国家企业很早就在印度展开专利布局，其专利储备实力强大，拥有许多中国企业无法绕开的标准必要专利。根据ISO、IEC、ITU三大标准必要专利数据库2016年3月的数据，就各国占有的标准必要专利而言，美国排名第一，拥有标准必要专利4 068件，紧随其后的是芬兰、日本、法国，中国排名第11位，拥有标准必要专利163件，❷差距可见一斑。以中国企业在印度的专利储备实力，很难与发达国家企业直接抗衡，因此，中国企业在印度激烈的专利竞争中往往处于劣势。

3. 印度专利法律制度的影响

印度法律中专利侵权的判断标准与我国不同，在判断是否构成专利侵权时，不考虑产品的非本质特征，若基于获得专利产品的目的制造侵权产品，

---

❶ 印度2015~2016财政年度知识产权状况年报，第20页。
❷ 张俊艳等：“标准必要专利的国际比较及其许可收入分析”，载http：//www.sipo.gov.cn/gwyzscqzlssgzbjlxkybgs/zlyj_zlbgs/1062633.htm，最后访问日期：2017年10月22日。

即使侵权产品与专利产品并不完全相同，也可能认定其构成侵权。❶ 相比我国的全面覆盖原则，印度的判断标准显然更倾向保护专利权人，因此，某些以我国的判定标准认定为不侵犯专利权的产品，在印度可能会被认定为侵权，导致不熟悉印度专利法律制度的企业在印度专利侵权的风险显著增加。

除此之外，印度法律中没有规定专利侵权案件的审理期限。实践中，专利侵权案件的审理期限一般为4~6年，即使法院最终判定侵权不成立，在漫长的诉讼过程中，被诉侵权的企业往往需要花费大量时间和精力来证明自己没有侵犯别人的专利权，甚至有可能被法院禁止在印度销售涉案产品。在爱立信诉小米专利侵权案中，印度德里高等法院就发出过禁止小米涉案的侵权产品进入印度境内的通知。虽然自身需要付出一定的诉讼成本，但通过专利侵权诉讼可以让竞争对手丧失宝贵的商机，使其商誉受到影响，而一场漫长的专利侵权诉讼甚至有可能直接拖垮实力不够强大的竞争对手，或者让对手心生畏惧，不战而退，凡此种种，更刺激了发达国家企业利用专利侵权诉讼打压中国企业的积极性。

4. 缺乏应对海外专利风险的协同机制

现阶段，我国尚未形成应对海外知识产权危机的协同机制，企业遭遇专利侵权纠纷时，缺乏政府、行业协会、专家学者等各方力量的及时协助。❷ 由于专利技术复杂、知识产权环境差异、地方保护主义等问题的影响，涉案企业仅凭自身力量处理海外专利侵权纠纷难免力不从心。在政府机构、行业协会等外部力量的缺位之下，很多中国企业在遭遇专利侵权纠纷诉讼时，因为忌惮巨大的诉讼成本，往往消极应诉，甚至干脆匆匆撤出海外市场。涉案企业的消极应诉不仅影响其自身在海外市场的发展，更助长了海外企业利用专利侵权诉讼遏制竞争对手发展的气焰，导致同类中国企业被控侵权的概率也成倍增长。

---

❶ 国家知识产权局："国外知识产权环境研究报告"，载 http：//211.157.104.106：8080/，最后访问日期：2017年2月15日。

❷ 卢海君、王飞："'走出去'企业知识产权风险研究"，载《南京理工大学学报（社会科学版）》2014年第2期。

四、中国企业在印度投资专利风险防范对策

1. 调查印度专利环境，增强专利风险防范意识

中国企业在前往印度投资前，有必要提前对印度知识产权环境进行详细的调查，了解印度在专利方面的法律规范，提前做好专利风险防范措施，增强企业在面临专利纠纷时的反制能力。一方面，企业要重点关注所在行业的印度专利状况，尤其是竞争对手在印度的专利布局状况。对于可能侵犯他人专利权的技术，尽量通过与专利权人协商交叉许可的方式，绕开专利壁垒，规避专利侵权的风险。另一方面，企业也要重视保护自己的专利技术，完善自身知识产权管理机制，积极通过专利拆分申请、经营模式、并购策略等内部化保护方式来规避专利技术泄露风险。❶

2. 重视专利战略，扩大印度专利储备

企业的发展离不开创新，中国企业应当加强对专利战略的重视，将专利战略上升到企业战略的高度，加大研发投入，提高企业自主创新水平，科学地进行海外专利布局。除了自主研发外，企业也可以考虑通过海外并购的方式扩大自己在印度的专利储备。法国农药巨头先正达在全球拥有1.89万件专利储备，涵盖农药、种子处理、检测方法等技术领域，2016年中国化工以430亿美元并购先正达，不仅弥补了其种子技术研发能力的不足，❷ 也快速提升了中国化工的海外专利储备。放眼近几年的国际市场，以专利储备为考量的并购十分频繁，软银收购国际芯片巨头英国ARM公司、海尔收购美国通用电气家电部门，多少都有看重被收购企业拥有雄厚专利储备的因素。中国企业在相关领域起步晚，在印度的专利储备落后于发达国家企业，直接并购拥有许多有价值的印度专利的企业，也是一种快速增强自身专利实力的途

---

❶ 王莲峰：" '一带一路'背景下我国企业海外知识产权风险应对策略"，载《知识产权》2016年第11期。

❷ 赵建国："海外并购：知识产权'戏份'越来越重"，载《中国知识产权报》2017年12月5日第1版。

径,当然,企业也要提前做好知识产权尽职调查以规避风险。

3. 组建防御性专利联盟

专利联盟是企业相互之间分享专利权的组织,防御性专利联盟可以通过购买大量专利来构筑安全防线,其成员企业可以获得这些专利的集中授权许可,以此规避专利侵权诉讼和高额的专利使用费。面对竞争对手的专利战,企业单打独斗难免势单力薄,若能与其他企业合作组建防御性的专利联盟,联盟内的企业就可以通过联盟实现技术互补、资源共享,并共同出资购买专利,填补联盟的技术空缺。防御型专利联盟可以使专利储备不够丰富的中国企业通过合作更好地增强自身知识产权实力,一方面有助于中国企业绕开发达国家企业设置的专利壁垒;另一方面可以增强中国企业在专利战中的威慑力和谈判筹码——当联盟中的企业面临专利侵权指控时,该企业可以利用联盟中的专利反诉对方专利侵权,基于这些因素,海外竞争对手在指控联盟内企业专利侵权时也会更加慎重。

4. 积极寻求外部力量的协助

"一带一路"倡议实施以来,我国政府部门也积极致力于为中国企业走出国门进行知识产权护航。国家知识产权局已经发布"一带一路"沿线国家知识产权环境报告,并定期发布"一带一路"沿线国家专利统计快报等信息,中国企业在前往印度投资之前,可以多关注国家知识产权局构建的公共信息平台,了解印度的专利环境状况,更好地制定印度投资专利风险防范措施。此外,企业也可以考虑借助知识产权中介服务机构的力量,寻求专业的建议。作为专业机构,知识产权中介服务机构往往更了解印度的专利法律制度,在协助企业进行专利战略规划、专利风险预警以及应对专利纠纷方面具有丰富的经验,企业不妨谋求与精通专利事务的知识产权服务机构合作,以提高自身应对专利风险的能力。

欧洲市场中我国专利优势企业的知识产权竞争战略研究
——以华为为例

陈帅君[*]

内容提要 本文从通信设备领域的知识产权案件着手,通过对比分析中国通信企业在海外市场拓展业务的案例,了解该领域不同企业的知识产权竞争战略,并以专利优势企业华为为例,总结华为在开拓欧洲市场过程中的成功经验,指出其中的劣势与不足,为华为继续发展提供良好的知识产权方面的建议。此外,华为的成功经验及其知识产权竞争战略,可以为我国其他通信设备企业在扩展海外业务过程中借鉴学习,有助于企业规避现有条件下可以预见的知识产权风险,同时,对我国其他领域的专利优势企业开辟海外市场也有一定的参考价值。

关键词 企业知识产权管理 华为通信 专利布局 品牌战略

一、引 言

当今是时代发展大变革的时期,中国也正处于经济转型的重要阶段,"一带一路"倡议便是在这种背景下由中国首倡、高层推动的,希望借由"一带

---

[*] 陈帅君,南京理工大学知识产权学院研究生。

一路"倡议与沿线国家/地区联合起来，共同打造开放型合作平台，创造有利于开放发展的环境，构建公正、合理、透明的国际经贸投资规则体系，以促进生产要素有序流动、资源高效配置、市场深度融合，实现经济的共同发展。❶"一带一路"倡议不仅为我国经济社会发展创造了新的历史机遇，也对重塑21世纪全球经济版图、文化地理和政治格局起到了不可替代的作用。

随着全球经济联系的紧密，各国企业都在拓展海外业务，市场竞争尤为激烈。比如在通信产品设备领域，自2014年起，在用户需求递减、国内市场渐趋饱和的背景下，抢占海外市场成为众多国产手机缓解库存压力的必经之路。然而，由于手机市场存在严重的进入壁垒，同时隐藏着巨大的知识产权风险，国内企业在国外市场的发展可谓举步维艰。

华为作为我国通信设备领域的专利优势企业之一，目前已成功打入欧洲市场，但想巩固其在德国、西班牙等欧洲国家的市场地位，进一步开拓更多的欧洲市场，华为必须在保持现有知识产权竞争优势的基础上，借鉴其他企业的知识产权竞争战略，完善其在欧洲市场的知识产权战略布局。

二、"一带一路"倡议下企业知识产权竞争战略研究的必要性

我国提出的"一带一路"倡议主要是为了应对日益严峻的贸易壁垒，加强与沿线国家/地区的经济交流与合作，建立多边跨境贸易平台。由于"一带一路"沿线国家法律制度的差异性、市场环境的复杂性，我国企业在开拓海外市场时面临诸多挑战，一方面需要保护自身知识产权，进行因地制宜的知识产权战略布局；另一方面则需要规避竞争对手利用知识产权进行"跑马圈地"，防控知识产权风险，以维护自身合法权益。"一带一路"倡议的实施，强化了我国与沿线国家之间的经贸合作关系，给我国企业赴海外投资提

---

❶ "习近平在'一带一路'国际合作高峰论坛开幕式上的演讲"，载http://news.xinhuanet.com/politics/2017-05/14/c_1120969677.html，最后访问日期：2017年11月3日。

供了更为广阔的发展空间。❶ 同时，越来越多的知识产权纠纷是企业不得不面对的挑战。因此，企业的知识产权竞争战略研究具有十分紧迫的现实必要性。

三、企业开拓海外市场案例分析

2014 年，小米因涉嫌侵犯爱立信所拥有的 ARM、EDGE、3G 等相关技术等 8 项专利，被爱立信在印度起诉。❷ 由于爱立信在 3G 技术上的积极研发，其持有大量标准专利，而小米只是单纯卖手机，并不掌握重要技术专利，没有任何可以与爱立信谈判的资本。最终，小米旗下所有手机均不得进入印度市场，其积极开拓海外市场的道路因此被阻断。

相比于小米的失败，华为成功打入欧洲市场的重要因素之一就是拥有大批高质量专利，这就体现了企业进行专利储备的必要性。专利储备是国内厂商能够平稳布局海外市场的关键砝码，持有多数核心或授权专利，相当于拥有了谈判的资本，不会轻易遭遇相关专利诉讼。因此，华为十分注重技术研发和专利申请，在全球建立多个研发中心，投入大量资金用于研发创新，公司研发人员占比始终高达 40% 以上，华为目前已是全球最大的国际专利申请企业。当然，企业除了自主研发新技术进而申请专利获得授权专利外，还通过合同、收购、风险投资和信托等方式，扩大专利储备量。华为此前就加入了以攻击型专利集中为经营模式的发明创造与投资公司——高智，以及以防御型专利集中为经营模式的专利风险投资平台——RPX。

---

❶ 王莲峰、牛东芳："'一带一路'背景下我国企业海外知识产权风险应对策略"，载《知识产权》2016 年第 11 期。

❷ "爱立信起诉小米侵权 小米在印度惨遭棒喝"，载 http://tech.huanqiu.com/news/2015-05/6522560.html，最后访问日期：2017 年 11 月 5 日。

四、各国法律制度差异分析

在"一带一路"背景下，中国和欧盟虽然签署了很多条约，但各国法院在事实认定和法律适用上仍然存在很大差异。比如在标准必要专利这一方面，华为诉美国交互数字公司（IDC）反垄断案与华为诉中兴 sep 案体现了中国法院和欧洲法院截然不同的态度。中国法院认为专利权人加入标准化组织时作出的 FRAND 承诺，可以构成当事人的义务，会导致在日后的纠纷中与潜在实施者自动成立合同关系，并能直接适用《民法通则》和《合同法》中的相关法律规定。❶ 而欧盟法院则认为，在 FRAND 原则下，标准必要专利权利人仍享有许可其专利的权利，发生纠纷时也不会自动成立合同关系，仅当权利人向法院申请禁令或产品召回时，FRAND 原则才会要求权利人承担一定的义务。❷

因此，在判定是否利用标准必要专利构成垄断的问题上，欧盟法院与中国法院的审判倾向是不同的，华为作为大量标准必要专利的拥有者以及大量标准必要专利的实施者，必须要了解不同地区法院的审判思路，进行策略性地应诉。❸

值得注意的是，虽然不同地区法院在标准必要专利的认定上有不同的看法，但它们仍然都更偏向于标准必要专利的拥有者——专利权人。因此，企业应积极加入国际标准组织，参与国际标准的制定，提高企业获得更多标准必要专利的可能性。

---

❶ 王颖："标准必要专利中 FRAND 承诺的法律属性探析"，载《浙江万里学院学报》2017 年第 2 期。

❷ 刘益灯、朱志东："'一带一路'通讯企业印度投资的标准必要专利风险防范——从爱立信诉小米案切入"，载《中南大学学报》2016 年第 6 期。

❸ 张玉敏：《中国欧盟知识产权法比较研究》，法律出版社 2005 版，第 56 页。

五、企业品牌发展战略启示

目前产品与服务日益同质化，市场竞争愈加激烈，企业更需要营造良好的品牌形象来赢得消费者。华为 CEO 也承认虽然当前华为的市场份额已超越苹果，但华为与苹果在品牌力和生态上尚有差距。

1. 高端市场定位的变化

（1）根据市调机构 Canalys 的调查数据显示，华为在中东欧市场占据 12% 的市场份额，相比于三星所占据的市场份额，华为只占其 1/3 左右。苹果以 11% 的市场份额紧随其后。就三星和苹果而言，前者手机产品涵盖高端和低端市场，并且在中低端市场的出货量占据绝大部分，苹果此前只做高端市场，但随着我国手机品牌向高端市场的迈进，其也开始下探到中端市场。可见，华为目前两大国外竞争企业的市场定位都已不仅仅局限于高端市场，而华为此前仅致力于打造欧洲高端市场品牌。

（2）以低端机为导向的小米、联想，也在欧洲市场占据了相当一部分市场份额，其所占市场份额总和与华为持平，可见，低端机在欧洲市场仍然是有发展空间的。

（3）欧洲市场的消费者尤其是德国消费者，他们的消费理念更加理性，挑选手机品牌时更加注重手机的性价比，德国人很少购买苹果手机，他们更关注实用性。线上营销、预约抢购等方式虽然备受国内手机市场追捧，但欧洲消费者对此并没有太大热情，其往往对电商持谨慎态度。目前欧洲最主流的手机销售渠道是公开渠道，包括各种电子产品零售店、卖场和超市，该渠道占比约为 70%；传统运营商与虚拟运营商渠道约占 25%，电商渠道占 5%~10%。❶ 可见，欧洲市场的消费者更加信任手机的线下实体销售渠道，对运营商的捆绑套餐制也颇为抵触。

基于以上三点，不难看出，欧洲市场对中低端机的需求丝毫不弱于高端

---

❶ 舒文琼："成功逆袭德国手机市场'黑马'斐讯是这样炼成的"，载 http://zhuanti.cww.net.cn/article/article_ weixin.asp? id=279571，最后访问日期：2017 年 10 月 31 日。

机,华为理应看到中低端市场的巨大开发潜力,转变其在欧洲市场的品牌发展定位,实现品牌战略转型,扩大品牌的覆盖面。

2. 双品牌战略的成功运营

华为此前在国内实施的双品牌战略,取得了很大成功。华为品牌致力于用传统方式锻造高端市场影响力,扩大企业品牌形象,荣耀品牌则是借鉴互联网商业模式,专门针对年轻人打造的潮流科技品牌。双品牌战略并不是在原有品牌上进行简单的高低端品牌的划分,而是两种不同的发展用户模式,是对业务模式进行的根本转变。由于欧洲市场对线上交易模式的不信赖,华为在国内的双品牌战略显然不能完全照搬适用于欧洲市场,应进行转变运用。

3. 外部生态体系的打造

苹果最大的竞争优势在于其强大的内部生态体系,通过不断完善软件服务增加产品的整体附加值,让用户获得更多的使用价值,以此来锁定用户群,维持其稳定可观的利润。而华为由于在内部生态系统上存在先天不足,这使得华为在内部生态上处于落后地位。因此,华为只能从外部生态系统上进行突破,其目前正在欧洲建设云生态系统,该生态系统是专门为运营商、垂直行业和消费者打造的三大云生态系统。

六、专利优势企业的知识产权竞争战略

1. 制订长期专利储备计划

从小米在印度市场的溃败,以及爱立信的专利突袭战绩来看,国产手机进军国际市场都将面临手机专利巨头设置的"专利壁垒",而应对"专利壁垒"的最好方法是用质量高、有杀伤力的专利作为与专利巨头谈判的砝码。从欧洲专利局的数据来看,华为专利申请主要集中在 H06 电通信领域,随着人工智能技术等在手机方面的应用,华为应以前瞻性的眼光做好长期专利储备,在其他可能运用的领域事先做好战略防御。华为当前与欧洲市场的软件制造商 SAP 公司、欧洲电子巨头德国电信公司等在云存储、自动化和电信设

备等方面有密切的合作,❶ 企业的长期专利储备战略离不开与不同产业的联盟,因此,加强与技术密集型企业的合作,也是企业壮大自己专利"武器库"的必要手段。

2. 积极应对区域化法律风险

国内企业在欧洲市场发展的另一个难点是不熟悉当地相关的法律规范,往往遭到起诉就停止产品销售或者直接退出市场。近年来,尽管知识产权的全球化趋势越来越明显,但各地区主权观念、文化认同等方面的差异,仍然对知识产权的地域性特征起着一定程度的决定作用。基于此,华为应当建立专门研究欧洲市场知识产权法律状况的部门,密切关注同行业其他企业的相关诉讼案件,对审判实践进行及时汇总,并建立相关的法律数据库。当然,这少不了相应法律人才的挖掘和培养,华为要加强与高校的合作,培养更多专业对口人才为其所用。

3. 转变品牌战略发展方式

首先,华为作为专利优势企业,其在专利方面显然已经有了较为成熟的专利管理体系,当然,华为也一直在加强其在欧洲的品牌攻势,如斥巨资赞助西甲足球联赛等一系列足球联赛。华为应继续加大对品牌推广的投资力度,通过诚信经营和质量保证提升商标价值,赢取消费者对产品的品质信任度和品牌认可度,打造商标的品牌影响力。

其次,由于小米、联想等先进入欧洲的中低端市场,已形成一定的影响力,因此,华为想要发力低端市场,就要充分发挥自己在设计终端、通信、宽带和互联网等多行业上的优势,利用核心技术,加强产业链的整合能力,然后通过大规模铺货,用机海战术来增加销量和销售额进而提升企业的品牌影响力。❷

再次,华为应总结国内双品牌战略的成功经验,同时保持发展的眼光,

---

❶ 唐新华、邱房贵:"'一带一路'背景下海外投资的知识产权保护战略思考——以中国企业投资东盟为例",载《改革与战略》2016年第12期。

❷ 李军、杨学儒:"'一带一路'战略的产业升级机制研究",载《管理现代化》2016年第4期。

勇于进行开拓性的尝试,根据欧洲市场的特点,重新定位双品牌战略,并对其可行性进行分析与评估。

最后,华为在打造外部生态系统的过程中应始终把良好的用户体验放在首位,加快业务创新,实现商业敏捷。

七、结　语

华为能在众多国内品牌中脱颖而出,并成功跻身欧洲市场,离不开其在技术创新、专利运营、品牌推广等各方面的大力投入。市场一直是复杂变化的,华为要想在欧洲市场有更大的作为,必须要继续发挥自己的研发优势,加强专利管理与运营,做好长期专利储备。在"一带一路"背景下,全球化趋势不断加强,但知识产权的地域性特征依然存在。因此,华为应全面了解欧洲市场的法律制度与知识产权保护,不仅可以减少陷入海外诉讼的风险,也能在应诉和主动起诉时掌握更多的主动权。此外,华为虽然是专利优势企业,但其在品牌上较竞争对手仍有较大提升空间。华为不应局限于打造欧洲市场的高端品牌,质量和服务品质的保证才是扩大品牌影响力的最重要因素。因此,华为应以开放性的眼光适时进行品牌战略的转变。

华为在欧洲市场的成功经验可以为我国其他通信设备企业所借鉴和学习,对我国其他领域的专利优势企业开辟海外市场也有参考价值。企业要认识到国内市场与国外市场的差异性,在开拓海外市场时,尤其要注意降低知识产权风险。由于企业的发展都有其特殊性,因此,企业要认识到自身的优势与不足,将企业发展战略与知识产权竞争战略协同起来,最大限度发挥企业竞争优势。

传统医药知识的知识共享
与专利保护机制研究
——以泰国等"一带一路"沿线国家为例

陈昌莹*

内容提要 中医药作为我国古代科学的瑰宝，蕴藏着巨大的社会价值和经济价值，在"一带一路"倡议中，中医药作为我国优势传统文化在对外文化宣传交流和医药服务推广中发挥了重要的影响。而中药配方和制备工艺也受到国内外的广泛关注，与此同时，中药传统知识和创新技术的法律保护问题引发了热烈的讨论。在诸多保护模式下，知识产权保护模式相较于行政保护模式，更有利于平衡中医药知识传播与中医药新型技术保护问题，其中的专利保护机制更值得探讨。泰国对传统医药按照重要性分类保护的做法、印度的专利来源披露制度等"一带一路"国家/地区的做法，对于我国与丝路国家医药知识分享和保护机制提供了思路，结合我国对应的举措和其他的专利保护措施有助于中医药产业的对外贸易和合作发展。

关键词 专利抢注　分级保护模式　专利来源披露　数据库建

中医药在古丝绸之路中就是重要的组成部分，而现今更是在"一带一路"倡议中发挥独特的人文交流和经济贸易作用。我国中医药类的产品进出

---

* 陈昌莹，南京理工大学知识产权学院研究生。

口额有近一半归功于与"一带一路"沿线国家/地区的医疗贸易。但是,值得注意的是,我国以及其他拥有自身优势传统医学知识并普遍应用于当下医疗诊治的国家,同样受到来自美国、日本等发达国家的在利用传统医药学知识基础上经过简单开发抢先注册专利等知识产权布局的威胁,传统医药知识被国外当成"生物盗版"或"免费午餐"的现象频繁出现,带来的巨大经济损失也是无法估量的。❶ 屠呦呦研究员获得诺贝尔奖生理学或医学奖,然而由于其科学研究成果的早期发表,以其青蒿素提取技术为基础的相关专利被欧美多国药企抢注。中医药这把钥匙如何在对外打开中华文明宝库分享知识的同时,保护自己的专利技术是中医药产业对外合作必须面对的问题。

一、我国中医药专利保护立法现状

我国包括中药在内的药品一开始并不属于专利立法所保护的主题,而一系列如1992年《中药品种保护条例》等行政法规的颁布,一定程度上弥补了这一缺憾,但与专利保护相比,其对于申请保护的药品申请人只是享受一种使用权而非排他权,不少药品配方相似而并行存在,在对外贸易中的弊端更为明显,对于侵权风险的预期并不稳定。直到1992年我国修订了1985年的《专利法》,将原先药品只有制造方法受到保护扩大为药品新产品发明也能受到保护。当然这对于传统医药这样较多依赖于发掘植物和生物药用价值的特殊科学而言,立法保护的范围还需要进一步扩大。于是,1997年颁布的《植物新品种保护条例》较好地将涉及生物技术产品和物质纳入专利保护的范围,但同时对于利用生物遗传资源开发药品必须公开来源并没有明确规定。此外,我国还相继出台《药品注册管理办法》《中医药专利管理办法(试行)》《中华人民共和国中医药条例》等规定,对中药知识保护和防止中药资源流失做了多方面的保护。但是,我国的立法和实践中对于行政保护模式规定地更为详细,对知识的创新程度也不似专利授权要求那样高,因而

---

❶ 王赛男、田侃:"中医药传统知识的知识产权保护现状",载《辽宁中医药大学学报》2014年第5期。

药企更多地选择行政保护或商业秘密保护来实施中药研发和制售,这其实并不利于提高中药现代化创新技术水平。而对于民间中医药文献、中药偏方、秘方等资料,我国立法更多强调捐献而非独占利用,这也并非一种处理公共利益与个人利益明智的方式选择。

2008年《国家知识产权战略纲要》中提到"正确处理专利保护和公共利益的关系。在依法保护专利权的同时,完善强制许可制度,发挥例外制度作用,研究制定合理的相关政策,保证在发生公共危机时,公众能够及时、充分获得必需的产品和服务"。这样的规定强化了专利法中的专利强制许可制度所带来的惠及"公共利益""公共健康"的正面作用,也为中医药新发明创造所需的必要专利资料对原专利药品进行实验,采取数据提供了便利,但也不至于像不少发展中国家对待仿制药的包容态度那样滥用例外制度。2016年12月15日通过的《中医药法》,作为中药保护法律体系的上位法,明确了中医药在我国医药体系中的重要位置,并从中医药发展的诸多方面的要求进行了概括性规定,明确了根据中药保护包括国家秘密保护、中药品种保护、非物质文化遗产保护等保护方式,但对于专利保护方式未加明确,更多的是鼓励运用现代科技研发中成药,以复方制剂为基础开发新药等规定。此外,《中医药发展战略规划纲要(2016~2030年)》表明健全中医药法律体系已经纳入规划,并明确推动修订中药品种保护条例等法律法规。

中药知识产权体系在知识产权保护一般法和药品保护专门法中的知识产权保护不断发展和完善,但仍存在不少局限性,实践中的保护举措和保护方式的选择仍有更多需要与他国沟通从而加以完善的地方。特别需要注意的是,与"一带一路"国家的中医药药品贸易和中医医学合作研发机制有较多不一样的规定,而只在双边协定或多边协议中设计了较为模糊的专利保护谅解办法。由此需要我们加强国际交流与合作,了解他国的相关制度和实践措施,对中医药专利保护的丝路国家之间的协调办法进行探索,以期在交流传统医药文化的同时,对中药传统知识保护赋予更合适的共通的专利保护机制。

二、"一带一路"沿线代表国家的传统医药专利保护机制的相关立法和实践探索

中医药在"一带一路"沿线国家明确为立法的有新加坡、泰国和菲律宾,东南亚其他国家菲律宾、缅甸、老挝都比较重视传统医学的保护,对传统医学研究也设有专门保护。南亚诸多发展中国家实现了对本国传统医学的立法保护,比如印度、泰国、斯里兰卡、巴基斯坦、孟加拉国等,其中泰国率先实现了对传统医药知识的知识产权保护,《传统泰医药知识产权保护法》从多个方面规定了泰药的研发和保护办法,并对民间医药处方提供了独具特色的保护。此外,印度、菲律宾等从技术建设入手,率先建立了传统医药知识数据库,实现对传统医药知识的整理,同时为他国专利审查相关医药发明时提供检索数据库,以将属于本国的公共领域已知的医药方案排除在专利授权保护范围之外。

1. 泰国传统医药分类保护制度

泰国对于传统医药的保护较为系统,其早在 1997 年就将保护本土传统文化、民族习俗以及传统知识等优良民族非物质"遗产"以最高法的形式——宪法加以明确,这也是对泰国签署的国际生物多样性条约的精神的内化和发扬。有了上位法的支持,《传统泰医药知识产权保护法》这一专门而又系统的医药知识保护体系,为泰药的创新发展奠定基础。该法给"泰国传统医药""泰国传统医药文献""泰国传统药物处方""草药""保护区"等概念进行定义,确定了泰国传统泰药的基本范畴和专利保护的基本范畴。泰国对于传统泰药处方保护策略上较为特别,主要是根据处方的不同重要性和保密程度分为私人处方、国家处方和普通处方施以不同力度的保护。

首先是国家处方。对于处方的级别认定由泰国公共健康部来鉴定和宣布。具有重大公共健康利益乃至对人类公共利益或具有特殊的基础性的医药处方规定为保护力度最大的国家处方。对于这类处方的研发和商业性专利实施,都必须有泰国政府的批准,对侵权行为的侵权制裁力度相较于其他处方

更为严格。

其次是普通处方。这主要指的是公共知晓的尚未申请为专利的普通传统医药处方。该类处方在实际中已为公众广泛实施适用，专利申请垄断这部分技术显然会阻碍公众对这类医药配方的使用。对这类处方的归类，能让公众分享这些信息和自由使用。

最后是私人处方。私人处方适用的保护模式不同于前面两种，其适用著作权保护模式，强调尊重处方持有人的著作财产权这种在先权利。所以在这种私人处方之上想要开发或使用该处方，必须获得处方持有人的同意。这种独占权与其他国家的著作权保护年限一致，即作者生前加死后50年，当然实施处方方案必须获得持有人许可限制了处方本身的社会价值，所以泰国法律引入了处方注册登记制度，只有公开范围尚未扩大的处方才能获得注册登记，而对于受众范围较广的处方由于进入了小范围的公共领域而不能划为私人拥有，即便存在的记录材料是最早的。[1] 处方的持有人或发明人可以进行行政方面的登记注册，同时也鼓励这部分处方的进一步研发和创新促使私人处方的专利化，从根本上维护泰国传统医药的技术价值的掌握。这种规定结合了专利制度和版权制度的内容，不失为是在传统医药专利权保护道路上的一种新探索，对完善我国相关立法制度也有裨益。

2. 印度保护传统医药的立法探索和实践举措

印度的植物医药传统知识和技术积淀较为丰富，而在没有相关立法保护之前，遭到西方国家，尤其是美国对其进行大肆开发和专利抢注，印度政府在2000年的时候研究发现美国有近5 000件的草药单方专利的申请的技术方案中，超过80%来源于印度传统植物药学知识，这一数据在2005年的时候增长到了3.5万件，印度政府不得不重新审视国内的传统医药保护方式。[2] 针对这样被动的局面，印度政府通过多次讨论最终决定采取有效措施防御发

---

[1] 杜瑞芳："我国传统医药知识保护的立法模式探讨"，载《科技与法律》2006年第2期。
[2] 赵琪、曹阳："印度传统药物知识产权保护研究"，载《中国执业药师》2008年第1期。

达国家对印度传统医药生物盗版和知识剽窃的行为。印度立法在专利方面的主要特殊举措是专利来源的披露制度，而其建设的传统知识数字图书馆等实践保护举措也受到诸多国家的认可。

首先，专利来源的披露制度。印度在 2002 年修订的《专利法》中明确指出，专利申请人在申请医药类专利时，如果利用了印度特有的生物物质，需要在专利申请说明书中公开注明，对于说明书中不当公开或没有公开说明其所利用的生物材料的来源或地理起源的，他人有权提起专利无效的异议。这样的专利来源披露无疑是对于印度本土涉及传统医药的经典配方的尊重，同时也能对于专利授权标准中的"新颖性"标准进行更准确的判断，从而能一定程度上阻止专利抢注者对于经典传统医药知识的期限性垄断。

其次，发布《生物多样性法》。这一方案的通过与泰国一样源自对 1992 年签署的《国际生物多样性公约》的国内立法实践，不同于泰国将公约的某些要求纳入宪法规定，印度采用了普通立法和专门立法的形式予以阐释，《生物多样性法》就是其中的典型立法实践，这为他人未经印度国家生物多样性管理局（National Biodiversity Authority）的批准而擅自利用印度本土的动植物资源进行药物研发的行为提供了规制依据。❶ 这样相当于利用行政保护的手段进一步阻止专利抢注者对于印度传统植物类医药资源的掠夺。

最后，印度从实践层面为传统知识保护建设基础设施——传统知识数字图书馆。❷ 该图书馆主要针对药用或其他用途的草药知识进行归类、整理、归档。印度政府通过这样的计算机数据库的建设，将囊括的公知数据信息提供给美国专利商标局、欧洲专利局等，让其在专利授权审查时更为智能地检索已有技术，以保护印度国家公众对这些传统知识的共有的在先权利。这样一来，直接利用相关知识进行简单开发的技术将被屏蔽在专利授权范围之外。这项举措引起了国内外的广泛关注，也为发展中国家的传统医药知识保

---

❶ 王明旭、张平川、董研林："印度对传统医药的保护及其对我国的借鉴"，载《中国卫生事业管理》2008 年第 9 期。

❷ 周怡瑶："中印传统医药的知识产权保护比较研究"，载《电子知识产权》2013 年第 10 期。

护提供了一种思路。

3. 菲律宾对本土医药知识保护的实践举措

印度的传统数字图书馆引来了许多国家的效仿，菲律宾于 1997 年出台的《传统和替代医学法案》强调了数字图书馆建设对于本土医药传统文化遗产的保护和防御侵犯的作用，菲律宾从立法层面突出了这种实践保护措施的战略性意义，推动了这项工作的在菲律宾多个社区的顺利进行。

菲律宾有 110 个土著社区和 180 多个社区群体，每个土著的地区民间传统文化习俗都不尽相同，而在疾病预防和治疗领域，菲律宾土著人长期以来依靠发掘植物本身的医治效果实施诸多疾病的防控措施，同时也积累了丰富的医药传统知识，其中的植物药配方知识更是值得现代菲律宾人去着力收集、保护以及改进创新。菲律宾传统知识数据图书馆的信息主要来自研究者和学者的信息收集，收录的范围包括本土医师的治疗方法经验、民族传统药学文献、植物学知识资料、研究发展成果等。该图书馆按照多种分类方式，十分细化地对这些应该受到保护的传统医药配方、植物药的疾病治疗方法以及各土著地区不同的草药资源信息进行具体整合。该数字图书馆相较于印度，特色在于将传统知识持有人的信息和传承人的变动情况一一记录其中，以期将所掌握的传统医药知识代代传承下去。这对于基于传统医药知识的新医药专利授权时提供了更详细的认定新颖性和创造性程度的参照，这也给实施相似医药专利方法可能引发的侵权诉讼风险有了较好的警示作用，同时也能够给予公众更多的传统医药资料以促使更具有正面意义上的医药发明。

三、对我国中医药国际化路径专利保护机制的完善建议

首先，发展中医药专利来源披露制度，加强对中医药遗传资源的授权限制。我国传统医药的药材绝大多数就来源于生物界，在长期的医疗实践中还形成众多道地药材，这些药材主要依赖各地的动植物资源。我国在遗传资源的保护上有了相关立法的实践，例如《专利法实施细则》中对于遗传资源违法使用研发的不得授予专利的规定，但对于中草药的保护还须进一步完善，

将稀缺草药的保护逐步细化，这方面可以形成对接生物多样性公约精神的中医药遗传资源保护名录。这一项借鉴菲律宾经验，强化国家对重要遗传资源的主权的态度，这样可以将这些草药资源在国际范围内得到保护，防止专利开发的无限度使用。在此基础上吸取印度的做法，通过上位法的链接规定，将未标注名贵中草药来源的技术专利申请作为可以申请专利授权异议的理由。

其次，发展事先知情同意制度。在我国意识到《生物多样性公约》对传统医药知识保护的重要性的同时，于2016年颁布第一部《中医药法》，首次将传统知识持有人对他人实施该知识时享有知情权和利益分享权，这是对个人持有中医药秘方的权利的认可和支持，但该条规定还过于笼统，有待在日后的司法解释或细则中明确权利的界定。新法的制定必然还需要在法律实践中和中外相关制度的对比中进一步充实，细化相关规定。此问题可以借鉴泰国的私人处方的专利开发规定，强调处方持有人的事前授权。尤其在对待发达国家在研制利用我国传统中医药资源问题上，设置相应程序规定，如我国知情同意后的批准程序、利益分享的具体做法以及违法该义务应承担何种法律后果等。

再次，结合分级保护模式完善我国中医药传统知识数据库建设。印度、菲律宾对国家传统医药知识的数据库建设都较为重视，我国相关工作也在进行中，但须强调的是，对于数据库的建设，可以将泰国的处方分级保护模式与我国药品不同等级的保护制度相联系，增加关于中药复方的分级保护，当然衡量标准可以从其蕴含的科研和经济价值以及相关核心专利的存在状况来进行界定。建立好分类保护清单之后，便是根据重要性和密级程度收入数据库，设置不同的公开权限。此外，还可通过与"一带一路"国家间合作，联合建立多种语言的传统医学医药知识数据库。同时授权其他国家或国际组织专利审查员在专利审批前进行检索查询，从而防止通过专利对传统医药知识的侵权行为。

最后，可以考虑构建一部系统的中医药知识产权保护的法案。中国先后在立法中加入来源披露原则和纯粹的传统知识不予授予专利原则，在这一点上,与印度的法律制度相近。另外,中国已形成中医药基本法、中医药国际秘密保护法规、中医药专利管理规定、中医药制造的行政监督法规规章、中医药行业规定等多层次的中医药传统知识法律保护,但除此之外,是否可以考虑像泰国一样制定一部专门的中医药知识产权保护法将诸多零散条款统一编排,尤其要强调专利保护制度,但同时要谨慎地规定中医药专利保护的主体、客体、保护内容、保护的方式、保护的强度和司法实践中侵权判断的特殊适用规则等。此外,可以以此作为"一带一路"国家相关传统知识保护公约形成的基础,促进沿线国家中医药或各国传统医药国际标准和规范的初步统一,进一步推动国际传统医药专利保护相关法条或司法解释的制定。

四、结　语

对中医药传统知识的保护即对"专利抢注"的有力阻止,也就是对真正符合"新颖性""创造性"的中医药技术研发的鼓励,同样目的的不同保护机制在"一带一路"国家中也普遍得到重视和实践探索。对于各自国家已经被抢先申请专利的传统医药配方或药品能否通过构建其他的国际条款逐件挽回,值得沿线国家在进一步传统医药贸易往来中,协力制定出对传统知识不正当专利占有行为的联合规制方案。

"一带一路"背景下企业并购中的专利权法律风险与防范
——以汽车行业为例

卞雅娴[*]

内容提要 随着"一带一路"倡议的推进，沿线各国的经济联系更加紧密，作为直接投资方式之一的"跨国并购"，有助于企业实现特定战略目标，跳出竞争激烈的市场环境以及获取企业所需资源，更为汽车企业进行"跨国并购"增加机会。针对企业并购中专利权突出的法律风险，结合成功并购案例，做好应对专利权法律风险的准备，只有这样，才能确保"一带一路"沿线汽车企业跨国并购顺利进行。

关键词 "一带一路" 中小企业 商标国际注册

一、问题的提出

近年来，"一带一路"倡议成为我国全面性的政治经济发展策略，国内大部分产业领域因此展开变革与转型。汽车产业作为传统工业的龙头领域，不仅在"一带一路"发展建设中，而且在其他国家的新政策与新战略中，它的重要性不可忽视，更是是民族经济复兴的坚实后盾。随着"一带一路"倡

---

[*] 卞雅娴，南京理工大学知识产权学院研究生。

议的推进,沿线国家的汽车企业被中国企业并购的速度也随之加快。之所以并购被汽车行业追捧,是因为并购这一手段可以增强和巩固自己的专利,成功超越对手。获取知识产权已成为诸多企业并购的真正目的。"吉利并购沃尔沃"作为汽车行业的第一并购案,成为并购大品牌的成功模式。

沃尔沃汽车公司全部股权和有关资产被浙江吉利控股集团有限公司用18亿美元并购,并于2010年8月2日双方正式进行交付。沃尔沃公司所有的股权被并入吉利集团,吉利集团将获得沃尔沃公司的核心关键技术和相关专利权、商标权等知识产权。然而这场并购案也受制于法律,吉利公司在未来的研发过程中并没有汲取沃尔沃集团的核心技术,只有少量非核心技术可以予以使用。并且,在早年间沃尔沃集团被其他公司至于全球平台共享体系之中,这样做的主要原因是防止诸如吉利和沃尔沃这样的并购,因为并购对相关关键技术被泄漏有很大风险。基于这样的考虑,一般被并购企业会做好应对此类风险的措施,最常见的做法就是被并购企业会设置一些限制对于其企业的核心技术,使得并购企业并不能完美地达到并购目的。知识产权在汽车领域又能充分体现知识产权制胜的精神,汽车所包含的专利,品种繁多且复杂。除此之外,汽车行业的跨国并购中也留有很多其他尚未被探知的威胁或者对并购企业不利的方面。并购风险在这场第一并购案中也有体现:吉利和沃尔沃进行交付后,作为被并购方的沃尔沃集团随即刊登说明,声称沃尔沃公司并不因为被吉利并购而丧失品牌的所有权,吉利公司无法拥有这一品牌的所有权。倘若并购方无法顺利获取被并购方的核心技术与技术平台,这将与并购原本的实践宗旨背道而驰,甚至对于并购方是个无法估量的损失。[1]

吉利并购沃尔沃是一个双赢的组合,吉利的产品力得以提升,沃尔沃也利用吉利现有的销售网络和较成熟的销售队伍可以在市场竞争中生存。但是基于并购中被并购方给并购方设置的障碍,汽车并购中所产生的不可忽略的专利权法律风险有待讨论与研究。

区别于其他知识产权,专利权有其独特之处,因此将导致并购过程中存

---

[1] 李良成:"吉利并购沃尔沃的风险与并购后整合战略分析",载《企业经济》2011年第1期。

在一些特有的法律风险。

二、企业并购中对专利权特有的法律风险

1. 专利不确定性风险

全世界所有国家以及相关国际公约对于专利权纷纷予以承认，但是关于如何真正有效保护专利权存有风险与不确定性。❶ 吉利并购沃尔沃案中，沃尔沃诸多专利存在不确定状态，而这次并购是以知识产权为导向的，所以对于吉利公司来说存在较大风险，并购的效果很难理想。本文关于并购案中被并购企业自己的专利权具有不稳定性的原因考察从以下方面来论述。

（1）现有技术易被遗漏。一方面，技术是审查专利是否具有新颖性和创造性这两个特征的重要指标，只有阅读大量的专利文献与相关资料，才可以保证专利检索的速度与质量。另一方面，从理论上看，这种检索方法存在弊端，因为这种检索的宗旨是查阅某一领域的所有专利文件，但是随着科技的不断发展，行业技术领域不断开拓，浩如烟海的数据不能被有效利用。除此之外，在实际操作上，以上这种方法也设有阻碍。因为无法保证被授权专利技术的确定性，更不能保证这件专利的质量优劣，这一切风险都加剧了高效实用专利的风险。

（2）审查标准存在主观性。无论如何改进技术，我们也无法改变世界各国法律均具有的原则性、抽象性和概括性的特点抑或缺点。实践过程中，在处理具体案件时，不同的人运用同样的专利法实施细则，都会制造出不同的结果，我们无法调和人与人处理案件时的主观性差异，更无法解决法律固有的劣势。

（3）权利的可推翻性。作为与科学技术密切相关联的专利权被世界各国承认为法定权，因此，新颖性、实用性以及创造性作为专利三大特性应当是被合法授权的专利技术必备特征。依法授权的专利应当具备新颖性、创造性

---

❶ 徐棣枫：“权利的不确定性与专利法制度创新初探”，载《政治与法律》2011年第10期。

和实用性。但是，我国对专利的授权只从形式上进行考量，并没有深究实质，基于此我们无法坚定地认为被授权的专利技术具有专利几大特征性。专利法也考虑到这个潜在风险，为了防止专利审查过程中专利被错误授权，由而制订专利无效宣告程序，从制度出发，制造机会与方法来排除已经被授权的专利。

2. 形式审查不稳定风险

只要专利申请顺利通过审查，一经过专利审批机构的公告授权就会生效。我国对于实用新型和外观设计这两种专利种类不采取实质性审查，至于该种技术有无被授予专利的实质性要素，国家专利审批机构不采取处理的态度，因此导致被授权的实用新型和外观设计这两种专利的质量不优良，运用到技术上也并不具有稳定性。汽车的专利总量多且种类丰富，并购企业获得被并购企业的专利所有权，但是实用新型与外观设计专利由于其稳定性缺失，所以质量值得进一步考究，对于并购企业更是多一分风险。

3. 价值无法预见性风险

虽然每个企业获取授权的专利有很多，但是仅有少部分能够给企业或个人带来经济回报，事实上大部分专利是没有价值的，更不能给所有人创造价值。在专利权的相关规定中，不确定性贯穿始终，例如汽车某零件的专利是否可以去市场实现无缝对接，是否可以全方位地获得专利法的保护。即使此专利具有价值，也会随着新兴领域的涌现被替代，从而价值也逐渐降低甚至消灭。回归到本案，福特旗下的沃尔沃汽车自身拥有数量不少的专利，而此次并购双方达成了关键技术知识产权所有权一并归属吉利汽车。专利固有的此种无法预见性的风险，对于吉利公司也是一笔不可预估的损失。

三、企业并购中对专利权特有法律风险的防范

1. 拟定并购目标

企业成功并购的第一步是根据自己的专利战略和企业发展战略，选择并购目标，包括目标专利和目标企业。目标专利的确定依赖于对现有专利的检

索,为防止起点上的错误,首先要避免漏检专利,必须做到全面和完整地收集专利。并购企业一旦获取相关企业的整体专利信息后,应展开对所收集到的企业的完整专利信息的处理,先拟定一批与自己要求相匹配的公司。接着,再对相关核心专利的专利权人采取信息分析,对目标企业的专利拥有情况有全面细致的了解。

专利情报的分析还应包含其他各种风险因素,例如专利寿命、专利技术的发展和市场变化、新产品的替代等。TCL 收购汤姆逊失败提醒并购方一定要对专利技术的市场前景和新技术替代风险给予高度重视。

2. 审查专利权的效力和稳定性

应审查目标专利的法律状态,了解目标专利的基本信息,比如对专利年费缴纳情况进行审查,防止收购到手的目标专利因未缴年费而失效。由于专利审查部门无法确保授权专利的效力 100% 有效,授权专利仅具有法律上的推定有效性,专利审查实践中授权了的专利被宣告无效也常有发生。这就要求收购方对目标专利应进行审查,评估其稳定性,即是否具备专利法所规定的授权条件,既包括实质性条件也包括形式条件,以确保目标专利收购后不会出现被宣告无效的情况,而使巨额收购款打水漂。

3. 确定专利保护范围

(1) 审查专利授权文件,评估专利文件质量。在实践中并购方常混淆一个概念,事实上,专利权的保护范围与通过发明创造得来的内容并不等同。我国专利法规定,专利权利要求书确定每一专利的具体保护范围,至于有些权利要求书无法清晰解释,就辅之以说明书与附图,这样有助于并购方了解被并购方的专利。对于专利权的保护贯穿很多过程,从解释权利要求到权利要求形成过程等,体现了对专利权的全方面保护。

(2) 运用禁止反悔原则,确定专利保护范围。我国专利法中规定的禁止反悔原则,意思是专利权人在申请、复审、无效等过程中表达的观点限制权利要求的具体解释。并且,专利权人不可以在专利方面的侵权诉讼中针对在专利申请过程中对已经被承认或反对的专利内容反悔,同时也限制专利权人在专利保护范围中添加早已被自己抛弃的专利相关内容。

在专利申请、复审以及无效过程中,专利权人为拥有专利权或保持拥有专利权,会对专利的权利要求给予狭窄的理解。但是在专利许可、转让甚至在专利侵权诉讼过程中,专利权人自己经常忽略先前设置的限制规定,反而又对权利要求作出广义且宽泛的说明解释,以使专利的保护范围尽可能被解释得宽一些。

4. 审查排他性权利的情节性,确保拥有自主实施权

(1) 有无与他人的专利保护范围交叉。法律禁止未经专利权人许可,而出于营利的目的,擅自使用他人专利的行为;但是专利法并没有限制或者禁止在他人专利技术的基础上予以创新,这种对于在先专利权辅之以再创新后获得的专利在我国被称作从属专利,而被使用的在先专利被称作基本专利。如果忽视对目标专利是否落入在先专利的保护范围的分析,即使通过并购获得了从属专利,若未获得在先的基本权的权利人的许可,仍然不具有合法实施所获得的专利的权利。

(2) 有无设置其他权利或负担。首要的是审查是否设立了质权。在质押担保方面可以使用专利权,但是在我国办理质押担保时需要办理质押登记手续。相关法律规定,专利权质押的质权从国家知识产权局登记时开始设立。所以,我们可以通过向国家知识产权局查询有关登记情况,知晓目标指向专利是否设置了质权。但与我国立法采用等级生效主义不同,有些国家如德国采用意思主义,登记并不是专利质权设立的要件,因此针对不同国家的并购,应加以区别对待。

(3) 是否存在专利侵权。并购目标专利时为了获得目标专利的垄断地位,由于专利权是排他权,他人未经许可而实施专利技术的行为对于专利权人而言无法保证100%的明察,更无法确保市场上没有侵权产品。并购方应进行市场调查,确定是否存在专利侵权行为以及侵权行为的规模等,为目标专利是否具有并购价值提供帮助。

5. 实施专利整合,指导企业并购

企业并购必须围绕企业的发展战略,全面考虑人才、市场等问题,不能局限于专利的获得。专利的实施以及后续开发都离不开发明人和设计人,并购如果仅获得专利，而专利的创造者——发明人、设计人因各种原因未能留任而去职，将会给并购后继续实施专利，特别是在原有专利基础上的进一步开发带来困难，甚至导致技术和市场流失。而且，应当对专利发明人、技术设计人员乃至企业市场人员的职业走向给予充分的关注。

第三部分

"一带一路"建设与商标风险防范

"一带一路"建设中商标抢注问题研究

周宣辰*

内容提要 近年来，中国企业在"走出去"的过程中频频遭遇商标抢注的情况，企业因为商标提前在外国被注册而阻碍了市场的顺利拓展，为此也付出巨大代价。如今，"一带一路"倡议的提出，中国企业走出国门迈向世界、树立国际知名品牌已是大势所趋。而近年来中国玩具企业商标被抢注事件暴露了我国企业"知识产权先行"的意识薄弱，同时反映了中国企业在走向海外的过程中会遭遇诸如商标抢注的知识产权风险。因此，分析被抢注原因、探究中国企业如何加强知识产权保护意识以防止商标遭抢注，是亟待解决的问题。

关键词 "一带一路" 商标抢注 商标保护

一、问题的提出

2017年8月31日，商标局发布海外商标抢注预警信息，称"有一名外籍商人将120多个中国玩具企业的厂名及商标以个人名义在智利工业产权局（INAPI）申请注册。其大部分商标注册申请已经进入公告程序，如无异议将

---

* 周宣辰，南京理工大学知识产权学院研究生。

可能在近日内获得批准"。❶ 11月13日，通过中国赴智利商标维权代表团的努力，抢注者答应将其在智利抢注的130多件商标无偿转让给中国相关玩具企业，属于中国企业的商标终于"回归"了。❷ 这130多件商标虽然安然"回归"，但商标在出口国被抢注成功的事实仍然需要引起中国企业的特别注意。

2016年，我国商标申请量占全世界总量的1/3，已经是名副其实的商标大国，但中国还不是商标强国。从"同仁堂""红星""王致和""碧螺春""大白兔""五粮液"等这些在中国年代久远、耳熟能详的品牌在日本、韩国、欧美等一些国家被抢注，到"HUAWEI""Chigo"在非洲被抢注，可见中国知名注册商标在国外被抢注的现象早已存在且没有被有效地预防和制止，所涉及的行业也越来越广，从食品、美妆到电子产品等。商标抢注不但严重阻碍了中国企业品牌国际化以及对外传承的连贯性，还严重影响了企业商誉的国际累积，使中国企业在国际竞争中居于不利地位。

2016年，我国商标申请人提交马德里商标国际注册申请共计3 014件，而2017年1~10月，在我国注册申请的商标数量就达到了441.3万件，可见我国企业对商标国际注册不够重视。就商标抢注案而言，涉案商标超出法律规定的异议期，我国商标局才得知。可见，我国企业被抢注前防范意识不强。除此之外，随着全球经济一体化的发展，我国知名品牌利用国外市场的能力逐步提升，但我国企业在商标海外维权方面仍然存在对外国法律体系了解不够、企业的维权力量不足等问题。因此，我国建立健全商标海外维权机制同样迫在眉睫。

---

❶ 国家工商行政管理总局商标局："海外商标抢注预警信息"，载http：//www.saic.gov.cn/sbj/tzgg/201708/t20170831_268774.html，最后访问日期：2017年11月12日。
❷ 李春："130多件被抢注商标'回归'"，载《中国工商报》2017年11月13日第1版。

二、海外商标抢注行为的认定

1. 商标抢注的动机

商标的本质在于区分商品和服务的来源。通过广告宣传的投入、商标使用的积累,一部分商标会被赋予较高的商业价值,成为在一定范围内与特定商品、服务具有显著对应关系的标识。这部分商标知名度的取得离不开大量资本的投入,对其商标市场价值的维持还需要保证该商品、服务的品质,经营者需要对商标标识采取主动、积极的保护措施。而应对海外市场,经营者恰恰离不开商标注册。

由于商标保护具有地域性,为保证商品、服务顺利"走出去",需要在出口各国都取得商标的专用权。商标在海外遭遇抢注则是投机者对著名或驰名商标远期利益觊觎的表现。商标抢注的原因主要为以下几点。

(1)商标专用权的取得以商标注册为主,且注册成本低。相反,抢注后利用被抢注人拓展市场的需求,对商标进行炒卖、以"侵权"之名起诉以获取所谓的赔偿、索要巨额商标转让费都可以给抢注人带来巨大的利益。抢注人只需通过注册这一行为,且不以贸易为目的、不实施商品交易就可获得暴利。

(2)为"搭便车"抢注商标。抢注人在海外有与知名商标相同或者类似的商品、服务,为在短期内、投入少的情况下提高销量,造成消费者对商品、服务来源的混淆,利用消费者对知名商标的信任错误购买抢注者的商品、服务。在没有原始投资、商誉积累的情况下获取知名商标被抢注人的利益。

(3)恶意抢注成为外国企业抵制、阻碍中国知名商标进入国际市场的手段。例如,2001年6月,西门子下属欧司朗公司在德国申请注册了"FIRE-FLY""FSL"商标,而"FSL"商标正是佛山照明公司所拥有的知名商标。该商标获得注册后,德国市场却未见以"FIREFLY""FSL"为商标的节能灯产品销售,由此可见,欧司朗公司对该商标只是注册而并非使用。恶意抢注人也正是以此来阻止外国其他公司开拓本公司现有市场。

2. 商标抢注行为的正当性判断

就商标抢注行为本身而言，可以分为 4 个阶段性行为：第一步是将他人已经使用的商标标识设计为自己的商标图形；第二步是依据相关法律向商标局提出商标注册申请；第三步是办理申请审查过程的手续；第四步是办理商标注册证。就其中的每一个阶段性行为而言，它们都是合法的，但其行为所带来的结果行为可能是不正当的，从我国法律出发，其结果不但违背了诚信原则，而且侵犯了他人合法在先权。[1]

通过以上动机的分析，不难看出海外商标抢注多为恶意抢注，但认定"恶意注册"则需要满足几个前提：第一，时间性，原商标的实际使用时间必须在被抢注之前；第二，知名度，商标标识及其商品、服务在市场具有一定的辨识度、影响力；第三，原创性，抢注人是在知晓原商标商业价值后，不加修改地在本国进行注册。只有证明以上三点，才能证明抢注人为恶意。

在我国，以"恶意抢注"为由提出异议的成立率并不高，而进入争议期，成立的希望更是渺茫。因此，如果发生海外抢注，要利用"恶意抢注"制度获得保护就更为困难。正如德国汉坚弗罗姆联合律师事务所商标事务部首席律师福尔克·克尼斯博士所言，如果能从法律层面证明一个商标是"恶意注册"并不像人们想象的那么容易。[2]

三、应对海外商标抢注行为的建议

（一）企业完善商标管理

我国企业在"走出去"的过程中遭遇商标抢注的原因不仅在于海外各个国家对商标保护的法规、政策不同，也源于我国企业自身对海外商标保护缺乏重视，主要体现在我国企业对商标管理重视不足。企业考虑商标维护成本

---

[1] 冯晓青："未注册驰名商标保护及其制度完善"，载《法学家》2012 年第 4 期。
[2] 吕冰心："应对商标抢注：如何'亡羊补牢'"，载《法人杂志》2007 年第 1 期。

的问题，缺乏制定商标保护、商标品牌定位的人才队伍以及有效数据，造成错失时机甚至损失重大。

1. 进行商标、品牌的全球性布局

我国企业对商标权的认识不足，缺乏长远布局，形成出口业务成熟再考虑海外注册的经营模式，导致商标被抢注的局面，阻碍了我国企业的进一步拓展。

为了防范企业在拓展海外市场的过程中遭遇商标风险，中国企业应当首先提高商标管理和经营方面的意识，前瞻性地进行商标品牌的全球性布局。随着我国企业实力的提升，全球一体化、"一带一路"倡议的提出，我国企业逐渐将眼光转向海外，且开始向海外拓展市场并取得了一定的成绩。但我国企业的品牌效应仍然很弱，也出现了海外抢注现象，这也表明我国企业应该提前开始在重点国家和市场乃至全球进行商标和品牌的布局。利用作为《巴黎公约》《马德里协议》成员方的身份，充分使用优先权获得商标注册，以避免产品准备上市之时，无注册商标可用，甚至构成侵权的状况。

2. 建立商标监控

企业应当设立专门的知识产权部或者委托专门的知识产权公司实时监控知识产权公告，以便发现商标被抢注后及时提出异议。分析产业的重点突破市场，通过监控重点突破市场的商标注册，避免发生竞争对手"搭便车"的行为，以维护品牌的国际影响力和商誉，也为日后顺利进入该市场铺平道路。例如，1999年西门子博西公司就"HiSenSe"商标在德国申请注册，其与海信的"Hisense"商标只有中间字母"s"大小写的区分且仅在海信被中国工商局认定为驰名商标的6日后。西门子博西公司显然存在抢注行为，但海信直到2001年才与西门子进行交涉，由于错过了公告期，加大了商标取回的难度。

同时，根据《马德里协定》第6条第1项和第7条的规定，经国际局注册的商标有效期为20年；期满后可以续展20年，且无次数限制。因此，我国企业应当在接到国际局的通知后及时向国际局申请续展。对不属于其成员方的国家/地区，要时时关注相应的信息，否则就面临失去法律保护而被别人注册的可能性。

3. 考虑商标呼叫、翻译问题

为更好地推广商品、服务，商标标识需要适应当地的文化。在商标注册时，应当考虑原中文商标是否有固定、唯一的外文译名，若有相似的音译、翻译方式，是否需要全部注册等问题。❶ 例如，联想的"Legend"商标，进入海外后发现该商标已被至少十几个国家注册，为开拓国际市场，只能忍痛换标。其原因在于，首先联想在中国注册商标时没有及时在国外注册对应的商标；其次，英文"Legend"的含义为"传奇"，为褒义词且使用频率较高，极容易被注册，因此还应考虑商标外文译名的注册避免使用常用词或者简单的用语。

（二）政府支持、保障

在"一带一路"倡议下，知识产权领域的争夺已成为中国企业"走出去"的后盾。对政府而言，提供企业完备、准确的信息、维权保障至关重要。

1. 提供信息保障

政府应创建"一带一路"知识产权合作门户网站，深化商标注册审查系统信息共享交流机制，开展系列区域知识产权交流会。通过深度调研设立对商标保护不力的国家"黑名单"，为我国企业提供充足有效的信息保障。政府可以季度为单位发布对我国品牌商标侵权"重灾区"，我国企业可以此确定在哪些国家需经常申请注册保护。同时，政府应当提供"一带一路"各主要国家/地区的商标注册程序，让我国企业"走出去"之前，可掌握相关权威资料，提前部署。❷

2. 提供维权支持

政府应加强与"一带一路"沿线国家/地区建立商标领域的合作备忘录，

---

❶ 文月娥、周小玲："功能对等论与商标翻译"，载《湘潭师范大学学报（社会科学版）》2005年第4期。

❷ 梁海明："'一带一路'须注重保护中国企业产权"，载《企业家日报》2015年5月3日第1版。

加强知识产权文化交流,促进知识产权相关政策的共识。国家知识产权局应加快知识产权智库体系的建设,并支持各类智库参与"一带一路"知识产权国际交流与合作事务;并且通过政府之间的沟通平台,提供有关我国企业的侵权诉讼数量和企业维权平均成本等信息。此外,政府应当组织、培训品牌服务的专业团队协助遭抢注商标的中国企业,通过协商妥善解决问题、获得共赢。

(三)构建我国"一带一路"下的驰名商标体系

我国企业不重视产品宣传、广告策划,使得高质量、高保障的产品、企业本身在海外竞争中的品牌效应不足,享誉国际的品牌寥寥无几。如今,在"一带一路"的倡议下,我国企业以服装、纺织业等为优势产业进入市场国,对于我国中小型企业是一个树立品牌的契机。我国企业应结合当地文化,宣传品牌、提高品牌知名度,以促进企业以优质廉价的优势快速占领市场。积极运用消费者对轻工业产品认牌购物的方式,培育自己的消费群体,在"一带一路"市场国构建我国的驰名商标体系,也为日后开拓其他市场打下基础。❶

对于商标维权而言,双方若为《巴黎公约》的缔约方,驰名商标的权利人可以依据商标被抢注国的有关规定申请撤销被抢注的商标。但就涉案商标是否属于"驰名商标",仍然要以商标被抢注国的法律为依据。因此,我国应当构建"一带一路"领域下的驰名商标体系,该体系的建立不仅有利于我国企业通过《巴黎公约》《与贸易有关的知识产权协议》等国际条约保障商标专有权,更有利于我国企业的产品、服务实现"走出去"的目标。

---

❶ 王莲峰、牛东芳:"'一带一路'背景下我国企业海外知识产权风险应对策略",载《知识产权》2016年第11期。

"一带一路"倡议下中国对外投资的商标品牌风险及防范

李天悦*

内容提要 在积极构建我国政府倡议的"一带一路"区域性发展蓝图过程中,我国中小企业必须克服其在商标国际注册中存在的问题,增强保护意识,充分了解商标国际注册的各种方式并做出合理选择,积极注册国际商标,在"一带一路"背景下,顺应潮流利用优势资源,完成企业转型。
关键词 "一带一路" 对外投资 商标品牌 风险防范

引 言

"一带一路"是 2013 年 9~10 月习近平总书记在出访中亚和东南亚期间提出的重大倡议,2015 年 3 月 28 日国家发展改革委、外交部、商务部联合发布《推动共建丝绸之路经济带和 21 世纪海上丝绸之路的愿景与行动》。四年多的时间,印证了"一带一路"倡议取得的很好成效,它的核心价值理念和基本原则都越来越被沿线国家和人民所共识和认同。然而,关于我国企业的商标存在的风险也不容小觑。商标品牌保护在"一带一路"中非常关键,市场的竞争实际离不开商标、品牌和声誉。根据数据显示,2014~2016 年,

---

* 李天悦,南京理工大学知识产权学院民商法研究生。

中国与沿线国家贸易总额超过 3 万亿美元,❶ 对沿线国家投资累计超过 500 亿美元。2017 年 1~9 月,我国企业共对"一带一路"沿线的 57 个国家进行了非金融类直接投资 96 亿美元。❷ 对外承包工程方面,我国企业在"一带一路"沿线 61 个国家新签对外承包工程项目合同 3 485 份,新签合同额 967.2 亿美元。从上述的数据可以看出我国对外投资金额巨大,处于增长和上升的趋势,并且高于世界的平均水平,但是仍然存在诸多问题和风险,国内因素包括我国商标制度的不足、企业自身的因素、对外投资的经验因素;外在因素则包括国家间商标制度的差异、区域性政策和区域性话语权三个方面。正如吴汉东教授所论述的,知识产权制度是一国的商品经济发展和技术发展的衍生品,同时也是无形财产私权化的产物。❸ 因此,为了更好地发展我国的商品经济和技术发展,必须高度重视,尽早采取措施,引导企业提高商标注册意识,加强对"一带一路"沿线国家/地区的法律研究,建立便利企业的完善机制,并扩大我国商标在沿线国家/地区的影响力,以有效防范应对商标品牌风险。

一、"一带一路"沿线国家/地区知识产权风险

(一)"一带一路"沿线国家/地区

"一带一路"沿线国家/地区统计共有 66 个,具体如表 1 所示。

---

❶ 孙丹:"商务部专家详解'一带一路'国际合作高峰论坛成果",载 http://www.ce.cn/xwzx/gnsz/gdxw/201705/18/t20170518_22951887.shtml,最后访问日期:2017 年 11 月 1 日。

❷ 商务部:"2017 年 1~9 月我国对'一带一路'沿线国家投资合作情况",载 http://www.fdi.gov.cn/CorpSvc/Temp/T3/Product.aspx?idInfo = 10000499&idCorp = 1800000121&iproject = 33&record = 9432,最后访问日期:2017 年 11 月 1 日。

❸ 吴汉东:"科技、经济、法律协调机制中的知识产权法",载《法学研究》2001 年第 6 期。

表1 "一带一路"沿线国家/地区

经济发展水平	国家/地区
发达经济体（12）	韩国、新加坡、以色列、捷克、斯洛文尼亚、匈牙利、斯洛伐克、巴林、文莱、爱沙尼亚、阿联酋、卡塔尔
发展中经济体（54）	南非、波兰、克罗地亚、罗马尼亚、保加利亚、立陶宛、拉脱维亚、土耳其、伊朗、伊拉克、叙利亚、沙特阿拉伯、科威特、黎巴嫩、阿曼、也门、约旦、巴勒斯坦、越南、老挝、柬埔寨、泰国、马来西亚、印度尼西亚、菲律宾、缅甸、东帝汶、印度、巴基斯坦、孟加拉、阿富汗、尼泊尔、不丹、斯里兰卡、马尔代夫、蒙古、埃及、塞尔维亚、黑山、马其顿、波黑、阿尔巴尼亚、白俄罗斯、摩尔多瓦、亚美尼亚、格鲁吉亚、阿塞拜疆、俄罗斯、乌克兰、哈萨克斯坦、吉尔吉斯斯坦、塔吉克斯坦、乌兹别克斯坦、土库曼斯坦

（二）"一带一路"沿线国家/地区的法系分类

表2涉及三大法系和七大法源，具体如下。

表2 "一带一路"沿线国家/地区法系分类

谱系	国家/地区
大陆法系	韩国、泰国、越南、柬埔寨、老挝、印度尼西亚、东帝汶、阿尔巴尼亚、保加利亚、匈牙利、捷克、斯洛伐克、罗马尼亚、塞尔维亚、克罗地亚、斯洛文尼亚、马其顿、黑山、波兰、土耳其
伊斯兰法系	伊朗、伊拉克、沙特阿拉伯、叙利亚、巴勒斯坦、阿富汗、阿联酋、也门、阿曼、巴林、卡塔尔、约旦、埃及、科威特、黎巴嫩、马尔代夫、文莱、巴基斯坦、波黑
英美法系	南非、马来西亚、缅甸、孟加拉国、斯里兰卡、以色列、菲律宾、新加坡
佛教法传统	不丹、泰国、缅甸、老挝、柬埔寨、蒙古等
苏联法传统	俄罗斯、白俄罗斯、乌克兰、阿塞拜疆、格鲁吉亚、亚美尼亚、吉尔吉斯斯坦、哈萨克斯坦、乌兹别克斯坦、塔吉克斯坦、土库曼斯坦、摩尔多瓦、爱沙尼亚、拉脱维亚、立陶宛、蒙古
东盟法圈	印度尼西亚、新加坡、泰国、菲律宾、马来西亚、文莱、越南、老挝、柬埔寨
阿盟法圈	阿联酋、阿曼、埃及、巴基斯坦、巴林、卡塔尔、科威特、黎巴嫩、沙特阿拉伯、也门、约旦
欧盟法圈	匈牙利、捷克、爱沙尼亚、拉脱维亚、立陶宛、波兰、斯洛伐克、斯洛文尼亚、保加利亚
印度教法传统	印度、尼泊尔、巴基斯坦、孟加拉国、马来西亚、印度尼西亚、菲律宾、新加坡等

(三)"一带一路"沿线国家/地区知识产权风险的表现形式

在我国企业对外投资的过程中,知识产权风险是一个避免不了的难题。首先,我国企业有可能侵犯沿线发达国家的知识产权。发达国家极其重视知识产权保护,在英美法系存在惩罚性赔偿制度,即发生侵权时不仅要承担权利人的实际损失,而且要基于其过错承担惩罚性赔偿,从而支付更高的赔偿金。其次,我国企业的知识产权可能被"一带一路"沿线国家/地区侵犯。就商标来说,我国的企业对自身商标的保护力度和意识还不够充分,涉及的商标案件依然屡屡发生。中国企业在海外投资,每年因数以百计的商标遭国外企业抢注而丧失经营权,致使真正的权利人反而不能在当地使用商标、销售产品,无法拓展我国企业的海外市场,造成每年至少 10 亿元无形资产流失。

因此,对于企业而言更重要的是了解知识产权风险的表现形式,即其以何种形态出现在阻碍企业对外投资的道路上,以便在风险发生之时及时反应、应对,从而结合其背后的产生因素,必须充分考虑到交易中可能涉及知识产权竞争及其风险,预先防范,尽可能减少风险的发生。

1. 侵权风险

侵权风险是我国企业对外投资最常见的、最易面临的知识产权风险。由于知识产权意识淡薄、知识产权制度差异等因素,我国企业在投资时往往出现侵权风险,这里所指"侵权风险"不包括我国企业恶意侵权,而仅指他人合理在先权利导致我国企业主动侵权、他人恶意抢占知识产权导致我国企业被动侵权两种情形。具体可分为以下几种类型:(1)商标侵权风险;(2)自主专利侵权风险;(3)商业秘密获悉的风险。

2. 知识产权交易风险

除侵权风险外,我国企业在对外投资过程中还可能面临知识产权交易风险。

(1)知识产权评估风险。随着知识产权的重要性越来越被认可及其在市场竞争中发挥的作用、体现的价值越来越大,我国企业开始物色国际市场上的知识产权,以求获得更大利润。但是知识产权无形性、专有性、收益的不确定性等特点,使其价值评估存在较大难度,加之我国企业知识产权意识不强,导致我国企业在跨国并购时时常发生以高额价格换取存在超出保护期限、明显不等价、在我国不受保护等问题的知识产权。

(2)知识产权壁垒风险。知识产权壁垒是以保护知识产权的名义,对含有知识产权的商品实行进口限制,或者凭借拥有知识产权优势,以超出知识产权法所授予的独占权或有限垄断权的范围不公平或不合理地行使知识产权,实行"不公平贸易"。❶"一带一路"倡议所涉及大多数国家在知识产权保护水平上未超出我国知识产权制度的范围,只有少数国家,如欧盟成员国、韩国等发达国家存在实施知识产权壁垒的可能性,但也仅限于可能。"一带一路"倡议的利好使沿线国家/地区利益暂时趋同,因此即使存在技术可能,沿线国家也不会轻易对他国企业实施知识产权壁垒。企业应当警惕的是其他活跃于国际市场的发达国家,它们在国际贸易中常常利用知识产权实施贸易壁垒,从而构筑我国企业进驻国市场的现实障碍,其主要采取对平行进口进行严格限制、利用知识产权优势设置不合理的障碍、订立技术贸易中的不平等条款等手段。在这一风险中,国家应当扮演一个庇护者的角色,积极保护企业的合法利益,通过知识产权制度的完善、国际地位的提升、合理外交等手段为我国企业提供一个更为优良的国际投资市场环境。

二、"一带一路"倡议下我国对外投资的商标品牌风险

对外投资是指在中华人民共和国境内依法设立的企业通过新设、并购及其他方式在境外拥有企业或取得既有企业所有权、控制权、经营管理权及其他权益的行为。商标,作为企业区别于他人的重要手段和标志,是我国企业开拓海外市场的重要"名片",尤其是知名商标,其所蕴含的不仅仅是区别作用,更是企业内在商誉的体现。商标的保护具有地域性,即我国企业想要

---

❶ 李炫榆:"试论知识产权壁垒的表现形式",载《当代经济(下半月)》2008年第1期。

在国外获得法律保护,必须在国外申请注册商标,否则便会失去在当地获得法律保护的机会和权利。因此,商标保护是企业在对外投资时不可轻视的重要环节。然而,我国企业由于知识产权意识淡薄、缺乏海外市场经营经验等原因,未能预先对商标进行有效的先期海外布局,海外企业恶意抢注相关商标导致被动侵权,或在国外企业的在先权利基础上产生主动侵权行为,也就是相关商标在国外已被注册使用。现实中就存在诸多商标争端的案例,例如"飞鸽牌"自行车商标在印尼被抢注;"海信"在德国被抢注;"红星"二锅头商标在欧盟被抢注;联想因"Legend"商标在多国被注册,最终舍弃了培育 20 多年的"Legend"品牌,启用"Lenovo"等。

(一)我国对外投资的商标品牌风险产生的内在原因

商标品牌风险产生的内在因素是指我国域内的可能导致发生商标侵权风险的因素,大致可分为以下三点。

1. 我国商标制度的不足

从知识产权制度本身来看,一方面,我国知识产权制度并不完善,相较于发达国家,我国知识产权制度的发展时间较短,水平较低,在制度建设和立法保障方面均主要借鉴发达国家的做法,但由于本土环境差异,制度在移植过程中难免出现水土不服的情况。同时,社会的迅速发展,使法律的滞后性缺点被放大,尤其是知识产权领域,知识产权制度的发展往往落后于保护形势的变化,不能及时解决所面临的权利纠纷问题。另一方面,我国知识产权制度中缺乏海外保护机制,美国、韩国等发达国家虽有较为完善的知识产权制度,但仍然致力于建立完善的知识产权海外维权机制,因此该机制的重要性可见一斑。

就我国的商标制度而言,商标法及相关领域问题较为突出,主要包括商标注册申请和确权效率低、驰名商标认定和使用混乱、商标假冒现象严重。[1]我国商标注册长期采取单类注册方法,这可导致商标注册申请和审查资源浪

---

[1] 刘银良:"我国知识产权制度建设成效及问题实证分析——兼论我国知识产权对外交往策略",载《知识产权》2012 年第 3 期。

费。在商标注册审查、复审和司法救济等确权程序中，涉及机构和层级多，导致确权困难和商标资源浪费。❶ 由于我国商标制度的问题和缺陷会造成知识产权风险的产生。

2. 企业自身意识因素

企业作为"一带一路"倡议的参与者，其自身存在的问题也是商标风险产生的一大因素。从商标权人自身素质来看，对外投资企业的商标保护意识淡薄。虽然近年来，国家有重点、有强调地发展知识产权，加大宣传教育力度，许多高校也纷纷开展知识产权学科建设，以"创新"为主打的企业更是充分依赖知识产权，其中包括商标的保护，但对于大部分企业或个人而言，商标保护意识依然不强，多数企业甚至在商标权遭受侵害时并不知道正确的救济途径。

3. 对外投资的经验因素

由于我国早期实施计划经济、进入国际市场的时间较短，即使企业在对外投资过程中拥有较高的知识产权保护意识，但由于缺乏进行域外知识产权保护、域外知识产权先期布局、知识产权评估等经验，依然难以避免知识产权风险。

一般而言，拓展国外市场要注重商标的保护，但是我国存在重视市场的开拓和产品的营销而忽视商标品牌的保护的情况。目前，我国已经是货物贸易的第一大国，对外投资额也居于世界第2位，中国在马德里国际商标申请数位列世界第5位，商标申请量也已连续15年位居世界第一。但我国企业在海外申请商标量相比在我国的申请量较低，对外贸易投资额与商标海外注册量存在明显不匹配的情况。因此，需要提前在对外投资的国家进行商标注册和品牌宣传，这是必须要着重解决的问题。

---

❶ 董葆霖："驰名商标异化是对《商标法》公正原则的颠覆"，载《电子知识产权》2009年第8期；杨叶璇："让驰名商标走下神坛"，载《电子知识产权》2009年第8期；孔祥俊："我国现行商标法律制度若干问题的探讨"，载《知识产权》2010年第1期。

(二) 我国对外投资的商标品牌风险产生的外在原因

"一带一路"倡议所涉及的复杂国际环境是导致企业面临知识产权风险的重要外在因素,主要有以下三个方面。

1. 国家间商标制度的差异性

环境的复杂性决定了企业在对外投资过程中所受约束的多样性,这一约束不仅来自"一带一路"沿线国家/地区,还可能来自于其他活跃在国际市场上的主体,尤其是发达国家。

"一带一路"沿线国家/地区在有关知识产权国际条约、区域性知识产权规定等参与程度参差不一,比如66个沿线国家/地区中,新加坡、越南、柬埔寨、文莱、伊朗、叙利亚、土耳其、阿曼、以色列、希腊、巴林、塞浦路斯、埃及、印度、巴基斯坦、孟加拉国、尼泊尔、哈萨克斯坦、乌兹别克斯坦、土库曼斯坦、塔吉克斯坦、俄罗斯、吉尔吉斯斯坦、乌克兰、格鲁吉亚、白俄罗斯、阿塞拜疆、亚美尼亚、摩尔多瓦、爱沙尼亚、波兰、立陶宛、匈牙利、捷克、斯洛伐克、斯洛文尼亚、塞尔维亚、克罗地亚、黑山、阿尔巴尼亚、保加利亚、罗马尼亚,均属于PCT条约、巴黎条约和马德里条约的成员方。

但是剩下的二十多个国家/地区,情况就有所不同了。就《商标国际注册马德里协定》而言,它是用于规定、规范国际商标注册的国际条约。其中,缅甸、老挝、文莱、菲律宾、伊拉克、约旦、巴勒斯坦、黎巴嫩、沙特阿拉伯、卡塔尔、也门、阿联酋、科威特、巴基斯坦、孟加拉国、阿富汗、斯里兰卡、马尔代夫、尼泊尔、拉脱维亚、波黑不属于马德里协定的成员。

同时66个国家/地区本身的商标制度规定不一、要求不同,从而在面对知识产权纠纷时所适用的规则多样性和差异性,导致企业对外投资过程中知识产权高度风险。而其他活跃主体的约束主要体现在其高于国际要求的知识产权保护标准,比如美国、德国等发达国家。我国企业在对外投资过程中涉及这些国家交易时,需要更为谨慎地实施知识产权并采取严格、高标准的保护措施,从而避免陷入侵权或更好地维护自身权益。"一带一路"沿线国家/

地区的商标制度存在巨大差异，立法各有不同，各国的商标审查标准和审查周期也不完全相同。语言文化的差异也成为企业对外投资的另一大障碍。由于翻译的及时性和准确性的问题，以及双方在理解上存在的差异，很可能提高企业的风险。

2. 区域性政策差异

"一带一路"倡议所涉及的国家/地区包括政治不稳定的中东、非洲等地区，上层建筑对经济基础的影响不容小觑，区域政治的动荡势必影响知识产权政策、经贸关系的连贯性，从而给企业带来不可预见的高风险。除政治稳定性等不可控的因素外，由于国家的历史、文化以及地理因素的原因，各个国家的水平是很不均衡的。

3. 区域性话语权差异

中国虽一直以大国姿态要求自己，但不可否认，相对于发达国家，我国由于知识产权制度建设的落后性及相关经验的缺乏，在国际舞台上话语权是欠缺的，当然这不仅是中国面临的挑战，而且是所有发展中国家共同面临的问题。

三、"一带一路"倡议下我国对外投资的商标品牌风险防范

1. 提高对外投资企业的商标注册意识

我国知识产权的保护意识逐年加强，同时企业自身的商标品牌意识有所提高，但是我国企业海外商标申请的意识还不强。据国家工商行政管理总局的不完全统计，2017年约有15%的中国知名品牌在国外遭遇商标抢注，其中在马来西亚超过80件，日本超过100件，澳大利亚超过200件。❶ 因此，提高企业保护商标的意识刻不容缓，国家和政府要通过各种方式加大宣传，让企业能够重视保护自身的商标品牌，主打品质和口碑，在企业对外投资之

---

❶ 杨林平、王国浩："中国企业在智利追回130余件被抢注商标"，载 http://www.cipnews.com.cn/Index_ NewsContent.aspx? newsId=103824，最后访问日期：2017年11月1日。

前,能够尽早地在国外进行商标注册,落实对商标的保护。

2. 加强对"一带一路"沿线国家/地区的法律研究

客观来讲,我国对于"一带一路"沿线国家/地区的法律研究存在明显的不足,知己知彼是前提,这样才能在国际市场的竞争中占有一席之地。我国在世界各国法律制度以及法律文化研究方面也出版过一些涉及"一带一路"国家/地区法律的作品,但是这些成果总体比较分散,尚无法满足在"一带一路"倡议下法律全球化的需求,以及中国"走出去"引领法律合作的目标。❶ 因此,有关部门应加大研究在"一带一路"国家/地区法律体系和相关机构、部门,积极建立和完善与"一带一路"国家/地区的知识产权信息交流和共享,从而增进企业对相关内容的了解,更有利于商标的保护。深入研究商标注册和保护制度等关键问题,打击商标抢注,侵权和假冒等行为,我们应该充分利用法律和政策手段,为我国企业提供一个强大的力量,让我们的品牌走向世界,更好地开拓海外市场,维护他们的权利。

3. 建立便利企业的完善机制

要建立知识产权服务平台。要着重建立"一带一路"知识产权预警服务平台,对知识产权风险进行警示、主动防范和制定应急预案,协助企业从被动应对转变为主动防御。❷ 为了避免不必要的争议,需要提前做好预防工作。我国与对外投资的重点产业的目的地国家之间,通过政府间的沟通平台,要积极考虑签署有关领域合作协议,探索构建知识产权国际协作的机制,加强合作交流,定期举办相关的研讨会,双方信息共享,便于企业信息检索、商标查询。

"一带一路"沿线国家/地区可以将注册商标列入名单,便于国家之间名单的交换和互认,从而降低我国企业自行登记的风险,防止企业的抢注商标的情形发生。在执法层面,要充分发挥各种协商机制的作用,积极开展打击

---

❶ 何佳馨:"'一带一路'倡议与法律全球化之谱系分析及路径选择",载《法学》2017年第6期。

❷ 丁珮琪:"'一带一路'建设中知识产权风险防范分析",载《现代营销》2016年第9期。

恶意商标抢注、商标侵权等方面的执法互助合作，开创互利的创新模式。

4. 扩大沿线国家/地区对我国商标的认可度

借鉴德国实践经验，德国的产品强调品牌形象，目标是打造出一流的做工精良的产品，为之后德国产品的高品质奠定基础。我国通过加强国家形象和企业形象宣传，帮助国内企业到国外投资，提高我国商标的认知度和美誉度。除此之外，还要增加面向"一带一路"国家/地区的技术援助和人才援助，❶ 在技术援助过程中加大我国商标法律制度的宣传力度，增强我国在该地区的品牌影响力和认可度。通过招募"一带一路"沿线国家/地区华裔后代并融入涉外知识产权律师的培养。❷ 我国企业如果能够在"一带一路"沿线国内招募到华裔的后代，发挥他们的多元文化背景优势，既能快速了解和布局当地的商标战略，也能够使得我国的企业快速成长，更好地在沿线国家/地区发展。

---

❶ 盛保晨："中国企业参与'一带一路'建设中的商标品牌风险及防范对策"，载《理论视野》2017年第11期。
❷ 王莲峰、牛东芳："'一带一路'背景下我国企业海外知识产权风险应对策略"，载《知识产权》2016年第11期。

"一带一路"背景下企业对外贸易商标法律风险防控

李祺莹[*]

内容提要 "一带一路"背景下,我国企业对外贸易的商标法律风险具有发生频率高、风险种类多和风险后果严重的特点。本文通过对商标法律风险产生原因的探究和对风险防控必要性的分析,归纳出商标法律风险防控体系的完善方式。该体系的构建需要建立区域性的商标法律风险防控体制,提高企业在对外贸易中的商标法律风险防控意识,并增强企业在对外贸易中的商标法律风险承受能力。

关键词 "一带一路" 商标 风险防控

一、问题的提出

2017年8月31日,国家工商总局商标局在其网站上发布了一篇商标抢注预警,该预警指出,一名外籍商人对主要涉及玩具相关产品的共130多个中国玩具企业的厂名及商标在智利进行申请注册。商标局通过该预警提醒相

---

[*] 李祺莹,南京理工大学知识产权学院研究生。

关企业积极维权。❶

智利是中国发展"一带一路"倡议下的合作国家,而且随着"一带一路"倡议与拉美区域一体化的对接合作,中国与智利之间的合作还将进一步升级。合作的增多不免要带来新问题,此次预警暴露出我国企业在对外贸易中有可能会面对商标已经被抢注的情况,面临较大的商标法律风险。幸运的是,本次危机通过中国赴智利维权代表团的努力被成功化解。但此次预警不仅是给相关企业的预警,也是对所有进行对外贸易企业在商标领域的知识产权风险预警。因为还有很多类似危机没有能被及时预警或化解,我国商标在国外被抢注的案件仍然时常发生。因此,我国企业应该对对外贸易中的商标法律风险进行梳理,构建合理的风险防控体系。通过进行商标法律风险防控,为企业在"一带一路"倡议下的长远发展奠定良好的知识产权基础。

二、"一带一路"背景下企业对外贸易的商标法律风险特征

1. 商标法律风险发生的高频性

随着我国国家实力的发展,我国优秀的企业不断走出国门,开始探索国外市场。对外贸易企业数量的增长,不免引起"一带一路"沿线国家/地区政府和企业的关注。一方面,当地政府对我国企业产品的审查会更严格,如果出现商标违法问题会很容易被查扣;另一方面,当地企业和个人都会关注中国企业的商标漏洞,甚至会主动搜索还未到当地发展的中国商标,有较高知名度的商标更是问题频发的重灾区,我国知名老品牌被抢注的案件层出不穷。❷

2. 商标法律风险种类的多样性

(1) 商标抢注风险。商标抢注风险是最广为人知的一类风险,企业对商

---

❶ 李春:"工商总局商标局发出商标抢注预警通知后130多件被抢注商标'回归'",载 http://www.saic.gov.cn/sbj/gzdt/201711/t20171113_270304.html,最后访问日期:2017年11月13日。

❷ 刘晓春、高志达:"'一带一路'倡议中的知识产权风险与防范",载《中国对外贸易》2017年第5期。

标的规划缺乏前瞻性，没有及时对商标在海外进行注册，就有可能被竞争对手等抢占先机。

（2）商标诉讼风险。我国企业的商标纠纷一旦进入诉讼部分，企业就可能因为对当地诉讼制度的不了解而陷入劣势。而且在诉讼过程中，企业销售有涉案商标的商品可能会受到限制。还有的当地企业为取得这种竞争优势，会进行恶意诉讼。

（3）贸易壁垒风险。企业在进行商标注册时还将面临各种市场准入限制，当地政府出于保护本土企业的意图，会有意加大国外企业进行商标注册的难度。

（4）商标运营风险。我国企业在沿线国家/地区成功取得商标权后，在商标运营过程中还会遭遇困难。比如，部分国家进行商标保护的执法机制落后，"山寨品"等侵犯商标权的产品大量占领市场。

3. 商标法律风险后果的严重性

（1）维权成本高。我国企业的商标权在国外被侵犯后，企业将付出较大成本。比如聘请专门处理这类案件的律师，而这类律师需要精通国际法、知识产权法和当地语言等多种知识，企业将要支付高额的酬金。

（2）罚款数额高。我国企业在沿线国家/地区因为商标问题被查处，不仅产品会被没收，还可能要支付高额的罚款。❶

（3）损害国际商誉。支撑企业走国际化路线的重点就是企业需要把在国内的知名度扩大到国际范围，而风险后果会使得企业苦心经营的商誉毁于一旦。在全球化的今天，一个地点的商誉坍塌将导致连锁反应，使商标问题的不良影响扩大至全球市场。

---

❶ 刘介明、陈旭："企业海外经营中的知识产权风险防控能力研究"，载《知识产权》2017年第7期。

三、"一带一路"背景下企业对外贸易商标法律风险产生的原因

1. 沿线国家/地区的知识产权环境复杂

"一带一路"沿线国家/地区的知识产权法律发展程度不一，法律制度差别较大，执法水平也不同。部分东南亚国家虽然通过法律移植，商标立法水平较高，但执法水平没有跟上。部分西亚国家商标法律受到宗教制度的影响，商标中需要规避的宗教因素较多。

2. 企业对商标法律风险重视度不够

很多国内企业在国内发展之初是没有进行商标注册的，通常是具备一定知名度后才开始注册，我国相关的商标法律也会在一定程度上保护这些先使用人，但国外的法律不一定会关注先使用人的利益。"一带一路"倡议实施后，我国很多"走出去"的企业在此之前并没有在国外进行过商标布局，大部分企业不知道在当地进行商标注册的具体途径，商标被他人侵权后也不知道应该采用哪种维权手段。如果我国企业在国外发展时还不扭转自己的风险防控观念，就很容易遭受商标陷阱。

3. 企业商标法律风险防控能力不高

我国企业在外发展初期的规模一般较小，所以在总体规划上缺乏知识产权规划，在职能划分上没有专门管理知识产权的部门，在人事安排上没有专门处理商标事务的工作人员，使得企业的整体风险防控能力不高。

四、"一带一路"背景下企业对外贸易商标法律风险防控的必要性

1. "一带一路"倡议的内在要求

"一带一路"倡议的实施意义深远，国家以此实现和沿线国家长期的互利共赢。因此，在实施过程中，一方面要降低阻碍经贸合作的现有商标法律

风险,清除贸易过程中遇到的壁垒;另一方面要通过提升商标法律风险防控能力,实现发展的高水平性和长期性,使整个"一带一路"倡议成为有带头作用的发展战略,实现覆盖范围的再扩大。

2. 企业获取利益的新兴手段

企业主要追求的还是利益,利益主导着企业的发展方向。商标法律风险防控在短期内需要支出高昂的成本,但长期的商标布局必定能为企业带来更大的利益。因此,企业为了完善自身的发展模式,获取更多的经济利益,就不应该错过利用商标布局获利的机遇。

五、"一带一路"背景下企业对外贸易商标法律风险防控体系的构建

1. 建立区域性的商标法律风险防控体制

(1) 建立国家间的商标信息共享平台。我国商标局已经在其官网建立"商标海外维权信息平台",但该平台现有数据较少,还需要进一步丰富数据资源。我国政府完全可以和"一带一路"沿线国家协商,建立统一的商标信息共享平台,通过各国的数据共享,能够第一时间进行风险预告,并为各国的交易者提供专业的商标知识和最新案例。

(2) 建立商标法律协调机制。我国企业与当地企业之间发生商标纠纷时,二者之间没有缓和性的协商机构,而直接走司法途径的成本较高,不利于实现企业间的意思自治。因此,我国可以和沿线国家一起建立官方性的专门协调机构,为企业开拓解决矛盾的新模式。

(3) 建立商标法律援助机构。我国中小型企业在国外遭遇商标侵权等风险时,没有能力像大企业那样雇用专业人员解决问题,而中小型企业将成为"走出去"的主力军。[1] 因此,国家应该关注这部分弱势企业的问题,给它们提供商标法律援助,鼓励更多的小企业"走出去"。

---

[1] 乔铭瑞:"'一带一路'背景下知识产权法律问题浅析——以小型企业的出口贸易为例",载《佳木斯职业学院学报》2016年第6期。

（4）提升我国的话语权。我国作为"一带一路"倡议的主导者，可以积极通过双边或多边投资保护协定，谋求沿线国家/地区的法律协同。通过扩大区域话语权的方式，为我国企业营造更好的商标发展环境。

2. 提高企业在对外贸易中的商标法律风险防控意识

（1）研究当地商标法律制度。我国企业在沿线国家发展前一定要对当地商标法律有深度的了解，到当地发展后又需要对当地商标法律的实施情况进行摸底调查，并认真地遵守当地商标法律。企业还可以提前委托专门的中介机构进行调查。当遇到当地商标法律发展不完善的情况时，可以根据专门中介机构的预警提前做好风险防控准备。

（2）订立企业商标布局战略。订立商标布局战略可以使企业对自身的商标情况有清晰的了解，有利于企业在沿线国家的步骤性发展。这类商标布局战略可以和企业的国内商标战略既区分，又结合。"区分"体现在商标布局要适应对外贸易地情况的特殊性，"结合"体现在国内国外商标布局可以相互配合，最终形成体系化的商标布局。

（3）尽早进行商标注册。企业提早进行商标注册一方面能够为之后进入当地市场铺平道路，而且遇到商标注册上的错误还能有时间进行修正。另一方面提早注册能够防止他人的恶意注册，即使企业将来不进入当地市场，也能防止不良影响渗透到国内市场。

3. 增强企业在对外贸易中的商标法律风险承受能力

（1）善用协商手段。企业仍然应把协商手段当作优先考虑方式，争取把纠纷给企业带来的不良影响降到最低。协商手段的低调性可降低公众对纠纷的关注度，因为公众难以判断正确的侵权方，很容易对产生商标纠纷的商品产生怀疑。❶

（2）完善维权策略。企业应该有一整套程序完整的商标维权策略，当争议发生时能够及时地启动维权机制，防止因为前期准备的缺乏而陷入被动，或是错过重要的维权时间节点。

---

❶ 张婷、苏平："'一带一路'战略下我国与东盟国家贸易中知识产权风险防控对策探析——以企业的应对为视角"，载《电子知识产权》2017年第5期。

（3）合理利用国际贸易规则。企业应该积极利用国家间的双边、多边协议，或是国际性的纠纷解决机制。

（4）进行经验反思。相关的商标法律风险防控经验也是企业在发展过程中获取的宝贵"财富"，企业应该对这些经验进行收集总结。

六、结　语

在"一带一路"倡议下，企业将面对商标法律风险与机遇并存的情况，如何对风险进行合理把控是企业是否能抓住这个机遇的重中之重。因此，我国企业应该提高在对外贸易中的商标法律风险防控意识，增强风险承受能力，再通过风险防控体制的助力，使企业走出一条高水平的知识产权发展之路。

中国企业"走出去"的商标风险分析与防范

——以东盟自贸区为例

尹 洁[*]

内容提要 对于"一带一路"背景下走向东盟各国的中国企业来说,其会面临主要包括商标注册、商标侵权与被侵权两方面的商标风险,所以企业在"走出去"之前,需要在全面了解东盟各国商标法律制度的基础上,积极地进行商标注册活动,以及在将产品真正推进东盟国市场之前,需要对他人的在先权利进行全面的检索和建立企业商标的市场监控和管理制度,应对有可能发生的商标风险;中国政府亦应加强与东盟各国的法律交流与合作,以解决自贸区原有知识产权保护制度中存在的问题,并从资金援助、信息服务、引导和规范行业协会及社会中介组织三个方面为"走出去"的中国企业提供国家层面的支持、便利和保障。

关键词 "一带一路" 中国—东盟自治区 商标风险 风险防范

一、问题的提出

2017年11月,广东省汕头市澄海区的玩具礼品企业成功实现130多件

---

[*] 尹洁,南京师范大学法学院民商法方向研究生。

在智利被抢注商标的无偿"回归",体现了中国企业在商标海外维权方面的进步与决心。但就中国企业目前因商标问题所遭受的总体损失而言,中国企业和中国政府在海外商标风险的预防和应对上仍需要进行能力上的提高和制度上的完善,因当前国内超过 15% 的企业就仅因为知名商标被抢注的问题,已然承受了近 10 亿元无形资产的流失。❶

在以往中国企业与东盟国家的经贸往来中,中国企业就有多家因商标被在先抢注而被迫退出东盟国家市场,例如云南"999"蒙自电池厂、天津"飞鸽"车业制造有限公司等。在"一带一路"的推动下,中国—东盟自贸区展开了新一轮的深化升级,进一步推动了中国企业与东盟各国的贸易往来,同时也意味着贸易中现存的商标风险问题也会随着贸易的增多而日益突出、严重。而走向东盟的中国企业究竟会在东盟各国遭遇怎样的商标风险,又应当采取何种措施加以预防与应对,对此,本文将从企业和政府两个角度予以具体的阐释和解答。

二、自贸区贸易中主要的商标风险及其成因

(一) 商标风险的具体表现

中国企业在东盟国家所面临的商标风险主要包括商标注册的风险以及商标侵权与被侵权的风险。这两方面的风险发生既具有普遍性又具有特殊性,即上述提及的商标风险在东盟各国均有发生的可能,但在发生的概率和数量上会呈现不同,其中主要的影响因素是各东盟成员国的市场发展程度和对商标的法律保护水平。

1. 有关商标注册的风险

中国企业商品在进驻东盟国家的市场之前,其首先面临的商标风险就是有关商标注册的风险,具体表现为:商标被抢先注册的风险、商标不符他国

---

❶ 程玉伟:"企业'一带一路'中的知识产权风险",载 http://www.fabao365.com/zhuanlan/view_19532.html,最后访问日期:2017 年 11 月 10 日。

有关商标显著性规定或是违反他国有关商标的禁止性规定而不予注册的风险，以及商标侵犯他人的在先权利而无法注册的风险。❶

首先，对于商标被抢注的风险来说，这是中国企业在进军任何一个东盟国家前普遍所需要面临和解决的首要问题，而该类风险应当尤为企业所高度重视，因其一旦发生，对于任何企业来说都会造成不小的损失和打击。如云南蒙自电池厂的"999"电池商标和广州电筒工业公司的"虎头牌"商标就因分别在越南和印度尼西亚被抢注而被迫退出两国市场，其中云南蒙自电池厂更因此倒闭，故该类风险在一定程度上对企业可能会造成致命的打击，其应当被走向东盟国的企业所重视。

其次，对于商标因不符显著性规定或是违反禁止性规定而无法在东盟国家注册的风险来说，该类风险的发生通常由各东盟国有关商标的法律规定和各国的社会道德、国家政策等因素影响决定，故中国企业在进军不同的东盟国家前，应当多关注该国是否存在特殊的宗教信仰或者国家制度，从而规范自身企业商标内容的设计。其中，对于商标的显著性规定来说，东盟各国的商标制度对此要求基本一致，即要求商标应当具有显著特征、便于识别；而对于商标的禁止性规定来说，东盟各成员国虽对此均有规定，但其具体的内容因各国宗教道德、国家制度的不同而呈现多样性。如信仰伊斯兰教的文莱、印度尼西亚、马来西亚在商标的设计上禁用黄色和忌讳熊猫、猪、狗等元素，而对于仍保留皇室的文莱和泰国来说，其在商标内容的设计上则会更多对有关皇室的名称及其成员肖像等内容上作出明确的禁止性要求。❷

最后，对于商标因侵犯他人的在先权利而不予注册的风险来说，其是指企业商标的内容与在东盟国已获权的商标内容构成相似、类似，或是商标内容与东盟国内现存的版权等权利保护内容相冲突等情形。故对此，中国企业在申请商标注册前应当注意对东盟国现存的他人在先权利进行全面性的检索，以规避该类风险的发生。但该类风险在目前来说其通常难以完全规避，因当前东盟各成员国的相关信息公示因缺乏权威性国际合作平台的整合与更

---

❶ 贺宝梅：" 论企业商标管理的法律风险及其预防 "，载《楚天法治》2014 年第 12 期。
❷ 杨静、于定明：" 东盟国家商标制度之比较 "，载《河北法学》2007 年第 5 期。

新而显得不全面、不具体和不及时,从而使得检索环境上的问题直接导致中国企业对该类风险进行提前预防的困难。

2. 有关商标侵权与被侵权的风险

中国企业的产品商标在东盟国家市场中进行产品销售与推广时,还会面临商标侵权以及被侵权的风险。

具体来说,商标侵权的风险主要包括企业主动侵犯他人商标的风险和被迫侵犯他人商标的风险。其中,主动侵犯他人商标的风险是指企业生产使用与在东盟国家已享有知名度的品牌相近似的商标,以达到"搭便车"的不正当竞争目的而带来的法律风险,如 2016 年重庆力阳嘉渝摩托车有限责任公司向缅甸出口的摩托车因涉嫌侵犯"LOUJIA"商标,而被扣押摩托车 160 辆,货值 51.2 万元;此外,被动侵犯他人商标的风险主要是指上文所提及的因商标被抢注而导致的风险,即企业因没有注重商标注册的重要性和及时性,而在被他人在东盟国事先抢注后被指控侵权或者被要求退出东盟国市场的风险,如云南"999"蒙自电池厂所遭遇的情形,而目前该类风险的发生在东盟各国仍具有普遍性,故中国企业对此仍需加强商标积极注册的意识以及夺回被抢注商标的决心与能力。

而商标被侵权的风险主要是指中国企业产品在东盟国市场推行时所遭受的被其他市场主体仿冒、假冒等不法侵权的风险,如广西南宁手扶拖拉机厂生产的"桂花"牌农用拖拉机在越南就被大量假冒和仿冒。对于该类被侵权的风险来说,在各东盟国的商品市场中均有发生的可能,但在发展中的东盟国家市场中,该类风险发生的概率、被规避和企业维权的难度要大于其在发达东盟国家中所面临的情形。原因在于发展中的东盟国家正处于自主品牌的构建时期,市场主体模仿知名品牌的现象还较为普遍,此外,还因为某些东盟成员国的国内商标法律制度和司法环境还尚未完善,难以为产品商标提供公正而有效的法律保护。

(二)商标风险形成的主要原因

在分析中国企业在东盟国家市场中所面临的商标风险形成原因时,可从东盟国家和企业自身两个角度综合展开分析。

1. 东盟国家的原因

东盟成员国除了新加坡和文莱外,都是发展中国家,正处于培育国家自主知名品牌,利用创新推动经济转型的阶段。❶ 所以,在当前东盟各国市场中少有自主品牌的情况下,外国品牌的进驻通常会遭受其国内市场主体的商标权利侵犯。

从法律层面来看,东盟国家现存的商标法律制度问题同样会导致或加大中国企业所面临的贸易商标风险,其中主要包括立法、修法不及时以及法律规范获取困难的问题。从表1所示有关东盟国家商标法的立法和修法时间表分析可知:东盟各成员国有关商标权的立法、修法活动大多并不能根据时代经济的进步而及时地加以实施,更有甚者,如缅甸该东盟成员国至今还未构建有关商标法的相关法律制度;而立法制度的不完善必然会影响司法活动的公正和效率,从而无法为进驻该东盟国家的国外商品的商标权权益提供有效的法律保护,导致潜在的商标权风险。此外,从商标法律规范的获取上来说,东盟国家也并没有对此与中国政府进行积极的交流与合作以构建相应的法律规范信息公开平台,使得中国企业在进军其国内市场时往往会面临法律规范了解不全面的情形,从而加大中国企业海外注册商标不成功以及侵权与被侵权的风险。

表1 东盟国家商标法的立法和修法时间表❷

东盟国家	文莱	柬埔寨	印度尼西亚	老挝	马来西亚	缅甸	菲律宾	新加坡	泰国	越南
制定时间	1984	2000	1961	1994	1976	—	1947 1997	1938 1970	1991	1996
修订时间	2000	—	2001	2008 2011	1994 2000 2002		1998 2000	1998~ 2007 共6次	2000	—

---

❶❷ 张婷、苏平:"'一带一路'战略下我国与东盟国家贸易中知识产权风险防控对策探析——以企业的应对为视角",载《电子知识产权》2017年第5期。

2. 中国企业自身的原因

在分析中国企业进军东盟市场所面临的商标风险形成原因时，除了从东盟国家的角度解读外，亦要从中国企业自身寻求缘由。

一方面，目前中国企业的海外商标申请注册和维权的意识与决心仍旧不高，现如今中国企业的"中华老字号"即知名商标如"王致和""杜康酒"等依旧不断出现被国外抢先注册的情形，相应的积极诉讼维权行为却少之又少;❶另一方面，部分企业缺乏对他人合法商标权利的尊重，搭乘他人知名品牌便车的现象仍旧发生，以及部分企业的自身商标管理与保护能力依旧薄弱，无法有效应对他人的商标侵权行为和维护自身商标的形象及合法权益，从而导致企业海外侵权与被侵权的情况不断发生却没有改善。

综上，商标风险的形成原因是多方面且具有综合性的，除了东盟国家市场中潜在的商标威胁外，企业自身相关意识和能力的薄弱亦是导致风险增大或发生的因素之一。

三、有关商标风险的防范措施

（一）国家层面上的风险防范措施

对在"一带一路"的背景下走向东盟国家的中国企业，中国政府有义务在商标风险的防范提供相关制度和平台上的帮助和保障，以下主要从国际和国内两个层面具体展开相应的分析与探讨。

1. 对外的风险防范措施

在国际层面上，中国政府为"走出去"的企业在商标风险防范上提供相关的制度支持和平台保障是指：中国政府应当在原有中国—东盟自贸区所建立的知识产权制度的基础上，进一步加强与东盟各国的交流与合作，深化双方的合作领域和法律沟通，为中国企业提供包含商标在内的更为全面且便捷

---

❶ 程玉伟："企业'一带一路'中的知识产权风险"，载 http://www.fabao365.com/zhuanlan/view_19532.html，最后访问日期：2017年11月10日。

的知识产权制度保障和信息服务，具体包括法律协调机制的完善、争端解决机制的建立和知识产权信息共享平台的搭建。

中国与东盟已于2009年对知识产权保护和合作问题签署了《中国—东盟知识产权领域合作谅解备忘录》，构建了中国—东盟自贸区的知识产权基本框架，为自贸区内部的知产纠纷解决提供了直接的依据。但该备忘录在各国法律冲突的调整，以及有效的争端解决机制的建立[1]上仍然存在不明确、不统一、未涉及等方面的问题，故在当前"一带一路"的背景下，为包括商标纠纷在内的知识产权纠纷能够被有效且公正地处理和解决，中国政府应当主动出击，加强与东盟各国在商标法方面的沟通与交流，以实现法律协调机制的完善和争端解决机制的建立。

第一，在自贸区法律协调机制的完善方面，中国政府应当先加强与东盟双边对话机制的构建，即定期举办知识产权高层论坛或专题峰会，以加强双方对彼此包括商标制度在内的知识产权立法、执行和相关政策的了解，并在此基础上对法律分歧部分和重大问题进行磋商和协调。而后就需要对由双边对话机制所产生的磋商和协调成果进行落实，包括立法层面、司法层面或者政策层面的执行，对此还需中国与东盟设立相应的机构予以监督、审查和调控。[2] 此外，双方还可以探索制定相关的冲突规范予以援引应对。

第二，在构建自贸区内部有效的争端解决机制方面，由于当前自贸区内缺乏专门的执法机构和统一的执法合作机制而往往无法为被侵权的主体提供有效的法律保护，如南宁五菱桂花车辆有限公司生产的"桂花"牌农用手扶拖拉机在越南就遭遇到该类执法不到位的情形，对此中国与东盟应当增设知识产权的专门执法机构如专属管辖机构、常设仲裁机构、专门工作小组等，[3]以及加强双边的对话以通过磋商、协调和谈判等方式在执法程序、联合执法

---

[1] 吕娜："'一带一路'背景下中国与东盟知识产权保护与合作的法律协调研究"，载《云南行政学院学报》2016年第2期。

[2] 宋志国、贾引狮："中国—东盟知识产权保护与合作机制研究"，载《知识产权》2012年第4期。

[3] 吕娜："'一带一路'背景下中国与东盟知识产权保护与合作的法律协调研究"，载《云南行政学院学报》2016年第2期。

等内容上达成共识，并据此签署专门的知识产权执法合作协议以统一相应的执法标准，❶ 以便自贸区内所发生的商标纠纷在内的知识产权纠纷能够被更公正和更有效率地处理和解决。

第三，在自贸区知识产权信息共享平台的搭建方面，由于东盟各国的商标法律制度各不相同且相关法律信息检索困难，故中国政府应在此方面主动提供国家层面上的支持与服务，通过加强中国政府与东盟各成员国的知识产权机构之间的交流与合作，为中国企业搭建起"一带一路"知识产权信息共享平台。❷ 而该信息共享平台所提供的信息内容应当包括以下三个方面的内容：（1）在法律规范方面，应当包括东盟成员国有关商标法在内的知识产权法律规范（原文版以及译文版）以及中国与东盟通过高层磋商所达成的法律冲突协调成果；（2）在案件纠纷和热点问题整理方面，应当包含经典的商标侵权纠纷案件、商标注册异议案件，以及相关热点问题探讨等知识产权纠纷和热点问题；（3）在注册信息方面，应当包括已在东盟国在先注册的商标、专利等相关信息，为企业对他人在先权利的搜索提供直接且便利的获取途径。

2. 对内的风险防范措施

在国内层面上，中国政府能够为走向东盟的企业在商标风险防范方面，提供以下三个方面的支持与帮助。

首先，在商标注册、管理和保护方面，提供国家层面的资金资助。商标的域外注册、防御注册的受理费，以及诉讼维权开支等方面的费用，据调查显示其对于部分的中小企业来说，仍然是一笔较大的费用负担。故对于该类积极走向东盟市场的中小企业，中国政府应当在资金上提供一定的帮助与支持，以促进中国中小企业的对外贸易和品牌发展。

其次，针对不了解东盟成员国国内商标制度及其潜在风险的中国企业，

---

❶ 宋志国、贾引狮："中国—东盟知识产权保护与合作机制研究"，载《知识产权》2012年第4期。

❷ 刘晓春、高志达："'一带一路'倡议中的知识产权风险与防范"，载《中国外贸》2017年第5期。

中国政府可为之提供相应的知识产权预警服务。❶ 该预警服务可设立在上述所提及的知识产权信息共享平台上，而具体的服务内容指根据已发生的纠纷案件构建科学的预警系统，并在此基础上依据相关的指标参数等分析结果，提供相应的风险咨询、应急预案等，从而为缺乏风险防范意识的中国企业提供较为基础且可靠的东盟国知识产权风险信息，为其"走出去"提供信息层面上的安全保障。

最后，在域外商标注册、管理以及纠纷的解决方面，中国政府应当引导与规范行业协会以及社会中介组织❷在其中发挥积极的协助作用。其中，对于行业协会来说，各个行业协会中必然会存在与东盟国家有着多年贸易往来和商标纠纷处理经验丰富的企业，那么为避免其他走向东盟市场的年轻企业因商标纠纷问题而导致市场开拓的失败，国家应当积极引导和推进行业协会在企业间发挥的中介作用，以促进各企业对于商标注册、商标管理、商标纠纷的解决等问题上的经验交流和理论发展。

此外，对于社会中介组织来说，国家也应当重视其在域外商标问题解决上的积极作用。如在英美等发达国家，国内会有设立商标调查事务所❸这一社会中介机构，而该事务所除了提供商标的注册、管理等基础性服务外，还能够为域外商标纠纷的解决提供专业且规范的处理方案和人才服务。相对于我国现存的社会中介组织来说，其更具有专业性、规范性以及系统性，故我国政府应当对现存的社会中介机构进行相应的规范和治理、提供人才培养层面的帮助，以改善我国目前相关中介组织设置混乱、从业人员良莠不齐的情况，❹为我国企业的"走出去"提供社会中民间力量的支持。

（二）企业层面上的风险防范措施

针对东盟国家市场中潜在的商标风险，企业自身亦应当积极地发挥主动

---

❶❷ 丁佩琪："'一带一路'建设中知识产权风险防范分析"，载《现代营销》2016年第9期。

❸❹ 唐崛、贾引狮："中国企业开拓东盟市场的商标问题探析"，载《学术交流》2013年第12期。

性和能动性以维护自己品牌的商标权益,而具体的风险防范措施主要可从应对商标注册风险、商标侵权以及被侵权的风险这三个方面来展开探讨。

1. 应对商标注册风险的主要措施

应对在东盟各国有可能发生的商标注册风险,中国企业应当注意注册时间和商标内容两个方面的问题。

第一,注意注册时间方面的问题。企业应当积极进行商标的域外注册,极力避免商标被恶意抢注的情形发生。具体而言,企业应当在开拓东盟市场之前就进行商标注册的申请工作,并关注被申请东盟国有关商标审核程序的时间规定,以避免因时间上的延误而导致商标申请的失败。此外,企业应当关注商标保护期到期后的商标续展问题,以避免因超过时间期限而失去商标法律保护的权利,而具体东盟各国对商标的保护期间与表2所示基本一致,即均10年的保护期,只有缅甸对商标的保护期间有所不同,仅3年的保护期。

表2 东盟各国商标权的保护期具体情况❶

东盟国家	柬埔寨	老挝	马来西亚	泰国	新加坡	印度尼西亚	越南	菲律宾	文莱	缅甸
保护期	10年	10年	10年	10年	10年	10年	10年	10年	10年	3年
起算时间	不详	申请日	申请日	申请日	申请日	申请日	申请日	申请日	核准注册之日	商标首次使用之日
续展情况	可续展	可续展	可续展	可续展	可续展	可续展	可续展	可续展	可续展	可续展,每3年一次

第二,注意商标内容方面的问题。企业应当全面关注所申请东盟国有关商标内容的法律规定,以避免因商标不符显著性要求或者违反禁止性规定而导致的注册申请失败,以及对他人的在先权利进行全面的检索活动以避免因侵犯他人的在先权利而导致商标注册的失败。

其中,对于前者关于商标显著性要求和禁止性规定而言,中国企业应当

---

❶ 杨静:"论我国企业开拓东盟市场的商标战略",载《东南亚纵横》2007年第11期。

全面了解并分析其所要进军的东盟国家中有关商标内容的法律规定，并根据各国有关商标显著性和禁止性的法律规定来进行商标的设计和选择。尤其是对于有特殊宗教信仰和国家制度的国家，要格外注重其民众所忌讳的颜色、图案、动物以及皇室人员的名称、肖像、徽章等元素，[1] 以避免商标因违反该类内容而导致注册失败和无法使用。

对于后者，为避免因侵犯他人的在先权利而导致商标注册的失败，中国企业应当在商标注册申请前，利用上述所提及的由国家合作建立的相关信息公开平台进行全面的商标和作品检索，并据此对存在的相似部分进行主动的修改、更换，或者直接通过谈判收购的方式获得他人的相关权利，以保障商标注册的顺利进行。此外，为应对在商标注册后发生的该类型权利纠纷，企业还应当在日常活动中重视商标使用记录的保存，为纠纷的解决提供相关的事实依据和证据支撑。

2. 应对商标侵权的主要措施

商标侵权包括企业主动侵权他人以及被动侵权他人，而对于这两方面的商标侵权风险防范措施具体内容如下：一方面，在应对企业因主动侵权他人而面临的法律风险来说，企业应当提高对他人商标权利的尊重和主动申请商标使用的意识，并与此同时加强对自身企业商标形象的塑造工作。另一方面，对于企业因被抢注而面临被动侵权他人的情形，企业应当重视商标的注册行为，在注意上述提及的商标注册时间和商标设计内容的基础上，积极地获取商标权利以避免陷入被动的局面。

3. 应对商标被侵权的主要措施

企业在获得合法的商标权利后，其有权针对在东盟国家市场中所面临的侵权行为来主张权利，而其中被侵权的风险具体是指企业商标在东盟国市场中所面临的由其他市场主体仿冒、假冒商标行为而带来的风险。对此，企业所能采取的风险防范措施就是注重建立企业商标的市场监控和管理制度，以实现在面对他人的侵权行为发生时，有能力来规范化、系统性地维护自身的商标权益。

---

[1] 唐崛、贾引狮："中国企业开拓东盟市场的商标问题探析"，载《学术交流》2013年第12期。

而建立企业的商标市场监控和管理制度具体是指：企业应当投入一定的人力和物力对东盟国市场上出现的商标侵权行为进行实时性的监控和及时性的打击，以维护自身企业商标的形象。❶ 因企业的商标管理不仅仅包括商标的注册，更关键的是后期在市场推行中商标形象的维护问题，这关系着企业品牌的塑造和产品的推广与销售，故企业应当重视建立相应的商标市场监控和管理制度，以及时发现商标侵权行为，并可通过积极的磋商、谈判、调解、诉讼等手段来要求侵权者停止侵权行为，进而通过有效的打击行为来规范其他市场主体的竞争行为，最终维护企业自身商标的形象和权益。

四、结　语

在当前"一带一路"建设的背景下，中国企业应当在大胆走向东盟市场的同时，提前关注商标问题，即在制订相关的市场开拓计划之前预先规划与之匹配的商标战略布局，事先分析与研究有可能发生的商标风险，并对此准备相应的风险应对方案，从而为企业产品的市场推广在商标方面提供安全性和预防性的保障。此外，由于在东盟市场中所发生的商标风险部分是由于东盟国家的法律制度不完善、不透明、不统一而致，而该类由制度环境所引发的问题都无法让企业从自身的角度出发来予以解决，故对此中国政府有责任和义务为走向东盟国家的中国企业提供制度上的公正与安全保障，并积极地从国内和国际两个方面提供支持与帮助。

---

❶ 程玉伟：《企业'一带一路'中的知识产权风险》，载 http：//www.fabao365.com/zhuanlan/view_ 19532.html，最后访问日期：2017 年 11 月 10 日。

"一带一路"背景下我国中小企业商标国际注册对策

曹金娅[*]

内容提要 商标国际化是企业全球化战略的重要内容,而商标国际注册必然是其中的第一步。在积极构建我国政府倡议的"一带一路"区域性发展蓝图过程中,我国中小企业必须克服其在商标国际注册中存在的问题,增强保护意识,充分了解商标国际注册的各种方式并做出合理选择,积极注册国际商标,在"一带一路"背景下,顺应潮流利用优势资源,完成企业转型。

关键词 "一带一路" 中小企业 商标国际注册

"一带一路"倡议既是我国加强与沿线其他国家/地区合作的方案,也符合中国推进对外开放,谋求更深层次发展的需求。中国企业要积极顺应这一趋势,在"一带一路"倡议下"走出去"的过程中树立属于自己的品牌形象。

"一带一路"倡议给我国各企业的发展提供了难得的机遇,同时,由于"一带一路"沿线国家/地区大多知识产权发展指标偏低,法律制度复杂多样,对于中国企业特别是中小企业开拓海外市场而言,同样充满挑战。[①]"由

---

[*] 曹金娅,南京师范大学法学院研究生。
[①] 王莲峰、牛东芳:"'一带一路'背景下我国企业海外知识产权风险应对策略",载《知识产权》2016年第11期。

于历史和传统文化等多重因素的影响,中国企业往往只重视有形资产的积累",❶ 知识产权等无形资产对于中国中小企业而言完全是舶来品,因此中国中小企业在发展过程中往往忽视了对其企业品牌树立而言极为重要的商标战略。全球化背景下,企业要想创立国内外知名的品牌必须重视商标的"走出去"。而商标国际注册是企业进行商标国际化扩张的第一步,因此,"一带一路"背景下我国中小企业若想顺应趋势获得更好的发展,必须积极进行沿线国家/地区的商标注册。

一、中国中小企业商标国际化注册中面临的问题

1. 商标意识淡薄,商标国际知名度低

中小企业具有规模小、竞争能力弱的特点,在过去很长一段时间的发展过程中,我国中小企业大多依赖价格战略和贴牌战略在国际市场中生存。❷ 价格战略主要依靠的是丰富的廉价劳动力资源和廉价原材料市场,随着我国经济的发展和人口红利的逐渐减少,中小企业已难以依靠廉价优势参与国际市场的竞争,发展面临困境,迫切需要升级转型;贴牌加工是目前我国中小企业出口的另一主要形式,由此导致目前中国中小企业商标的国际知名度低,不利于企业的长期发展和综合竞争力的提升。"2013 年我国工商部门登记的中国国内企业注册商标约有 170 万件,而当时中国共有 3 000 余万家企业",❸ 这就意味着将近 95% 的中小企业在其发展的过程中没有运用属于自己的注册商标,商标意识薄弱。近年来,随着全球范围内对知识产权保护的重视,这一情况有所好转,但是由于我国并未规定商标强制注册,不少中小企业抱着出名后再注册的心理,对于商标注册依旧不太积极。

2. 国内商标国外频繁被抢注,商标纠纷日益增多

商标保护的区域性特征给恶意抢注带来了可能。随着我国企业在全球市

---

❶❸ 左琳琳、于海涛:"企业商标保护浅析",载《经济研究导刊》2013 年第 13 期。
❷ 陈贤凯、宋炳辉:"品牌海外发展的基础、挑战与应对——以广东省为样本的研究报告",载《法治社会》2016 年第 6 期。

场上的不断扩张，企业拓展市场中遭遇的商标纠纷也日益增加。"据国家工商管理总局提供的数据显示，从20世纪80年代至今，共发生2 000多起中国出口商品的商标在海外被抢注的案例，每年无形资产的损失达到10亿元人民币"。❶ "王致和"商标在德国被抢注，"英雄"牌自来水笔的商标则是在日本……"据1996年3月的不完全统计，国内有15%的品牌在海外申请注册时已发现被抢注，更为遗憾的是国内许多企业对此仍一无所知"。❷

传统观念认为，只有知名企业才会面临商标被恶意抢注的风险，且影响力越大的商标越是容易被抢注。但是从近几年的发展来看，越来越多的中国商标在域外被恶意抢注，且逐渐波及国内中小企业。随着类似于"冠生园"商标的维权与保护策略等案件的出现，唤醒了更多意图打开国际竞争新篇章的中国企业的商标防抢注意识。但是，中小企业规模较小，资金有限，往往对国际市场的发展前景持怀疑态度，商标意识薄弱，缺乏前瞻性的商标国际化战略，忽视商标的国际注册的重要性，❸ 日益面临在国际上被抢注的风险。一旦中小企业的商标在海外被恶意抢注，做出开拓海外市场的决定后企业将面临难以承担的高昂诉讼和协商费用并可能被迫放弃原本属于自己的商标，给企业品牌的对外扩张造成巨大的损失。

"一带一路"倡议下，我国中小企业若想把握时机必须在海外经济活动中使用自主品牌。而商标是与品牌相辅相成的，企业发展自主品牌必须重视商标国际注册战略，提高商标保护意识，防止恶意抢注。

二、我国企业商标国际注册的主要方式及其不足

1. 马德里商标国际注册

马德里注册是指"依照《商标国际注册马德里协定》《商标国际注册马

---

❶ 熊英、别智："经济全球化背景下企业商标国际注册研究——以'王致和'商标海外维权案为切入点"，载《河北科技大学学报》2010年第1期。

❷ 左琳琳、于海涛："企业商标保护浅析"，载《经济研究导刊》2013年第13期。

❸ 熊英、别智："参与国际竞争积极进行企业商标国际注册"，载《现代企业》2008年第12期。

德里议定书》,以及《商标国际注册马德里协定书与协定书共同实施细则》,在众多马德里协定和协定书成员国进行的商标国际注册"。❶ 根据马德里注册方式,成员方的公民,在其国内申请了一个商标之后,即可向世界知识产权机构申请国际注册。国际局在此之后即向该公民要求的保护国发出通知。若申请保护国在规定的时间内不提出驳回,则认为该商标在相应国家获得了注册。因为根据马德里注册规则申请保护国可以为多个国家,所以申请人只需向国际局申请办理一次注册手续,支出一次费用便能在几个国家或地区得到国际注册。2017年国家工商总局商标局颁布的通知更是对于马德里注册过程中的申请材料和手续进行了进一步的简化。同时,马德里注册方式仅要求申请人在本国有过相关商标的申请记录并不要求切实注册,因此商标的国内、国际注册可以同时进行,此外还可以在此基础上享有《巴黎公约》给予的优先权,保护更加及时、高效。马德里注册方式的简便经济,是我国中小企业商标国际化注册的良好选择。

但是,我国中小企业根据《马德里协定》的相关规定进行注册也存在不少弊端。(1)地域方面的限制,能够通过马德里方式进行国际注册的前提是申请保护国必须是相关协定的成员,但是由于该相关协定的成员大多为欧洲国家,不少与我国经济交往密切的"一带一路"国家例如缅甸、菲律宾、老挝等均不属于其成员,我国的外贸企业若想在这些国家获得商标注册则不能通过这一方式。(2)马德里注册的"中心打击"规则使得申请注册企业面临较大的法律风险。"中心打击"规则是指依据《马德里协定》的规定,企业在获得相应的国际注册后,若在5年内"基础注册或者申请被全部或部分被驳回、撤回、注销、撤销、放弃或宣布无效,那么,效力及于所有指定国",❷ 该商标将不能再依据马德里注册获得国际商标注册,这一釜底抽薪的规则使得通过马德里注册方式进行国际注册的企业面临难以预料的风险。(3)根据马德里注册方式进行的商标注册在程序上要经过国内、国际、各申请国等多个相关的机构组织,中间流转环节较多,文件传递存在风险,同样

---

❶ 徐棣枫、沈晖:《企业知识产权战略》,知识产权出版社2010年版,第187页。
❷ 同上书,第191页。

有诸多安全隐患。

2. 欧盟商标国际注册

根据《欧洲共同体商标条例》的相关要求，任意《巴黎公约》成员方的国民可以利用市场协调局这一组织以欧盟商标国际注册的方式成为欧洲共同体商标的所有人。我国是《巴黎公约》的成员，所以我国公民可以依此方法成为欧共体商标所有人，因此这一注册方式也成为我国企业在欧洲各国申请商标注册的惯用战略和手段。欧盟作为在多个方面高度一体化的区域合作共同体，他国国民依照欧盟商标国际注册的方式向欧盟各成员国申请的相关程序更加类似于在单一国家进行的程序，整体注册不再需要延伸程序更为方便。同时，相比于马德里注册方式，欧盟注册不存在"中心打击"规则，国际注册与本国商标申请注册情况并不挂钩属独立的商标注册，注册面临的风险更小。

通过此方法注册欧洲共同体商标同样也存在如下缺陷：（1）欧盟协调局对提出申请的相关商标显著性方面的要求相对较为严苛，且如若有人在其中一个成员提出异议，只要一旦成立审查机构将会把该商标的欧盟注册整体驳回。显著性偏低的商标通过欧盟国际商标注册方式来进行商标国际注册所面临的风险相对更高。（2）相比于其他方式，通过欧盟协调局进行的注册费用更高，高昂的支出恐怕也会成为我国各新兴中小企业在推进外贸发展过程中遭遇的另一大困境。（3）地域范围同样也是在"一带一路"倡议下我国选择欧盟商标国际注册方法进行商标国际注册的中小企业所面临的问题。"一带一路"区域协同发展惠及的国家遍布东南亚、中东、北非、中欧，多数国家并不属于欧盟成员，我国中小企业以这些国家或者地区作为申请保护国时则不宜选择欧盟国际注册的方式。❶

3. 逐一国家申请注册

除上述根据相关协定、条约进行多个国家统一注册外，企业进行商标国际注册还可以选择根据不同申请保护国各自的商标法规，向各个申请保

---

❶ 徐棣枫、沈晖：《企业知识产权战略》，知识产权出版社 2010 年版，第 191 页。

护国直接提交相关文件逐一在其国内进行注册。只要存在商标，提供注册商标保护的开放国家，就可依其国内法进行商标国际注册，适用范围广。且根据《巴黎公约》第6条❶的规定，在《巴黎公约》成员方进行商标注册逐一申请过程中申请保护国不得以该商标的申请人本国的在先申请或注册为商标国际注册申请的前提，所设门槛更低。这是逐一注册的另一个优势所在。

逐一国家申请注册依据的是申请保护国的国内法，因此，企业要想通过逐一国家申请的方式获得商标国际注册，必须对申请保护国商标注册的程序和要求具有充分的了解。"一带一路"沿线国家/地区历史文化、法治背景差异巨大，各个国家尚未形成统一的商标注册法规体系，各国规定迥异。同时，不少沿线国家对外开放尚处于发展中阶段，目前我国国内鲜有对其商标法规进行研究的学者，也缺乏专门的商标注册代理机构，且短期内恐难以成规模地得到发展，对于我国中小企业而言或将是一个不小的挑战。

三、"一带一路"背景下我国中小企业商标国际注册的对策

1. 加强商标保护，积极筹备国际注册

近几年随着劳动力、原材料等价格的不断提高，我国将一步步告别以廉价参与竞争的阶段。长期依赖贴牌战略和廉价政策处于全球产业链底端的中小企业，将面临新的冲击。"一带一路"将成为中小型企业成长转型的一个契机，其沿线部分国家经济发展起步较晚，依旧拥有廉价的劳动力和原材料市场，适宜传统制造业的发展同时又拥有广阔的市场，我国中小型企业可以将部分国内的传统制造业转移至其他国家/地区，以实现产能的升级转型和经济互惠。但是在此过程中，若想维持长期稳定的发展并顺应国际型企业发展的趋势，各中小型企业必须增强商标保护意识，提高品牌影响力。同时要

---

❶ 《巴黎公约》第6条规定："对本联盟国家的国民在本联盟任何国家提出的商标注册申请，不得以未在原属国申请、注册或续展为理由而予以拒绝，也不得使注册无效。"

积极筹备商标海外注册,在借助输出国资源的同时开阔市场,提升企业在海外的影响力。

2. 根据企业中长期发展规划,准确界定商标国际申请的保护国

中小型企业由于受到规模实力等的限制,大多不会把全球或者所有"一带一路"沿线国家/地区作为其未来发展的目标输出国。而由于商标保护的地域性特征和各个国家商标法规的不同,特别是"一带一路"沿线国家/地区的法律状况迥异,企业在任何一个国家或地区的商标注册都面临一定的困难。因此,我国中小企业在对外发展之前要积极制定企业未来中长期发展规划,列好企业产品、资金输出国家、地区清单,并"根据清单、产品种类和性质,结合企业实力和发展需要,有所侧重和选择地指定保护国度,确保在重点国度能够注册"。❶ 在有重点地实施商标国际注册的同时,也要根据企业未来发展的趋势适时、分批地在其他可能的输出国进行商标注册。这便可以较为有效地利用中小型企业有限的人力物力资源,防止注册面铺得太大而导致资源的浪费。❷

3. 了解国际注册的各种方式,并依据实际情况进行选择

根据上述分析商标国际注册的方式多种多样,企业在采取相关举措之前必须充分了解各种方式的具体规定进行优缺点的对比分析后选择最适宜的方式,以期减少注册费用,降低失败概率。同时,因为各种注册方式各有利弊,我国中小企业应当理性分析,选择最适宜的注册方式。例如,目标输出国多为欧洲国家,且企业资金较为雄厚的可以选择欧盟商标国际注册,注册环节少,手续简单快捷;而对于目标输出国多为马德里协定的成员方的企业而言,马德里注册不失为一个合适的选择。此外,由于欧盟注册费用较高,我国中小企业在商标国际注册过程中也可以选择通过马德里注册申请以欧盟成员国为指定保护国的方式,充分利用马德里注册的优势条件。

---

❶ 薛缤勇:"关于指导企业进行商标国际注册的体会和思考",载《中国工商管理研究》2012年第11期。

❷ 冯晓青:"企业商标国际注册及商标国际化经营战略略论",载《商业研究》2008年第1期。

4. 做好商标设计和查询工作

商标的重要作用是区分不同产品的制造商，因此商标必须相互区别。无论选择何种方式进行商标国际注册，核准机构对于申请商标都有显著性的要求，"一带一路"沿线不同国家/地区的法律对于不予核准注册的规定也各不相同。❶ 因此，我国中小企业在进行商标国际注册之前必须做好商标设计和查询工作，防止根据目标保护国法律导致商标申请被驳回。同时要尊重文化差异，将商标内涵与市场国文化紧密结合，以使其更容易被市场国民众接受，更有助于培养消费群体，为商标的价值增添魅力。另外，为了提高注册的成功率，企业在进行国际注册时，实有必要聘请本国及申请保护国的商标代办机构对申请保护国的注册商标进行查询。不然，商标注册失败可能会带来一系列无谓的浪费。申请前的查询能够较为高效地减少注册的随意性，可在一定程度上降低中小企业的相关成本。

5. 积极进行国内商标注册

我国部分中小型企业是纯粹的出口外贸企业，其商品并未在国内进行销售，或者部分商标根据企业的发展战略仅适用于某一特定的产品市场国，因此往往不在国内注册商标。但是无论采取何种方式的国际注册，相比国内注册均有着更高的程序要求，难度更大，因此往往导致企业商标国内注册和国际注册申请上的时间差。国内注册后享有的优先权可以在一定程度上避免由于两次申请时间的差异导致的商标恶意抢注。此外，若企业选择马德里商标国际注册方式，根据其要求必须有本国申请在先，因此，积极进行国内商标注册也可以为马德里商标国际注册提供前提和基础。

四、结　语

我国要想在"一带一路"倡议下获得发展的先机，必须重视中小企业的发展，给予其必要的支持和帮助。各中小企业作为经济市场的主体更要积极

---

❶ 熊英、别智："企业商标国际注册的策略"，载《中华商标》2009年第2期。

顺应发展，了解"一带一路"沿线国家/地区复杂的法律文化背景，重视商标保护，积极进行海外商标设计和注册申请。要善于制定符合企业发展规划的商标国际注册战略，努力在沿线国家市场站稳脚跟提升知名度，为品牌全球化发展打下基础。

论"一带一路"建设进程中商标注册与在先权利保护的冲突
——以"乔丹"案为视角

刘 敏[*]

内容提要 2016年12月7日，最高人民法院对乔丹商标侵权案作出再审终审判决，使得历时4年多的"乔丹"案终于尘埃落定，而该案再审的改判结果一时间在理论界和实务界掀起阵阵高潮。本文拟通过对"乔丹"案进行厘清与研究，透视该案涉及的主要争议焦点，结合该案对新《商标法》第32条规定的有关商标注册与在先权利保护冲突的规定作出新解读，以期对日后相关理论研究和司法实践的处理有所裨益，也对未来我国更好地融入"一带一路"建设中涉及的知识产权中在先权利保护的途径和完善带来新启示、新思路。

关键词 "一带一路" 商标注册 在先权利保护

一、"乔丹"案回顾

2012年10月31日，迈克尔·杰弗里·乔丹以"乔丹"争议商标的注册损害其姓名权，违反2001年《中华人民共和国商标法》第31条关于"申请

---

[*] 刘敏，江苏大学法学院研究生。

商标注册不得损害他人现有的在先权利"的规定等为由,向国家工商总局商标评审委员会申请撤销乔丹体育的 78 件相关注册商标。2014 年,商标评审委员会作出裁定,未支持迈克尔·杰弗里·乔丹的主张,维持了全部争议商标的注册。迈克尔·杰弗里·乔丹不服,向北京市第一中级人民法院提起行政诉讼。经审理,一审法院作出了维持商标评审委员会裁定的判决。随后,迈克尔·杰弗里·乔丹向北京市高级人民法院提起上诉,但二审法院同样没有支持其主张。2015 年,迈克尔·杰弗里·乔丹又向最高人民法院就其中 68 个案件提起再审申请,请求判令撤销一审法院和二审法院的行政判决书、商评委的争议裁定书,并责令商标评审委员会重新作出裁定。2015 年 12 月 18 日,最高人民法院对商标争议行政纠纷共 68 个案件进行再审审查,并决定提审其中的 10 个案件。

鉴于该案案情冗长且较为复杂,本文不予详述,具体案情详见最高人民法院再审判决书。❶ 显而易见,该案涉及的法律问题比较多,但是本文仅针对该案最核心的法律问题进行分析论述。综合分析该案案情,最核心的争议焦点是:争议商标的注册是否损害了再审申请人迈克尔·杰弗里·乔丹就"乔丹"主张的姓名权。下文将主要围绕这一核心争议焦点进行展开论述:先对商标注册与在先权利保护的法律规定即新《商标法》第 32 条规定的适用进行解读,再结合该案案情进行具体分析,以期为相关司法实践的处理提供新角度、新思路。

二、商标注册与在先权利保护——对新《商标法》第 32 条适用的解读

根据新《商标法》第 32 条的规定:"申请商标注册不得损害他人现有的在先权利,也不得以不正当手段抢先注册他人已经使用并有一定影响的商标。"该条款其实分为前后两段,前段涉及的即为该案的核心争议焦点所在:

---

❶ 最高人民法院再审判决书:(2016)最高法行再 27 号。

商标注册与在先权利保护的冲突；后半段则是关于先用权的规定，本文不予论述。本文主要针对"乔丹"案所引出的商标注册与在先权利保护的冲突问题进行论述，下面将对该问题在法理上进行解读。其实对于这个问题，法律并没有太多的规定，仅在新《商标法》第 32 条的前半段进行了明文规定，但是似乎对于司法实践的相关问题的处理并无明确的指引。下文将结合相关法律法规司法解释等规定，对判断申请商标注册是否损害他人现有的在先权利的判断标准进行理论上的厘清与解读，笔者认为至少包括以下几个方面。

1. 被侵权人对所争议商标是否享有在先权利

判断申请商标注册是否损害他人现有的在先权利，一个很关键的前提是被侵权人对所争议商标是否享有所主张的在先权利，其主张的在先权利是否属于法律保护的范围。《商标法》第 32 条对所谓的"在先权利"并未予以具体的明确列举，仅是概括性的规定，毕竟民事主体依法享有的民事权益多种多样，在立法上难以穷尽地列举。但是对于商标法无特别规定的，可以根据《民法总则》《侵权责任法》和其他法律的规定应予保护，且在争议商标申请日前已由民事主体依法享有的民事权利或者民事权益，理应依据该概括性规定给予保护。又根据《侵权责任法》第 2 条第 2 款规定："本法所称民事权益，包括姓名权……人身、财产权益。"据此，这些权利均可构成《商标法》第 32 条规定的"在先权利"的范畴。❶ 因此，在司法实践中处理类似具体的案件，首先应该考察的即为被侵权人所主张的在先权利是否属于《侵权责任法》第 2 条所规定的民事权益的范畴；然后再根据所主张的在先权利具体判断其是否依法享有，这就涉及每项具体民事权益的内涵所在。

2. 侵权人是否有侵权行为的存在

商标注册损害他人在先权利作为一种侵权责任，在确认侵害的客体是他人在先权利后，另外需要考察侵权人是否有侵权行为存在，即侵权人的申请注册商标的行为是否客观上侵害了被侵权人的在先权利。其实有关这一判断标准，其可能更多地依赖于上一条标准，毕竟若已确定被侵权人依法享有其

---

❶ 谢湘辉：《知识产权权利冲突解决论——以保护在先权利为视角》，武汉大学 2013 年博士学位论文，第 16 页。

所主张的在先权利,那就要看侵权人申请注册的商标是否客观上侵害了被侵权人的在先权利。换句话说,这需要判断侵权人申请注册的商标客观上与被侵权人所主张的在先权利的界限是否有重合之处,这是该标准的关键所在。当然,理论上可能有点抽象,但要放到具体的司法实践中就更容易理解,当然这一标准的运用还涉及法官自由裁量权的运用,法官应当结合具体案件事实,综合各方情况,更合理准确地判断侵权人申请注册的商标客观上与被侵权人所主张的在先权利的界限是否存在重合之处。

3. 侵权人是否存在明显主观恶意

判断申请商标注册是否损害他人现有的在先权利,自然还应该考虑侵权人是否存在明显主观恶意。侵权人申请注册商标时是否存在主观恶意,其实是判断争议商标的注册是否损害被侵权人现有在先权利的重要考量因素。而对于侵权人主观恶意的判断,需要从侵权人的客观行为表现去判断,在司法实际案例的处理中,同样需要法官充分发挥自由裁量权,综合把握各方的因素,准确判断侵权人到底是否存在明显的主观恶意。

三、"乔丹"案的具体分析——在先权利的确定

以上是司法实践中适用该法条的思路所在,下面将运用上文的思路,结合"乔丹"案的具体案情进行剖析。因"乔丹"案毕竟作为个案,其涉及的是侵犯在先权利中姓名权的实际案件,故下文将主要针对商标注册对姓名权侵犯的角度进行具体分析。

1. 被侵权人迈克尔·杰弗里·乔丹对"乔丹"享有姓名权

(1) 根据新《商标法》第32条的规定,应当对于权利人合法享有的民事权益适用在先权利的认定而予以合法保护,如此兜底性的规定也有利于符合经济社会不断发展和保护民事主体合法权益的需要。又根据《侵权责任法》第2条的规定,该案中涉及的姓名权确实属"在先权利"的保护范畴。所以依照《民法总则》第110条、《侵权责任法》第2条的相关规定,姓名权作为自然人个人在基本法律规范领域内予以合法保护的民事权益,一旦他

人未经其本人许可擅自将其姓名注册为商标,进而导致大众误认为标记有该商标的商品或者服务与该自然人存在代言或者许可等特别联系的,应当认定该商标的注册损害他人的在先姓名权。

（2）该案中因"乔丹"是被侵权人英文姓名"Michael Jeffrey Jordan"中"Jordan"的中文译名,所以该案中的权利人能否就其中文译名或部分译名主张享有姓名权也成为考察是否侵权的因素之一。对于上述争议,无论是法理界还是司法实务界,都存在相左的意见,但是就自然人能否就特定名称作为姓名权予以保护,可以从如下必要条件进行分析：首先,该特定名称已为普通大众所知晓,具有一定知名度；其次,相关公众在现实生活通常会用该特定称谓指代某人；再次,该特定称谓已经使得人们认为与该自然人就是一一对应关系。❶ 在解决该案所涉及的在先姓名权与注册商标权的权利冲突时,应该合理确定在先姓名权的保护标准所在,从而实现权利人和商标权人冲突能够合法合理地予以解决。换言之,我们不能简单地认为注册商标中含有某人姓名的全部或部分称谓,就认定损害了在先姓名权,当然,也不能按照商标评审委员会所主张的那样,自然人所主张的姓名权必须以该自然人形成"唯一"对应为充分条件,这样的标准未免太过于严苛,对自然人来说是极不公平的。同时还需要说明的是,姓名权人对其姓名的使用行为并非其姓名获得在先权利保护的必要条件。故在该案中,被侵权人迈克尔·杰弗里·乔丹和其授权的耐克公司是否主动使用"乔丹"这一事实,对被侵权人在该案中主张的姓名权并无任何直接影响。综上并结合该案的相关证据都足以证明"乔丹"商标在我国具有相对较高的知名度,且为相关公众所知晓,我国相关公众也通常以"乔丹"指代迈克尔·杰弗里·乔丹,且这两者之间形成了稳定的对应关系,所以说被侵权人迈克尔·杰弗里·乔丹对"乔丹"依法享有姓名权。

2. 侵权人乔丹体育确实存在侵权行为

因为侵权人乔丹体育将"乔丹"注册成商标,将会使该案争议商标"乔

---

❶ 徐文雯：" 商标注册中在先权利的保护——论《商标法》第31条",载《法制博览》2012年第11期。

丹"被相关公众误认为与被侵权人迈克尔·杰弗里·乔丹具有某种关联性,如代言或许可等特定的联系。而由上面的分析可知,被侵权人迈克尔·杰弗里·乔丹对"乔丹"依法享有姓名权。而且结合该案的相关证据,如乔丹体育在《招股说明书》之"品牌风险"已经提到,其已经认识到相关公众容易将"乔丹"与被侵权人迈克尔·杰弗里·乔丹相互联系,可能导致相关公众误认的情形。

3. 侵权人乔丹体育存在明显主观恶意

结合以上分析和该案案情,再加之该案的相关证据都足以证明侵权人乔丹体育,在明知他人姓名名称知名度的前提下,却仍注册与之相同的商标,且不能就该商标使用的缘由给出合理且令人信服的解释,其一系列行为足以认定,至少可以推定侵权人具有主观恶意,同时也是对诚实信用原则的漠视,此争议商标确实侵害了姓名权人的在先姓名权。即使争议商标申请人即侵权人乔丹体育经过多年的经营为该商标的商誉累积作出一定贡献,但这并不能合理化其恶意的注册行为。

四、在先权利保护的途径与解决措施

由上述案例可知,我国自加入 WTO 以来,国际贸易日益频繁,将会出现更多知识产权的交叉,那么,如何在国家或地区之间实现对知识产权在先权利的保护也逐渐成为关注的重点,根据上述具体案例分析,可知当前知识产权在先权利保护中存在权利主体、保护效力上认定的争议,以下将就上述存在的问题进行分析,进而提出在先权利保护的具体路径。

1. 确定在先权利的范围

《商标法》的规定中出现了"在先权利"一词,但是并未就该词作出规范性的解释,作为一个开放性的抽象概念,在上述案例中展现得一览无余,各级人民法院在审判实践中对此就有不同的理解存在。不过可以想见的是,为了能够克服法律规范的滞后性,在新出现的法益形式都会在司法实践中得到有效的保护,而这种保护的初衷就是确保这种新的形式不会被他人所利用,这对于日新月异的市场竞争秩序的保护具有不可替代的作用,虽然不可避免会出现在先权利解释的困难和争议。从广义上来说,无论是法律法规有无明文规定保护的民事权益都应当成为在先权利,对于商标注册具有阻碍作用。从狭义上进行考量,则应当将知识产权保护以外的权利都排除在在先权利范围之外,在先权利只是一种为应对知识产权保护新情况的补充。❶

尽管对于在先权利的理解和适用有所不同,但不可否认的是争议并不应当在权利范围的认定上出现。即使是对于我国《商标法》第9条、第32条所涉及的"在先权利"的理解与法条适用存在不同见解,无论是根据《著作权法》《民法总则》还是根据《商标法》的在先权利条款予以保护,其应当体现的保护在先权利的法理精神并无二致。《最高人民法院关于审理商标授权确权行政案件若干问题的意见》指出,人民法院在审理类似侵权案件时,涉及讼争商标是否侵害在先权利,如果商标法对此已经有了明确规定的,则适用商标法的特别规定,如果没有特别的规定,但是在《民法总则》或其他法律规范上应属法律保护的法益时,则应当适用一般性的规定进行保护。这一解释的精神也是按照法律在具体实践适用中的具体要求进行的,并没有对在先权利的范围作出否定性之规定。由此可以看出,无论是援引商标法的有关规定,还是适用一般法律规定的解释,在先权利不仅仅是法律法规所具体规定的权利,而应当是法律法规所进行保护的合法权利和利益的共同体。只是两者所依据的法律规范不同而已,在保护的效力上会产生位阶上的区别,仅此而已。比如上述案例中通过《民法总则》所保护的姓名权,则以之申请并不会侵犯人格权,如果按照商标法以外的规范来妨碍商标的注册,并不能产生禁止注册或撤销的法律后果。因为对于商标注册行为而言,并不存在直接使用他人在先权利的情形,而发生侵权的是商标的实际使用,在实际使用过程中会出现侵权行为产生侵权的法律后果。

2. 设立权利共存制度

该项制度的实施,首要前提就是要在立法上对商标权和在先权利的共存

---

❶ 董翔翔:"浅谈名人姓名权与商标权的冲突",载《经济与管理科学》2012年第3期。

作出规范，通过对两者权利之间的利益进行平衡，防止在出于善意或者非竞争情况下运用权利时所出现的权益冲突，就如案例中所分析的一样，侵犯在先权利的重要构成要件是主观上存在恶意，如属善意或非竞争性情形下，也是有助于维护权利人现有的市场规模和商誉价值的。如果能够在维护两者合法权利的同时，做到两者之间的相互平衡，也能够起到维护市场经济秩序稳定的效果。在日本，有学者主张只要在实际使用过程中，能够从根本上做到明显区别，不易发生混淆，可依照知识产权的属性不同从而作出区别性的规范。在立法层面上，设立知识产权共存制度，允许合法先用的在后权利能够在肯定在先权利的基础上确定下来，将之与他人合法享有的在先权利能够同时存在，也就是说，在审查时他人所依法享有的权利进行合法保护，不能够在根本上以在先权利的保护否定在后权利的合理存在。❶

3. 完善强制许可制度

如前所述，如果在权利冲突中，必须要严格适用保护在先权利原则，根据商标法的相关规定，其导致的法律后果就是对在后权利进行撤销，但同时我们也应当认识到，在司法实践中严格适用该规则，极有可能会导致对在后权利人权益的不合理损害，所以在实践中有必要进行利益的衡量，从而考虑在后权利人有无其他可取得在后权利的合法性和正当性。除了利益的衡平之外，其次才应当要考虑到行为人的主观因素，若是因为在后权利人的行为导致冲突的主观意愿是善意的，而且继续使用商标的附加值远优于在先权利人使用，则为了能够实现经济效益的更大化，也应在充分衡量两者利益之后，通过实行强制许可来实现，也就是说通过让在先权利人许可在后权利人进行合理利用，从而实现上述两项权利之间的并存，同时还需要双方行使权利时应遵循规定，并需作出明显、合理的标识，避免产生混淆。

4. 确立商品化权制度

经济的多元化发展，体现在法律领域内，就是民法商法化的形势更加明显。在现实实践法律领域内，对于人格权客体进行商业化加以利用，使得人

---

❶ 谭永美：《商标法上的在先权利制度研究》，复旦大学 2013 年硕士学位论文，第 23 页。

格权中的财产属性逐步得到确认。对于有关人格权利如姓名权等的权利人，也在市场经济条件下逐步授权许可他人出于商业目的进行使用，这个过程被称为"人格商品化"。在商标法领域内，名人姓名及特殊标识经常会被他人加以商业利用，该过程就是人格权商品化的典型事例。由于名人的集聚效应，为了能够利用该效应取得更大的商业利益，名人人格权在商人的刻意炒作下成了较为稀缺的资源，在这种情况下，就有人为了能够充分利用名人效应，而愿意给付相应的对价为名人代言埋单。但是由于商标权优先注册的原则，使得市场上出现疯狂抢注名人姓名作为商标的乱象，这种不正当追逐更大利益的手段，其本质也是对名人效应的利用，只不过这种利用方式是以侵权行为所体现出来的，这不仅会损害名人的姓名权、肖像权等，同时也会对市场发展作出不正确的导向，甚至会损害消费者合法权益，扰乱市场经济秩序稳定有序的竞争环境。由此，对于姓名权等人格权利，甚至是民事权利进行商品化权的上层制度建设显得尤为重要，因此在立法层面上利用法律规范的引导作用来调整人格标识的商品化现象，从而能够在实现权利保护及促进经济秩序平稳健康发展中作出有效平衡，增进知识产权市场活力。

五、结　语

知识经济时代的来临，知识产权将迎来快速发展，现今国际经济形势融合加速，我国对外贸易也日益频繁。在知识经济及全球经济一体化逐步深化的过程中，人们对知识产权保护的重要性认识也会逐步增强，对于国家层面而言，我国也越来越重视知识产权的保护和运用问题，并意识到保护知识产权的重要性和必要性，迫切认识到来自于国内外对于知识产权运用及保护的挑战。2017年是"一带一路"倡议的开局之年，国家也会将知识产权保护纳入国家重点专项战略建设中，深入推进国家知识产权战略实施，稳步推进知识产权法律法规建设。

商标本身是企业文化的象征，更是企业价值的体现，现代公司的管理和运营也日益重视商标注册的权利，以及商标品牌价值的保护和增值。那么，在商标注册的过程中，也应当要注意到对他人在先权利的保护，以免发生冲突。一旦出现商标权与在先权利的纠纷，在处理权利冲突的过程中，就如上述共存制度和强制许可制度设立的正当性一样，冲突的解决并不是必然要一方放弃，而是在保护在先权利人利益的同时，能够遵循市场经济规律，追求各方利益乃至社会整体利益的最大化；能够在服从经济发展为中心的前提下，合法合理地解决商标权与在先权利的纠纷，通过不断完善总结，探索出处理商标注册与在先权利保护冲突的合宜之道。

第四部分

"一带一路"建设与对外贸易中的知识产权风险防范

"一带一路"倡议下我国对外贸易的知识产权风险与布控

宋 歌[*]

内容摘要 随着"一带一路"倡议的推进,我国企业"走出去"拓展海外市场的脚步不断加快。然而,由于"一带一路"沿线覆盖国家/地区范围广,政治、经济、法律的差异性导致各国知识产权环境不尽相同。在面临知识产权环境复杂性和法律制度差异化风险、知识产权侵权与被侵权风险、知识产权诉讼和消极应诉风险、知识产权布局不完善风险、知识产权贸易壁垒风险、涉外复合型知识产权人才缺乏风险的情况下,只有企业与政府共同努力,形成以企业为主体,政府为后盾的知识产权保护体系,才能为我国对外贸易保驾护航。

关键词 "一带一路" 知识产权 风险布控

引 言

当今世界正面临广泛而深刻的变化,国际格局危机四伏,世界经济复苏缓慢,我国对外贸易面临以美国为主导的 TTIP 等新协议的挑战和限制。在此背景下,"一带一路"倡议被提出。由于"一带一路"倡议覆盖范围广、各国经济发展水平不平衡、知识产权政策法规不尽相同,给我国企业

---

[*] 宋歌,南京理工大学知识产权学院研究生。

"走出去"开辟海外市场带来很大风险。在推进"一带一路"倡议过程中,企业对外贸易竞争的核心要素已从传统的生产要素领域逐渐转向智力资源领域,知识产权的重要性愈发明显。然而,"一带一路"周边国家/地区知识产权发展存在诸多问题,使我国企业处于巨大的风险之中。有效规避和解决对外贸易中的知识产权风险是我国政府和企业应该认真思考的问题。

一、"一带一路"沿线知识产权环境及我国知识产权布局

如今,越来越多的国家已受"一带一路"倡议鼓舞,感受到"一带一路"倡议的吸引力。当人们还沉浸在对外贸易快速增长,企业发展前景一片大好的同时,越来越多的知识产权贸易风险开始出现,其复杂性远远超出人们的预期。因此,避免盲目乐观,提前对法律环境、知识产权布局与制度进行了解,是预防和解决知识产权风险的前提。

1. "一带一路"沿线知识产权环境

目前,"一带一路"倡议覆盖60多个国家,跨越了世界上不同地区。由于一国法律在一定程度上是对其国情的反映,不同的国家/地区有其独具特色的知识产权制度,加之宗教对知识产权制度的影响,我国企业将面临复杂的法律环境。表1选取了"一带一路"沿线各地区的典型国家,从知识产权法律制度和知识产权执法保护力度两个方面对知识产权环境进行评估。

表1 "一带一路"沿线典型国家知识产权环境状况

国家名称	知识产权法律制度	知识产权执法保护力度
波兰	知识产权法已达到TRIPS要求	(1)警察和海关内部设知识产权执法服务;(2)重视知识产权边境措施;(3)设立专门知识产权部,与周边国家每3个月进行一次联合检查
匈牙利	知识产权法已达到TRIPS要求	单行法都提供了海关边境救济的措施
罗马尼亚	知识产权法已符合TRIPS要求	保护一切登记备案的知识产权产品,执法较为严格
新加坡	包含专利法、商标法和著作权法	根据世界经济论坛(WEF)发布的全球竞争报告,新加坡知识产权保护居亚洲第一

续表

国家名称	知识产权法律制度	知识产权执法保护力度
俄罗斯	《俄罗斯联邦民法典》第四部分是知识产权法	具有专门机构对知识产权犯罪行为进行管理与制裁
印度	能够达到TRIPS的基本要求	立法作为知识产权保护的有力屏障,通过司法保护、行政管理和人民的共同努力,构建别具一格的知识产权法律保障机制
沙特阿拉伯	知识产权法律结构与我国大体一致,但在商标注册和外观设计方面不加入国际合作	知识产权执法保护力度较弱
缅甸	尚未履行TRIPS规定,新知识产权草案尚未通过	知识产权执法保护力度较弱,但披露商业秘密属于刑事犯罪

由表1可以看出,中东欧地区经济较发达,有丰富的对外贸易经验,知识产权执法力度和法律规范严格;南亚和东南亚地区国家知识产权发展水平不均衡,其中印度、新加坡知识产权法律制度和执法保护力度较好,缅甸知识产权水平较低;西亚、中亚地区知识产权综合水平较低。

2. 我国在"一带一路"沿线国家/地区知识产权布局——以专利申请为例

依照国家知识产权局的统计数据,2016年我国在"一带一路"沿线国家专利申请公开4 834件,较2015年增长47.1%,覆盖18个国家,比2015年增加3个;2017年上半年,我国在"一带一路"沿线国家申请专利2 174件,共涉及17个国家,与2016年同一时期相比,专利申请量增长17.8%。

从表2、表3可以看出,2016年我国在印度的专利申请量为3 017件,相比2015年有了131.5%提高,专利申请量位居第一;2017年上半年,我国在印度专利申请公开量为1 028件,申请公开量再次位居第一;向俄罗斯专利申请公开量为631件,位居第二;新加坡、越南和波兰分别位居第三、第四和第五。❶

---

❶ 数据来源:国家知识产权局。

表2　2016年中国在"一带一路"沿线专利申请前十位国家

排名	国家	申请量（件）
1	印度	3 017
2	俄罗斯	789
3	新加坡	425
4	越南	285
5	印度尼西亚	120
6	波兰	47
7	以色列	41
8	马来西亚	38
9	乌克兰	26
10	菲律宾	17

表3　2017年上半年中国在"一带一路"沿线专利申请前五位国家

排名	国家	申请量（件）
1	印度	1 028
2	俄罗斯	631
3	新加坡	180
4	越南	108
5	波兰	55

通过以上数据可以得出结论：随着"一带一路"倡议的推进，我国企业更加注重"一带一路"沿线国家/地区的专利申请，申请数量和增长速度都有明显进步。与此同时，专利布局出现不均衡的现象，存在专利申请集中在某一个国家或地区的情况。我国企业专利布局主要集中在以印度、俄罗斯、新加坡、越南、波兰为主的东南亚和中东欧地区，在中亚、西亚地区的专利布局很少。由此可以推断出，我国在"一带一路"沿线国家/地区知识产权布局不断加强，但存在知识产权布局地区不平衡现象。

二、对外贸易知识产权风险类型

"一带一路"背景下,企业对外贸易可谓在复杂的知识产权风险中披荆斩棘。贸易量增长的同时意味着我国企业与外国企业接触越来越频繁,日趋复杂、形式多样的知识产权风险逐渐显现。明确我国在"一带一路"沿线国家/地区面临的知识产权风险是提出针对性的解决措施的前提,才能在"走出去"前做到心中有数。具体而言,存在以下6种风险。

(一)知识产权环境复杂性和法律制度差异化风险

目前,"一带一路"倡议已经使世界上 60 多个国家加入其中,这些国家分布于世界各地。由于"一带一路"倡议覆盖的地理范围广,且沿线有些国家法律与宗教的融合性强,不具备规范的法律体系,这就导致"一带一路"沿线贸易面临巨大风险与挑战。

以专利法为例,新加坡专利法仅将发明专利列为保护对象,实用新型不属于保护范围,外观设计则通过其他途径进行保护;印度尼西亚和马来西亚将发明和实用新专利列为保护对象;越南和菲律宾制定了完整的知识产权法典。[1] 另外,柬埔寨、老挝、缅甸尚未执行 TRIPS 协议所规定的若干义务。

根据表1列举的情况可以看出,在中东欧地区,这些国家经济比较发达,知识产权意识强,知识产权法律体系也比较健全。当我国企业进入中东欧国家市场时,一定要树立高标准的知识产权意识,这样才能避免因侵犯知识产权而带来的一系列问题。

以沙特阿拉伯、阿联酋、阿曼为代表的中东国家,其知识产权综合能力则相对薄弱。这些国家创新能力弱,在品牌策略、技术水平和商业战略等方面较为落后。

由此可以得出结论:"一带一路"倡议下,企业对外贸易面临的知识产

---

[1] 柳福东:"东盟国家专利制度比较研究",载《知识产权》2005年第1期。

权风险不容小觑。我国企业在"走出去"前,要提前做好准备,充分了解海外法律环境,避免稍有不慎导致侵权付出沉重代价的情况。

(二) 知识产权侵权与被侵权风险

1. 知识产权侵权风险

我国企业仅注重眼前经济效益,缺乏长期系统的知识产权规划一直为人所诟病。中小型私营企业是对外贸易的生力军,中小企业由于其自身的局限性,缺乏长期的战略规划与策略,往往忽视其产品是否在国外侵犯专利权。一方面,在与东亚、南亚等发展中国家之间的贸易往来中,欠缺知识产权整体布局的"短视"行为,会导致自身合法权益受到侵害。另一方面,在与波兰、德国、罗马尼亚等知识产权水平较高的中东欧国家进行贸易时,由于我国知识产权意识较弱、技术水平较为落后,增大了出口货物侵权的风险。

2. 知识产权被侵权风险

随着我国科技水平的进步,越来越多企业的生产技术、商业模式平处于行业领先地位。然而,在赋予专利权人排他性权利的同时,其专利的核心技术要被披露作为对价,这样就使我国企业自主专利技术容易被侵犯。"一带一路"沿线以发展中国家为主,东亚、南亚、中东等国家还处于提高创新能力、开发自主技术、培育本土品牌的阶段。这些国家知识产权保护力度较弱,通过反向工程窃取专利技术或制造、销售假冒品牌的情况时常发生。同时由于我国企业自身不积极申请海外专利和注册海外商标,缺乏知识产权高水平管理,同行业竞争对手很容易窃取专利技术、生产冒牌产品,这种行为将大大削弱我国企业的利润。

同时,随着我国企业与"一带一路"沿线各国交往增多,竞争对手对我国企业商业秘密的窃取逐年增加,在开展对外投资、雇用海外职员、共同经营的过程中十分容易泄露商业秘密。自主专利被侵犯风险和商业秘密泄露风险加剧了我国对外贸易中的知识产权被侵权风险。

(三) 知识产权诉讼和消极应诉风险

随着"一带一路"倡议的推进,越来越多的贸易机会使企业侵犯他国知识产权的风险增加，由此带来的诉讼也不断增加。

除了一般知识产权侵权诉讼外，我国企业还遭受滥诉风险。海外竞争对手通过提起恶意诉讼，耗费我国企业大量人力和财力，同时侵害我国企业名誉、瓜分市场份额，使我国企业处于被动地位。由于海外知识产权诉讼花费大、耗时长，很多企业往往不战而败，真正提起诉讼主动维权的企业仅占少数。以"337调查"为例，在已裁判的案件中，中国企业的败诉率高达60%，而世界平均值仅为26%。❶ 七星天（北京）咨询有限公司总裁龙翔在《中国企业涉337调研报告》中指出：我国企业和日本企业都频繁成为"337案"被告，对比胜负结果，在应诉的情况下，中国企业败诉率并不比日本企业高多少。这从侧面说明，我国企业频遭"337调查"，并且时常败诉，主要是因为我国企业应诉较少。

（四）知识产权布局不完善风险

以专利权为例，我国企业申请专利地域性明显。2016年，我国在"一带一路"沿线专利申请量前三名的国家分别是印度、俄罗斯、新加坡，2017年上半年专利申请量前三名依旧没有变化。在2017年上半年专利申请量前五名的国家中，有4个国家在2016年的专利申请量中也排前五名，这些国家分别是印度、俄罗斯、新加坡、越南。然而，我国在其他国家的专利申请和授权数量少，企业对外贸易频频遭遇因知识产权布局不完善而产生的风险。

（五）知识产权贸易壁垒风险

知识产权排他性起初是为了保护其所有者的权利不受侵害，然而其滥用极易形成贸易壁垒。随着出口贸易的兴旺开展，"一带一路"沿线国家/地区对我国逐步采取技术性贸易壁垒、滥用网络著作权的方式限制我国的贸易出口。以网络著作权的滥用为例，一些应当公开为公众服务的信息、杂志、法律法规、司法实践案例被汇编成数据库而受到特殊保护，信息闭塞为对外贸

---

❶ 蔡恩泽："敢与'337调查'过招"，载《进出口经理人》2016年第7期。

易设置了很大的障碍。

（六）"一带一路"涉外复合型知识产权人才缺乏风险

涉外知识产权人才的需求量逐年增多。然而，缺乏精通知识产权法律知识、掌握市场国语言、能与海外企业和政府有效沟通和谈判的复合型人才成为我国企业对外贸易中的痛点。

2015年8月公布的全国律师工作会议报告指出，我国可以熟练负责涉外法律业务的律师不超过300人，其中以知识产权为主要业务的律师寥寥无几。❶ 除了涉外知识产权律师缺乏外，我国律师资源地区"贫富差距"很大。西北、西南等"一带一路"倡议重点地区律师数量少，高水平的知识产权专业律师更是凤毛麟角，律师分布的地区不平衡现象严重。

此外，"一带一路"沿线65个国家中有53种官方语言，截至2013年"一带一路"倡议提出时，我国高校外语专业招生只覆盖其中20种语言。中国目前有215个院校有资格授予翻译硕士学位，但能够为"一带一路"建设提供服务的复合型、实用化的职业翻译人才数量很少。缺乏涉外复合型知识产权人才为企业对外贸易提供行之有效的涉外知识产权法律意见，给"一带一路"对外贸易带来很大风险。

三、"一带一路"倡议下对外贸易知识产权风险的防控措施

知识产权是人类智慧的凝聚，其重要性不断加强。如今，谁掌握了核心技术、谁拥有了国际品牌，就能在激烈的国际竞争中拥有绝对的优势。"一带一路"倡议下，只有政府与企业通力合作，企业发挥其主体作用，政府发挥其保障作用，才能有效解决"一带一路"倡议下对外贸易的知识产权风险。

---

❶ 陈宜："'一带一路'战略下律师行业的机遇与挑战"，载《中国司法》2016年第3期。

(一) 企业的防控措施

1. 提高科技水平,增加知识产权储备

打铁还需自身硬。企业防范"一带一路"倡议下风险的根本途径是提高技术创新水平。在美国取得"五连胜"的通领科技集团办公室主任全国彤表示:通领集团打赢五场官司,靠的是强大的科学技术和创新能力,否则不可能取得五场胜利。❶ 与"一带一路"沿线国家进行贸易的主要是我国中小企业,出口产品申请发明专利的很少,实用新型和外观设计数量较多。由于实用新型和外观设计不通过实质审查,专利授予门槛较低,往往使一些不符合专利授予条件的申请被授予专利权,此类专利极易被宣告无效。创新能力是企业的生命力,企业只有加大科技投入,丰富高质量的专利储备,才能从根本上应对贸易中的知识产权风险。

2. 提高知识产权风险意识,积极建立专利预警机制

凡事预则立,不预则废。我国企业在提高自主创新能力,加大专利申请量的同时,对国外竞争对手专利状况的认识亟须增强。缺乏知识产权风险意识,盲目走出去,结果由于侵犯国外专利权,销售的产品越多,赔偿越多,最后往往付出沉重的代价。为了解决这一问题,企业首先要了解市场国知识产权法律制度,明确其知识产权法律保护的范围,从而确定自己的专利、商标是否受市场国保护,还要保存一些与核心技术相关的研发文件、核心产品销售记录等;其次,对竞争对手的专利和商标进行评估,对照自身是否有可能侵权的专利或者商标;最后,建立专利预警机制,对照评估结果进行知识产权风险预案,提前做好化解突发状况的预案。

3. 围绕核心技术,完善专利布局

企业"走出去"之前,要围绕本企业核心成果,利用专利检索软件定期检索。企业需要完善专利布局,提前在"一带一路"沿线市场积累高质量的专利权,主动到市场国提交专利申请、注册商标,还要展开外围专利和防御

---

❶ 张君:"'以夷制夷'中国知识产权海外维权完胜第一案——记浙江通领科技集团海外维权路",载《中国经贸》2011年第5期。

型专利布局,降低知识产权纠纷风险。

4. 在"一带一路"沿线打造知名品牌

我国企业在参与国际竞争的同时,往往忽视品牌的建设,高国际知名度的品牌屈指可数。吴汉东说:"要借助'一带一路'战略中的东风,通过创新发展和知识产权,助推中国创造、中国贸易、中国品牌、中国文化走出国门,在国际产业合作和贸易往来过程中形成最终的中国知识产权优势。"❶ 我国企业原材料丰富,技术成熟,在"一带一路"沿线主要以服装、小商品等轻工业为主,欧美等发达国家对此领域涉足不深,且"一带一路"沿线的东亚、南亚等地区经济发展水平普遍不高,我国中小企业可充分利用这一机会将自己打造成为知名品牌。我国企业仅凭物美价廉的商品无法在国际竞争中崭露头角,因此要加大广告投资宣传,将自身独特的企业文化和市场国的风土人情相融合,从而培育消费群体,打造知名商标品牌。

5. 积极应诉,维护自身权利

受我国传统思想的影响,企业无论是在面对一般侵权诉讼还是在面对恶意滥诉时,都表现得畏手畏脚,底气不足。通领集团陈伍胜董事长表示:"要勇敢地面对知识产权诉讼"。即使企业确实存在知识产权侵权,也应沉着应对。由于海外诉讼时间长、花费大,企业应尽可能地通过谈判等非诉讼手段解决纠纷。

谈判有三种途径:第一,企业可以对外国专利的效力进行分析,判别国外专利能否被宣告无效;第二,分析对方的产品或者制作方法是否侵犯了我国企业的知识产权,如果发现有侵权,可以提起反诉;第三,中国企业可以购买能否定对方专利无效的第三方专利。以上三种方法都为我国企业在侵权谈判中增加了筹码,从而有策略地进行斗争。

除此之外,为了防止模仿专利技术和假冒品牌的发生,企业一旦发现他人的专利申请、注册商标侵犯自身权利时,应主动出击,化被动为主动,制止侵权行为,从而达到从被动防御向主动进攻、从被告向原告的成功转型。

---

❶ 吴汉东:"'一带一路'战略下知识产权保护的中国选择",载《人民论坛》2017年第3期。

6. 企业共同参与，打造通力合作

目前，企业的海外维权之路往往是"一个人在战斗"。一个企业的精力和财力是有限的，企业间相互合作才有广泛的出路。具体而言，企业可以成立知识产权联合团体，团体内成员可交叉许可专利，共享最新知识产权信息，共同应对知识产权诉讼。假如每个企业的力量汇集在一起，采取"抱团取暖"的方式，就会形成一股强大的合力。

（二）政府的防控措施

（1）积极参与知识产权国际规则的制定。我国政府应该以"一带一路"倡议为契机，与相关国家立法机关和相关知识产权组织增进交流与合作，参与新一轮国际规则制定，努力构建以我国为主导的知识产权法律体系，为企业对外贸易营造有利的环境。

（2）加强"一带一路"法律服务行业合作。政府通过与"一带一路"法律服务行业进行合作，借助参加有关国际会议、博览会从而加强信息沟通。目前，我国律师事务所在多国设立了代表处，其中包括越南、蒙古国、吉尔吉斯斯坦等国。除此之外，政府可以在与我国贸易往来较多的地区设立海外维权中心，及时提供政策信息及服务，为海外企业知识产权服务保驾护航。

（3）建立"一带一路"跨境知识产权人才库。为了更好地给"一带一路"倡议提供智力支持，建立知识产权人才库的重要性愈发明显。面对越来越复杂的知识产权风险，只有具备高素质的专业人才才能为我国企业出谋划策。政府要培育外语流利、知识产权基础法律知识夯实、业务能力强的知识产权人才。政府可以与高校进行合作，通过签订合作意向书或者协议书，定点培养知识产权人才。除此之外，政府还应该支持高校培育"一带一路"知识产权人才。只有对外输出越来越多的优秀知识产权人才，才能在激烈的国际竞争中拥有强大的智力支持，协助"走出去"的中国企业解决知识产权纷争。

（4）设立"一带一路"企业海外知识产权专项资金。我国政府应当为企业海外知识产权发展提供物质帮助。这种物质帮助即为专项基金,可以包含两部分内容:海外专利专项资金、海外知识产权诉讼专项资金。

海外专利专项资金是为了弥补企业在海外专利布局中的巨大投入,保证企业有充足的资金进行技术开发和对外投资。专利申请人在"一带一路"沿线开展专利布局时,要经历专利申请、专利公开、专利授权等多个步骤,一项专利从申请到被授予专利权常常要经历漫长的等待,昂贵的申请费用以及后期缴纳的专利年费对大多数中小企业来说是一笔庞大的开销。政府财政要加大对"走出去"企业专利布局的资金支持,使得企业在海外申请专利时不必有资金方面的担忧,对积极在国外公开申请专利的企业进行多种形式的奖励。

海外知识产权诉讼专项资金是政府在经济上支持企业进行海外诉讼活动。海外知识产权诉讼耗时长、程序复杂、花费大,这使得很多企业对海外诉讼望而却步,往往不战而败。强大的财政支持才能帮助企业在应对海外知识产权诉讼时排除"后顾之忧",在面对海外滥诉时勇敢应诉,维护自身权益。

四、结　语

知识产权凝聚着智慧的财富,在推动科技发展,促进社会进步方面起到了突出的作用。随着"一带一路"倡议的推动,如何有效地防范知识产权风险、如何解决知识产权纠纷是我国企业和政府共同面临的新课题。政府要借助"一带一路"倡议这一宝贵契机,大力支持企业海外知识产权发展。企业要提高科技水平、增强创新意识,努力将自己打造成为具有长久生命力以及广泛影响力的"长青"企业。只有企业与政府通力合作,政府宏观制度和企业微观应对相结合,才能高效地应对"一带一路"倡议下贸易中的知识产权风险。

"一带一路"视角下对外贸易知识产权风险的成因、表现与防范

刘艳婷*

内容提要 "一带一路"倡议推进以来,对外贸易日盛,伴随着经济全球化和知识经济的快速发展,以知识产权为表现形式的智力资源的创造、占有、运用和保护已经成为国家对外贸易中重要的因素。本文针对"一带一路"推行过程中带来的知识产权风险进行全面分析,不仅企业在对外贸易过程中需要积累知识产权、提高风险意识,政府也应该统筹兼顾,完善知识产权体系,培养知识产权专业人才,为将来更广阔的国际贸易做准备。

关键词 "一带一路" 对外贸易 知识产权意识 风险应对

一、"一带一路"实施的必然性

1. "一带一路"实施的内在需要

"一带一路"倡议是我国于2013年提出的整合欧亚非产业链的经济计划,即"丝绸之路经济带"和"21世纪海上丝绸之路",目的是促进中国企业"走出去"、提高国家影响力和国际形象。这一构想一旦实现,可能会对当今国际局势的变化产生很大影响,政治格局可能重塑,经济中心也可能会

---

* 刘艳婷,扬州大学法学院研究生。

发生转移。

在全球分工日益细化的今天，中国已形成一批越来越重视"知识创新"的企业，将科技创新作为企业发展的主要动力，由知识产权优势形成市场优势。这些企业如果要进一步扩大市场优势，就势必需要"走出去"，"一带一路"倡议正当其时地给这批企业提供了一个"走出去"的通道。当然，在中国国内更多的是中小型企业，企业的技术开发和创新能力有限，能持续在科技创新上投入的人力和物力更是有限，中小型企业急需的就是先进的技术，"一带一路"倡议能促进国际经济贸易和技术交易活动，是新时代深化的"改革开放"，也能够给中小型企业引进境外先进技术和资源带来较多机会。因此，在中国不论是拥有技术优势的高新企业还是缺乏技术开发能力的中小型企业，都迫切需要借助"一带一路"倡议来促进企业自身的发展。

2. "一带一路"面对的外在压力

中美关系可以说是中国外交关系中最重要的一环，在 21 世纪之前，在中国政府近乎于承担无限责任，以"政府信用代替资本信用"的情况下，显著提升资本对于投资的信心，使得国家经济在资金短缺的情况下逆势生长，而这种信用替代机制使得中国长期以来都没有形成西方意义的具有扩张性的金融资本，更多的是承接发达国家转移出的产业链，这种实体经济和美国的金融资本形成一种互补的关系。

进入 21 世纪之后，中国也开始出现金融过剩的苗头，资本在国内乱窜，缺乏一个合理的通道，影响经济稳定也阻碍了社会的平稳发展，所以国家急需推动"走出去"战略，以及推动"一带一路""亚投行"等对外投资项目带动人民币国际化新战略，以借此推动产业资本向金融资本的升级，但美国也在特朗普的"让美国再次伟大"的口号下鼓励制造业回流美国，这之间就产生了矛盾，中美之间的关系从互补关系变为竞争对抗关系，中国"走出去"战略就面临美国的战略挤压。

3. "一带一路"对国际局势的影响

"一带一路"是中国内部剩余产能以及新崛起的金融资本向外寻找安身立命之所而提出的倡议，与 20 世纪 30 年代西方产能过剩争夺市场引发世界大战不同,中国在经济发展过程中是以"和平发展"作为自己的口号。在"大航海"时代之后,海权兴起,而在现代,货币力量更多的是由政治强权所赋予的,"一带一路"倡议作为整合欧亚非市场的宏大计划,不仅事关陆权也涉及海权,对于海权和国际政治力量格局都有巨大的影响,其计划规模之大远超当年的"马歇尔计划",尽管推行理念是基于平等权和选择权,提倡共商、共建、共享,但关于"一带一路"的怀疑也是纷至沓来。为了扩大国家的生存空间,实现国家崛起夺回国际影响力,完成中华民族的伟大复兴,就要在这种关头迎难而上,敢于开拓进取。

回望过去几十年的资本输出过程,项目虽多,但大多没有章法,星散在非洲大陆各地,不成系统,四处碰壁,因为背后缺少"亚投行"这种政治金融组织的支持和"一带一路"这种国际格局的安排,在"一带一路"提出之后,对外投资可谓恰逢其时,中国的国际影响力也将水涨船高。

二、知识产权在对外贸易中的重要性

1. 参考 TPP 美国对知识产权的重视

WTO 建立至今,虽然起了重要的作用,但是它涉及的范围太广,包含的国家差异巨大,很难再推进贸易上有实际的建树,所以欧美都选择从多边机制转向为双边、诸边、区域机制,近几十年来区域主义趋势有增无减。

以美国来说,其倡导建立 TPP 旨在建立符合美国利益的自由贸易集团,借助这一平台对世界贸易体系施加影响,将自己主导订立的成套规则从区域到全球推广,推动国际秩序与机制朝着对美国有利的方向发展。在 TPP 关于知识产权的谈判环节中,美国格外重视,提出的知识产权条件十分严苛,涉及众多知识产权客体并且涵盖数十份知识产权国际公约,目的在于将美国国内法以及美式贸易协定有关知识产权体系保护和执法法规,即在区域自由贸易协定谈判中推进知识产权保护新标准,对现今的多边贸易和知识产权体系带来冲击。这些严格条款即使是参加 TPP 的发达国家也很难彻底执行。但即使是如此严苛难以执行的条件,美国也是坚定地推行,足见其对知识产权的重要性。

2. 知识产权保护对现今中国的重要作用

在如今知识经济的时代背景下,作为世界贸易体制中重要的组成部分,知识产权在政治、经济、文化等方面有着重要的影响力。中国拥有庞大的市场和贸易体系,中国的知识产权保护制度就经常受到美国的指责,经常出现在美国的"特别301"优先观察名单中,在这种压力下也出于自身发展国际贸易的需要,中国一直被动或主动地加强国内的知识产权保护,完善法律体系,强化执行措施。

中国目前的发展模式仍是"效率驱动型",在近几年由于经济波动导致的出口萎缩和成本上升带来的竞争力下降,出口贸易受到打击,而反观日本、新加坡等国通过知识产权战略,确立起"创新驱动型"发展模式,极大地提升了国家竞争力,能在国际竞争中维系自身的优势地位。中国虽然近年来的专利、商标等注册数量上升,但核心知识产权还比较稀缺,为了匹配我国的贸易大国地位,加强知识产权建设刻不容缓。

三、知识产权为"一带一路"带来的风险

1. 部分区域知识产权政策不稳定带来的高谈判成本

"一带一路"涉及的区域过大,不同的国家不仅经济发展水平差距巨大,社会稳定性也不同,采取的知识产权保护力度也是千差万别,如果按照统一的标准来推行,实施成本将不可估量。如同TPP一样,其成员构成也十分复杂,其自2002年10月发起的P4协议开始,到2010年3月15日开始首轮谈判,特朗普上任伊始就宣布退出TPP,十余年,TPP竟未成形,这与美国在其中强制推行高水准的知识产权保护体制导致谈判进展缓慢关系密切。

2. 不同区域知识产权制度的差异性

"一带一路"沿线国家经济发展不平衡,在不同的地区可能面对不同的风险,在部分发达地区或者国家,可能企业的商标、专利已经被注册使用,我国企业在进入的时候就面临诉讼、交易、更改企业名称、丧失专利权的选择,这时候就需要企业做到"产品未动,商标先行";注意对外投资,雇用

外籍员工时，避免企业商业秘密泄露的危机；跨国并购时，企业需要合理考虑被收购企业拥有的知识产权的价值，避免亏损；部分发达国家可能以知识产权为由构筑贸易壁垒，阻碍我国企业的进入；在某些不发达地区会面临产品被"山寨"却无处诉讼的境地。

3. 中国知识产权话语权的缺乏

中国几十年经济建设取得长足发展，在国际上的影响力却不如自己的 GDP 排名，这对于领导"一带一路"倡议来说是比较遗憾的，也正是如此，更需要借用"一带一路"来增强国家的国际影响力，无论是经济影响力抑或政治影响力，就现在而言，中国的贸易虽多，但只是停滞于彼此作为贸易伙伴投资，缺乏对他国的大规模投资影响他国经济取得话语权的能力，"一带一路"国家大都面积巨大，民族风俗、宗教信仰、经济发展等都差异巨大，要想统筹起来进行体系化的建设就必须需要一个强有力的领导者。

4. 企业知识产权意识缺乏

部分地区如俄罗斯、新加坡等地知识产权意识比较强，由于我国企业事先并没有"走出去"的准备，并未在国外进行广泛的商标注册，而要在当地受到国家的保护就必须注册，被其他企业抢注的商标就会成为我国企业进入当地市场的阻碍。我国企业"走出去"经验缺乏，国家的体系化海外知识产权的帮助也不充分，知识产权意识和储备都还不足以应对沿线国家/地区复杂的社会情况，缺乏对外贸易的知识产权风险评估体制，导致贸易中的准备不足。

5. 知识产权体系的排外性

贸易区的知识产权体系常常具有排外性。以 TPP 为例，这是美国意欲建立在亚太地区的美国主导下的符合美国贸易标准的自由贸易集团，对现有世界贸易体系的冲击，构建新的经济合作制度推广美国的贸易规则，影响全球经济制度的经济与改革，获得国际经济规则制定中的主导权，且明显存在对于个别国家的歧视性，该体系对非成员的待遇明显区别于成员方。并且美国推行的知识产权标准过高，过度维护知识产权权利或者相关利益集团的利益导致机制失衡，侵蚀公共领域的知识产权用户利益，消费者权益受损且阻碍国家、社会、国际经济的发展与进步，虽然广大发展中国家对现今的知识产权体系进行了抗争,然而在发达国家的主导下仍处于劣势。

6. 知识产权保护与人权的部分冲突

单纯的贸易机制大都是经济利益为导向的建立在互惠基础上的贸易规范,这种纯粹的贸易机制大多看重经济利益,在市场化导向中最多时运不济时牺牲某个国内产业的国内竞争优势,不会损害社会秩序和整体的国家利益,而如果贸易机制和知识产权输出挂钩,大国就等于是在用知识产权保护规则来交换经济利益,形成输出国对输入国的知识产权垄断,甚至可以按自身实力单方面限制输入国的知识产权垄断时间与范围,很可能会引发知识产权和人权的冲突。

四、如何应对风险

1. 加强企业的知识产权意识

针对我国知名企业商标被外国企业抢注的情况,应当建立风险防范机制,及时考察外国当地的文化氛围和购物习惯,推出市场的产品注册商标,防止被抢注现象的发生,如果已被抢注就要研究该国的知识产权相关的法律法规,最大限度地降低损失。

企业要研究自身发展状况,对发展状况和需求作出评估,进入何种国家面对怎样的知识产权保护制度,需要何种知识产权准备,积极准备企业的知识产权储备,促进企业创新发展,因地制宜,因时制宜,按贸易对象的不同采取不同的策略。

2. 政府建立多种途径保护专利

国家也应在避免知识产权纠纷方面为企业提供强有力的帮助,可以通过商业秘密来保护知识产权,向可口可乐公司借鉴,因为专利权获得之后专利就要公开,而商业秘密就没有诸多的限制,对于企业的核心技术可以通过申请商业秘密的方式来进行保护,避开商标被抢注的情形。模块化拆解核心专利,企业可以对公司的专利技术进行拆分,对拆分出来的部分申请商业秘密或者专利,化整为零减小被诉侵权的风险。政府也要为企业"走出去"提供多种便利,建立海外知识产权风险协同防范机制,组建"一带一路"知识产权统筹发展机构,协调制定"一带一路"知识产权总体发展规划,加快"一带一路"区域知识产权一体化进程,加大知识产权方面的交流和合作力度,将沿线国家/地区的相关法律法规收集整理方便企业查询,培养相关方面的专业律师供企业咨询。

3. 建立包容平等的知识产权体系

发展中国家不能在法律体系中引入高于经济发展水平的知识产权保护规范,因为这种规范并不是自动产生收益的,它是附着在经济制度上生效的,如果保护规范过于严格就会带来较大的社会成本阻碍创新,影响经济的发展速度。对于"一带一路"区域内的国家,采取一种包容的体系来进行双边谈判,根据不同国家的不同经济状况采取不同的知识产权规范,减少谈判所带来的制度成本。

"一带一路"谈判国家应当基于实体最小义务和国民待遇原则,不限制国家立法知识产权保护的最高水平形式,不限制文化、经济的差别空间和社会用益的最大化,即给所有的国家设置一个底线,在各自经济的基础上通过双边谈判建立起适合自己的知识产权制度,平衡知识产权和人权的利害关系,实现双赢。

五、总　结

在资本输出、知识经济时代,"一带一路"建设和知识产权保护双向出击,注重中国的长远发展与国民利益,把握机会建立互利共赢、平等共享的知识产权合作关系,建立统筹规划的对外贸易知识产权规划布局,培养企业风险意识,建立"一带一路"沿线的知识产权数据库,为企业聘用知识产权方面的律师。国家考虑自身发展需要决策国内相关知识产权和公共政策,针对不同国家采取不同的知识产权谈判策略,加强民主参与使决策科学化,利益机制平衡,倡导符合公共利益的知识产权制度,使知识产权成为"一带一路"的重要助力。

"一带一路"倡议下企业对外贸易中的知识产权形势

王碧云[*]

内容提要 为了应对经济全球化的趋势,同时摆脱 TPP 和 TIPP 协议对中国的封锁困境,推动经济区域一体化、世界格局多极化,我国在古代丝绸之路赋予新的时代内涵基础上,倡导建立"一带一路"。与此同时,我国企业对外贸易过程中在面对机遇的同时也面临诸多挑战。本文将分析我国企业在"一带一路"区域内贸易过程中遇到的风险并且提出适当的应对建议。

关键词 "一带一路" 区域经济一体化 知识产权

一、"一带一路"倡议概述

当前国际经济格局不稳定,各个区域经济异军突起,以美国为中心的 TPP 协议和 TIPP 协议将我国排除在外,"一带一路"倡议应运而生。"一带"是指丝绸之路经济带,"一路"是指 21 世纪海上丝绸之路。其分别以我国的西部地区和东部地区为起点,连接中亚、西亚和欧洲,南亚、东南亚、非洲和欧洲,横跨亚非欧三大洲。张骞出使西域为当今的"一带"开凿路线,班超和郑和下西洋开启海上丝绸之路,这两条交流路线是依托于我国古

---

[*] 王碧云,南京师范大学法学院研究生。

代历史中形成的商业贸易道路为基础的,同时赋予古代丝绸之路新的时代内涵。

"一带一路"倡议是由当前国际形势所决定的,经济全球化趋势势不可当,寻求区域经济一体化已经成为当下经济发展的新形势。各发达国家已经转变经济发展的战略方向,但是没有停止知识产权战略的扩充,西方发达国家等倡导建立了跨太平洋战略经济伙伴协定(TPP)和跨大西洋贸易与投资伙伴协定(TIPP)。同时当前的国际贸易在 21 世纪也有了新的形势,在 WTO 取代关税总协定之后,货物、服务和知识产权已经成为国际贸易重要的三大组成部分,知识产权对象的无形性导致要以货物和服务为载体,在货物贸易和服务贸易上知识产权也占有很大的权重,所以当下国际贸易的新形势已经表现为以知识产权为主的国际贸易。尤其是我国与各沿线国家/地区之间达成"一带一路"倡议,使得在知识产权贸易发展过程中面临极大的机遇。

我国与中东欧、蒙俄、中亚、东南亚、中西亚、北非的 60 多个国家达成战略协议。在知识产权保护诉求上,国家之间的发展程度决定了其诉求的高低,诸多发达国家期望建立高效率、强力度的保护制度,但是发展中国家更期望建立一种合理的、公平的知识产权保护体系,在建立过程中注重对当地的传统文化等公共利益的保护。诉求的不同同时导致不同的区域一体化。"一带一路"沿线国家/地区的创新力明显不足,并且区域内国家的发展水平差异也较大,国情复杂,这在一定程度上也使得我们在对外贸易上面临机遇和挑战并存现状。但是只要把握好战略布局,在沿线市场国的贸易阻力就会减少。同时,"一带一路"一个重要的原则是开放原则,这意味着市场国不仅仅局限于丝绸之路的沿线国家/地区,在国际上的各个国家、经济体均可参加,这同样也是对外贸易中的一个利好条件。同时该战略是我国企业在对外贸易中实现"走出去"和"走上去"的两个战略的助力器。

二、"一带一路"倡议下我国企业在对外贸易中面临的风险

1. 区域性知识产权制度的差异性矛盾

"一带一路"倡议跨越亚洲、非洲、欧洲,市场国广袤,沿线地区的人口总数与经济总量分别占全球的 63% 和 29%,❶ 现有规模和未来给予中国企业的发展机遇都很大,对我国企业实行"走出去"有着很大的助力。但是因为市场国数量同样面临一些问题,知识产权最大的特征就是地域性,虽然国际上在知识产权领域签订了一些主要的国际公约,例如《伯尔尼公约》《巴黎公约》《与贸易有关的知识产权协定》等。各国已经在国内立法遵守国际公约所要求的最低保护标准,但是基于"一带一路"知识产权沿线国家基本国情的差异,国家数量较多,使得在区域内知识产权的法律制度有比较大的差异性。在语言使用上,沿线国家地区复杂,官方用语数量较多,仅在中东地区每个国家基本上都有自己的官方用语,并且各用语之间相似程度较低,无法统一,中东地区 19 个国家就有 18 个官方用语。在制度法规上,国家与民众层面上的交流比较少,底层对国家政策法规的不熟悉,语言的不通造成知识产权制度区域化方面的难题。知识产权保护是当前国际经贸体制的重要组成部分,不仅在法律方面,在国际贸易学方面对"一带一路"的研究也举步维艰,所以在语言以及制度上解决差异是当前的一个难题。在信息共享上,中国商务部的"走出去"公共服务平台上设立了有关"一带一路"的内容,但是仅仅涉及政策文件、统计数据和相关数据三个方面,与知识产权相关的信息比较少,并且当前国内、国际上也没有相关的信息共享平台可以使得各国之间的政策法规以及沿线各个国家/地区的专利申请、维权情况予以公示,这就影响了我国企业在对外贸易中的速度,无法及时掌握沿线的知识产权最新状况。

---

❶ 吴汉东:"'一带一路'战略下知识产权保护的中国选择",载《人民论坛》2017 年第 1 期。

2. 区域性的知识产权的政策法律风险

境外国家政治环境的稳定性影响企业对外贸易，中东、非洲政治环境较不稳定，既影响当地的经济、文化等方面，同时也会影响我国企业与其之间的贸易连续性，国内企业的投资意向、合作伙伴的选择等。所涉地区还存在复杂的宗教、民族矛盾，恐怖主义、分裂主义和极端主义滋生蔓延。❶ 如果境外国家能够提供一些优惠补贴或者我国给予一种关于政治风险的保护会在一定程度上缓解政治环境的不稳定导致的企业对外贸易的忧虑。

3. 企业处理国际知识产权贸易纠纷能力欠缺

企业在对外贸易中更容易陷入纠纷，尤其是在知识产权这种以无体性财产为权利对象的情况下更容易在知识产权贸易中陷入侵权维权纠纷。知识产权的权利对象是无体性财产，在权利被侵犯的情况下权利人无法及时准确地感知，并且沿线国家/地区知识产权制度差异较大，地区复杂，语言不通，没有建立完善的法律法规语料库，同时企业无法完整得到区域内知识产权注册申请和侵权诉讼进程中的信息，就导致企业容易陷入侵权的境遇。同时沿线国家/地区政治环境不稳定，会导致企业因为暴动、罢工等政府及非政府行为而遭受损失身陷诉讼维权中。沿线国家除了中欧地区之外的各个国家/地区创新力比较低，并且有着低廉的劳动力和生产成本，就很容易使得我国企业与境外企业在贸易过程中专业产品的核心技术被对方通过反向工程或者其他方式破解，从而无法有效地维护自身合法权益。

在我国境内，能够熟练处理涉外法律业务的律师不超过 300 人，❷ 加上沿线国家之间官方用语的不统一性，小语种较多，我国拥有法律和语言双背景的人才欠缺。同时沿线国家尤其是非洲、中东地区的投资贸易环境不佳，知识产权贸易过程中的纠纷增多，处理事务的人才数量不足，造成当前企业处理纠纷的能力低下。

---

❶ 李玉璧、王兰："'一带一路'建设中的法律风险识别及应对策略"，载《国家行政学院学报》2017 年第 2 期。

❷ 王莲峰、牛东芳："'一带一路'背景下我国企业海外知识产权风险应对策略"，载《知识产权》2016 年第 11 期。

4. 企业自主创新力不足

"一带一路"倡议所涉及的国家中，只有中欧国家的国家创新力较高，其余地区普遍创新动力不足，根据《2016年全球创新指数排名》，❶ "一带一路"沿线国家只有新加坡和以色列创新指数超过我国；根据《2015年全球创新指数排名》，❷ 只有新加坡和斯洛文尼亚排名在我国之前。这在我国企业对外贸易过程中提供了很大的市场，面对潜在的市场国，我们就应当更加注重企业的核心创新力的发展。"一带一路"倡议坚持的是开放原则，市场国不仅仅局限于丝绸之路的沿线国家/地区，在国际上的各个国家、经济体均可参加，这就意味着在未来可能会有更多创新力比较强的国家/地区成为该合作伙伴。拥有知识产权的数量及质量决定着一个国家或企业在全球化经济中进行资源配置和国际分工时的地位。❸ "一带一路"沿线国家有着较我国更为低廉的劳动力和生产原料，我国企业更要在保持现有生产优势的前提下将发展重点置于核心创新力的增强上。

三、我国企业对外贸易的风险应对

在企业对外贸易过程中面临沿线各国制度差异大、政治环境不稳定、企业处理纠纷能力不足以及创新力不足的风险。我们应当从国家层面和企业层面两方面进行风险应对。在国家层面应当努力在市场国内倡导力求达到知识产权保护最低标准，并且以社会保障的方式为我国企业在与境外贸易过程中保驾护航。同时企业自身也应当努力从传统的知识产权保护方式以及非知识产权保护方式因地适宜地运用各种手段维护自己的合法权益。一种是采用传统的知识产权保护方式，如申请著作权保护、专利权保护、商标注册申请保护等，还有一种是采用非知识产权保护方式，如采用商业秘密保护的方式以及在申请专利、

---

❶ WIPO：The Global Innovation Index 2016.
❷ WIPO：The Global Innovation Index 2015.
❸ 李玉璧："我国知识产权战略的国际比较及政策建议"，载《思想战线》2005年第5期。

商标保护的同时采用技术诀窍的方式使技术等得到更加有效的保护。

1. 区域内知识产权制度一体化,建立共享信息平台

市场国领域内知识产权情况国情复杂,制度差异大,且沿线国家官方用语种类过多,同时区域内无知识产权共享信息服务平台。在"一带一路"倡议中,中国应该主动掌握在域内的话语权,倡导建立以我国为中心的知识产权区域一体化制度。在域内各国、各地区协商在建立知识产权制度,并设定一定范围的标准,要求各个国家调整国内的知识产权制度,必须以该项一体化制度为最低保护标准。同时建立"一带一路"信息管理制度和"一带一路"大数据库,通过数据收集、编码、加工以及系统化,实现数据信息的同步化和全覆盖,为推进"一带一路"建设提供强大的数据信息支持。❶ 同时应当建立一种市场国家可以共用的知识产权信息共享服务平台,并公示于各国家最官方的网站,将领域内各国国内的专利权注册申请、侵权诉讼进程收录其中,以便企业在进行对外贸易中可以检索查询其交易相对方的专利权以及自己的知识产权在市场国是否侵权、是否需要注册等信息。总之,各国政府应当在企业对外贸易过程中起到保驾护航的作用,给本国企业与外国企业提供交易便利。

2. 专利注册申请地及申请主体的选择

专利的保护效率高且法律保护力度比较大,但是专利保护不禁止反向工程,并且在专利注册的过程中,必须将技术方案以公开公知的方式公布于众。基于市场国创新力普遍较低,反向工程或其他行为势必在取得专利技术后大量出现。所以,就要在专利注册方面采取一定的措施。

企业可以在专利注册地的选择方面采取规避措施,以减少企业核心技术的流失。据有关数据显示,专利注册地与市场国距离越远,专利权持有人因为反向工程等技术造成的利润缩减就会减少。❷ 所以,专利注册地应当选择保护力度较高,距离市场国较远的国家,技术入口上予以把关。

同时一个完整的专利产品通常是由多个专利技术组成的,企业可以选择

---

❶ 赵可金:《"一带一路"从愿景到行动》,北京大学出版社2015年版,第294页。
❷ 王莲峰、牛东芳:"'一带一路'背景下我国企业海外知识产权风险应对策略",载《知识产权》2016年第11期。

将各个专利技术分别进行专利申请，并且可以由本公司和子公司分别作为专利权所有人，可以在一定程度上增加侵权方查询和收集的困难，可在一定程度上规避因为技术方案公开给企业带来的损失，减少市场国的反向工程等技术给企业带来的利润削减。

3. 通过专利许可获取技术并且善于利用反向工程

专利权的内容主要包括使用、许可、销售、许诺销售和平行进口。"一带一路"沿线的中欧地区国家创新力较足，新加坡连续两年创新力排名在我国之前，根据2015年、2016年的全球创新指数的分析，市场国中部分国家创新后劲较足，并且由于"一带一路"坚持的开放原则，市场国中创新力总体会逐步加快提升。我国企业在对外贸易中可以与创新力较高的企业并且我们明显缺乏研究的领域签订专利许可合同，在一定期限内通过被许可的方式发展研究，或者在平行进口中通过反向工程进行研究，并且进行发展技术特征，形成属于我国企业的核心专利技术。

4. 建立企业的知名商标体系并且打假过程中把握成本

我国企业缺乏树立品牌的意识，20世纪末以微软、IBM为代表的企业在全球范围内建立知名商标体系，进行广告宣传，在全世界领域内获得了品牌战略地位。我国企业在发展过程中，应当有意地在保证产品质量的基础之上加大宣传力度，推广品牌意识，建立自己的商标市场，在市场国范围内形成著名商标、驰名商标，形成我国的知名商标体系。品牌意识会使得产品在市场领域内有更高的辨识度，迎合消费者认牌购物的消费心理。此外在商标体系的建立过程中要尽量将商标元素与当地文化特色相结合。产品销售的对象是广大消费者，商标将我国劳动力成本和核心技术的优势条件结合起来，将优势条件在消费者心中形成较高的认可度就有利于稳定的消费市场的形成。

除此之外，在商标维权方面也应当采取技术诀窍。当前侵犯商标专用权的方式主要是采用仿冒、假冒方式以使侵权商品与知名商品在消费者心中产生混同。在商标仿冒和假冒打假上注意采用方式方法，不应该盲目地全部予以打击，要关注利润成本和打假成本的比例。同时在一些情况下可以将仿冒行为作为一种宣传的方式。商标侵权行为人进行商标侵权行为的目的是"搭便车",并且在消费者心中产生一种认同,使自己的产品与被侵权商标所代表的产品混同。打假要着重注意打假成本以及所造成的利润缩减之间的比例关系。如果一个产品进行了仿冒,并且在一定范围的消费者人群中产生了影响力,但是其价格远远低于被侵权成本,则在这种情况下并没有打击侵权的必要,因为仿冒产品的消费群在心理并没有产生混同,同时也没有造成产品利润的缩减,即使对侵权行为予以打击,相关市场也没有明显的利润,其原因是侵权产品的消费群并非该产品的相关市场。同时可以将这种假冒行为作为侵权产品的一种宣传方式来利用,增加产品或者企业在"一带一路"沿线的一种免费宣传手段。

5. 用商业秘密保护企业核心技术弥补知识产权化的保护方式

专利保护方式的缺陷在于将产品的核心技术的技术方案以公开的方式让公众知晓,所以在技术保护层面上,商业秘密的保护方式能够在一定程度上弥补专利权保护技术的缺陷。将最核心的技术方案予以商业秘密的方式来保护,同时应当限制知悉人数,对商业秘密进行严格管理。但是商业秘密保护也有很大的缺陷——一旦被泄露,不能取得很大力度的法律保护。所以,应当将商业秘密保护方式与专利技术的保护方式相结合。

四、结 语

"一带一路"的核心思路是共商、共建、共享,其时代内涵是和平、互利、共赢。"一带一路"沿线国家主要是广大发展中国家,在适应经济全球化趋势中各国、各企业应当在区域经济一体化进程中勇敢地迎接机遇和挑战,我国应当在国家层面上积极与沿线的市场或政府统一协商建立知识产权制度一体化来适应经济一体化、世界格局多极化的现状,同时建立知识产权信息共享平台,为企业对外贸易保驾护航。各企业也应当自行发挥优势,遵循国家"走出去"和"走上去"战略,利用技术诀窍的方式优化传统的知识产权保护方式,同时在全球范围内推行知名商标体系的建立。

"一带一路"倡议下中国企业对外投资知识产权风险的一般分析

陈翔宇[*]

内容提要 在我国"一带一路"倡议的大背景之下,把投资焦点放在国外市场上的中国企业的数量正呈一个上升趋势,新政策为中国企业的对外发展提供了崭新的平台,使中国企业呈现出百花争艳的新局面;有多大的机遇就有多大的挑战,外国市场的前景虽好,但随着中国企业对外投资日渐频繁,相关的知识产权风险也随之凸显。因此,探讨中国企业对"一带一路"沿线国家/地区对外投资将面临的知识产权风险的特点、产生原因以及针对风险的应对策略显得尤为重要。

关键词 "一带一路" 对外投资 知识产权风险

一、"一带一路"倡议下中国企业对外投资的新形势

十八大以来,中国企业走出国门走向世界的问题成为政府在市场经济改革中不可回避的重要议题,"走出去"政策被写入《中共中央关于全面深化改革若干重大问题的决定》,成为构建开放型经济新体制的重要举措,这可见我国政府想用推动扩大开放的方式来提升经济的可持续性竞争力的决心。

---

[*] 陈翔宇,南京理工大学知识产权学院研究生。

第四部分 "一带一路"建设与对外贸易中的知识产权风险防范

"一带一路"倡议是习近平总书记在 2013 年 9 月出访中亚期间首次提出的，这是以经济合作为基础打造的一条互利共赢的经济带，截至 2017 年 5 月，我国已与 40 多个国家签署合作协议，并在 2017 年 5 月北京的高峰论坛上与各国达成国际合作共识。从数值上明显能看得出我国与沿线国家的经济贸易总量得到进一步扩大。这一平台的搭建对于中国企业对外投资无疑是一个巨大的机遇，中国企业对外投资的规模在"一带一路"的政策推动下也将进一步扩大；"一带一路"倡议是以经济为基础，将沿线各国和地区与中国紧密联结在一起的一项双赢的国际合作，在此背景下，中国与"一带一路"沿线国家/地区形成的是良性的互利共赢新局面，交流合作将不断增多，对外投资的形式将不再局限于新建和收购两种最基础的类型，多元化的投资方式将成为中国企业对外投资的新形势，其中我国企业在对政策涉及的沿线国家/地区进行资本输出时，对知识产权风险的考量以及布局将成为我国企业应当首要考虑的问题。

我国首批采用对外投资方式进入国际市场的企业，境外的资产总数截至 2015 年，已超 4 万亿美元，其中对外直接投资额达 1 400 亿美元。在机遇面前同样又面临艰巨的挑战，我国企业在对外投资时不可避免地会遇到知识产权纠纷的问题，知识产权风险是任何企业在进行对外扩张时不可回避的重要问题，分析这一既存的风险，既是"一带一路"倡议推进中不可回避的问题，也是我国融入国际竞争并实施"中国创新"布局的关键所在，这不仅要求我国企业在对沿线国家/地区进行资本输出时考虑产品和服务的质量，更是在强调我国企业想要立足国际市场必须具备的核心竞争力即自主创新的能力，在做到不侵犯他人权益的同时，打好企业自身知识产权防范工作的预防针。

根据国家知识产权局的统计，自 1984 年《专利法》颁布至今，我国专利申请累计达到 2 000 余万件，随着专利权授予量的增加，专利纠纷日益增多，企业在面对此类知识产权纠纷时往往会因为维权周期长而放弃维权，对自己的知识成果保护意识不强，在企业对外投资时这一问题将更加突出。

二、中国企业投资"一带一路"沿线国家/地区潜在的知识产权风险

知识产权是企业的宝贵财富,正确认识对外投资的知识产权风险是维护企业利益重要的方式和手段,中国企业在进行对外投资时,知识产权风险主要集中在专利、商标和版权风险上。"一带一路"倡议的不断推进,为对外投资的中国企业提供了全新的投资平台和发展机遇,但纵观我国企业对外投资,知识产权纠纷是企业发展最大的障碍之一,根据国家工商管理总局提供的数据显示,从改革开放至今,仅我国商标在国外被抢注就已经造成巨额的无形资产损失,这不仅是企业更是国家利益的损失。

(一)中国企业投资"一带一路"沿线地区知识产权风险的特点

(1)风险因素多元复杂性。"一带一路"虽然为中国企业在沿线地区的对外投资开辟了崭新的平台,但在这巨大的市场前景之下蕴含着多元复杂的知识产权风险。首先是制度层面,只要中国企业参与对外投资,就不仅要遵循我国的知识产权法律制度,还要与市场国的知识产权法律制度接轨;其次是执法环境层面,各国由于地理、文化、民族的差异,产生各不相同的法律文化、执法体系流程、法律惯例等,这无疑增加了企业进入市场的时间成本及机会成本;❶ 最后是市场国的政策,由于政策涉及的国家/地区可能会有政局交替、政策变更的不安定因素,或者市场国采用一系列贸易壁垒的手段对试图进入该国市场的外来企业进行打击甚至阻碍。

(2)风险发生的高频性。中国企业近年来的市场竞争能力在国际市场上已经形成一股新的力量,越来越多的国家和企业尤其是超级大国、大型的跨国公司对中国企业进军国际市场进行了包括知识产权在内的全方位防范,为此我国企业近年来接受了很多不合理的产品和专利技术的调查。我国是被美

---

❶ 王莲峰:"'一带一路'背景下我国企业海外知识产权风险应对策略",载《知识产权》2016年第11期。

国国际贸易委员会进行调查,即"337调查"次数最多的国家;因为知识产权问题而导致中国企业出口的产品被查封扣押的数量也位居全球第一。

(3) 知识产权风险后果的严重性。企业对外投资过程中如果没有对知识产权风险进行充分考虑,造成的后果通常是毁灭性的,被扣押、查抄、没收产品,甚至会付出自主知识产权被无效的惨痛代价。这不仅会使中国企业的对外投资陷入僵局,更可能发生蝴蝶效应,对其他国际市场甚至是中国企业在该行业内的国际声誉造成影响,而产品落入他人的保护范围时往往伴随着高额的经济赔偿,这严重影响了企业对后续市场的开拓,对企业可持续发展造成严重的打击,有的企业甚至因此一蹶不振,直至破产。

(4) 知识产权风险影响的国际性。如今,企业的目标就是使自身利益在全球范围内实现最大化,企业的这一目标在经济全球化以及各国的积极推动之下逐渐成为现实,随之而来的是各项知识产权国际公约和多边协议的签订,知识产权保护制度不再局限于原来的本国之内,开始逐渐地形成一个区域标准化,保护范围也辐射到公约或协议的各个国家/地区,换言之,受公约或协议约束的企业假若触犯了相关条款,其影响势必波及加入公约或协议的所有成员方,不可否认,这大大增加了企业在对外投资过程中所面临的知识产权国际风险。

(二) 中国企业投资"一带一路"沿线地区知识产权风险产生的原因

正是因为知识产权具备的独占性、可复制性等特点,往往能给企业带来丰厚的经济利益,但也正因为这些特点,企业在对外投资中被模仿、被假冒、被抢注的知识产权风险明显增大,当然,中国企业在对"一带一路"沿线地区进行投资时所要面临的知识产权风险的成因包括但不局限于以下几点。

1. 知识产权地域性的差异

"一带一路"沿线各国之间首先国情不尽相同,其次在知识产权法律上仍未形成统一标准,这就导致知识产权的保护力度有着明显的地域差异。❶ 如若企业对当地的知识产权法律了解不足,贸然进入当地市场,容易侵犯他人知识产权引发权利纠纷,往往出现一次侵权纠纷就可能意味着企业面临毁灭性的灾难。

我国企业在对"一带一路"沿线进行投资时,通常会在投资的目标国与该国企业签订合作协议,此时企业投资的资产往往会由于项目工程量大、周期长等原因被投资的目标国限定,这就意味着中国企业持有的股权被限制,极大影响了中国企业在投资国实施知识产权战略和布局决策时的话语权。

近年来,为促进内外部企业公平参与市场竞争,加强对本国知识产权的保护,"一带一路"沿线各国对多个行业来自国外的投资施行了准入的限制,随着"否定清单"模式被广泛应用到"一带一路"沿线各国,中国企业无视投资国的外资准入领域盲目竞标造成严重损失的案例比比皆是。❷

2. 知识产权诉讼权利的滥用

对于陌生的外来事物,正常的心理态度通常是抵触和排斥,我国企业在对"一带一路"沿线国家/地区进行投资、开拓市场时也会遇到地方企业甚至是政府的刁难,此时知识产权就会成为投资国的企业打击外国企业进入本地市场的必备工具。面对外国企业的投资,当地企业会通过知识产权诉讼等手段来保护自己,而知识产权诉讼周期长且涉及的两方知识产权法律不同,对于中国企业的投资者而言将是一个重大的打击,大企业会错过最佳进入市场的时机,小企业由于资金的局限性,更容易选择放弃海外投资的保守策略,而对于急于冒进的小企业来说,则可能由于货物的积压导致资金链的断裂最终走向破产。

3. 中国企业知识产权意识薄弱

从知识产权保护的角度来看,我国企业重视知识而轻视产权,不仅是指

---

❶ 张敏:"'一带一路'背景下我国企业对外投资法律风险的防范",载《西安财经学院学报》2017年第1期。

❷ 王珍:"'一带一路'倡议与知识产权区域制度一体化问题研究",载《法制博览》2017年第8期。

企业管理层对外投资的知识产权风险防范的战略意识，还指企业对外投资业务岗位上的员工的基本认知。我国企业自上而下没有将知识产权存在的风险上升到思想高度，忽视了企业在对外投资的过程中因为缺乏知识产权风险的认知可能导致的事故和损失；企业在对外投资时需要谨慎，尤其要对知识产权的风险进行全面管控，而事实是在针对相应的知识产权风险时，国内少有企业能有一个合理的应对预案。只有从思想根源上对知识产权风险防范的重要性有了认知以后，企业才能找到症结，对症下药，把有限的时间和资源整合起来，在实践中提升企业在发生知识产权风险前的预警能力，以及知识产权风险发生时企业的机动反应和应对能力。

企业运用新的技术方案制造出产品，需要投入巨大的成本，这是企业的知识产权，是企业与同行业其他企业抗衡的核心竞争力，但似乎我国企业对其重要性的认识，在很长一段时间都处于忽视的状态，将自己拥有的技术转化为知识产权的意识以及能力不强，因而我国出现很多老字号商标在海外被抢注的现象。因此，企业的投资者知识产权意识不强将成为企业对外投资时巨大的风险，导致自己拥有的研究成果在进行投资的市场国不能得到有效的保护。

4. 中国企业对外投资缺少全方位的知识产权人才

面对"一带一路"沿线国家/地区多元化的国情和复杂的国际局势，我国企业对外投资需要一批国际化知识产权复合型人才，而目前我国这一人才资源短缺，尤其是能与海外企业和政府进行有效沟通、谈判，精通国际贸易规则的高端国际知识产权复合型人才严重短缺，为了应对我国企业对外投资知识产权风险，在我国企业发生知识产权纠纷之后的权益得到维护，使得中国企业能够全方位、大规模地"走出去"，培养和储备全方位的知识产权人才已经刻不容缓。❶

5. 中国企业自身承受知识产权风险的能力不强

我国企业面对知识产权风险时承受能力不强的原因主要体现在企业自身

---

❶ 刘介明："企业海外经营中的知识产权风险防控能力研究"，载《知识产权》2017年第7期。

知识产权的创新实力上。❶ 以企业的正常生产经营被保证为基础，当企业在对外投资遭遇知识产权风险时，其所能承受的风险受到技术创新水平、经济实力以及企业对风险的管理能力等因素的影响。我国企业目前除了类似华为这种有知识产权良好布局的大公司外，有数量大且优质的自主知识产权储备的企业少之又少；当今中国的企业绝大多数又是以占据市场份额少的中小企业为主，且不具备与国际公司抗衡的经济实力；中国企业尤其缺乏在预警、评估以及应对知识产权风险方面的能力，在对"一带一路"沿线国家/地区进行投资过程中一旦遭遇知识产权风险，对于承受能力不足的中国企业必定是毁灭性的打击。

三、中国企业投资"一带一路"沿线国家/地区知识产权风险的应对

1. 提高中国企业对外投资知识产权风险的应变能力

中国企业在对"一带一路"沿线地区进行投资的任何一个阶段都有出现知识产权风险的可能，及时控制风险，防止事态扩大是企业应对此类知识产权风险的首要任务。企业应当成立专门的知识产权风险应对小组，当风险事故发生时，首先由小组对风险的来源进行初步的判断，划出隔离带，及时将涉及的知识产权风险的传导路径予以切断，这样能最大限度地将企业因为知识产权风险造成的损失进行控制和降低；前车之鉴，后车之师，知识产权风险的发生正是企业总结经验教训的机会，问题是在实践中解决的，企业应对知识产权风险的方案也是在出现问题之后得到优化的，只有这样，中国企业对知识产权风险管控的自学和改进能力才能不断提升，中国企业对外投资知识产权风险的应变和管控能力才能得到加强。

2. 中国企业对外投资思想上要形成对风险的防范观念

知识产权风险防范的宣传与培训工作，不仅要自上而下，而且要从外至

---

❶ 李菊丹："论'一带一路'国家版权制度的国际化与版权保护的地域性"，载《科技与出版》2016 年第 10 期。

内,这是中国企业的任务,更是政府部门的工作,对知识产权的风险防范工作不应只局限于简单的宣传册印刷,牵头组织帮学互助小组开展风险防范知识的讲座和培训,并通过媒体渠道进行推广应当落到实处,将风险防范的意识提升一个层次,作为一根楔子打入中国企业的内部,使企业真正从思想上对知识产权风险防范加以重视。

"一带一路"为我国企业,尤其是已经涉足或准备开展对外投资业务的企业提供了一个崭新的投资平台,在这一背景下企业的整体性就显得尤为重要,对于风险防范的定期培训工作应当及于每位企业员工,学习欧美先进的理念和技术,有针对性地对不同部门的员工进行分类培训不仅能提高员工的工作能力,更能加强企业成员的责任和使命感,同行业的企业之间应当加强合作和联系,由政府牵头组织各企业高层知识产权管理人员定期参与中国企业对外投资知识产权风险的讲座,从而加强知识产权的战略意识;企业的技术研发人员是企业持续生存的心脏,是创造企业价值的核心,企业要注重对研发人员的开发和培养,使得企业的技术研发水平能够保持,定期的专业培训是必要的,能够帮助研发人员更快地确认当前最新的技术进展以及自己的研发成果是否有侵权或被侵权的情况出现,这样能有效地从源头避免因侵犯他人的知识产权而产生的不必要的损失。

3. 建立中国企业对外投资知识产权风险防范的制度体系

企业在对外投资时的知识产权风险防范控制能力是企业综合实力的体现,这要求企业自身必须制定一套合理可行的知识产权风险防控制度,来统一管理和调配企业上下各部门的工作以及员工的行动。❶ 企业对外投资知识产权风险防范制度体系的建立是对风险的一种归纳,是将解决办法标准化的一种方法,是企业开展对外投资业务时的制度保障。

在现今瞬息万变的国际形势之下,中国企业对外投资不仅需要长远的战略眼光、强大的知识产权储备,而且要具备承受知识产权风险的能力。对于企业自主研发的知识产权想要在"一带一路"沿线国家/地区进行实施,那

---

❶ 辛彦军:《涉外知识产权诉讼援助基金的法律构建》,首都经济贸易大学 2016 年博士论文,第 56 页。

么就需要将知识产权的海外确权工作提到日程上来，在海外进行确权工作的同时也可以将我国的产品的规格和制度一并带入目标市场，加速相关知识产权在"一带一路"沿线国家/地区的标准化进程。

中国企业在知识产权风险面前往往会出现资金周转不及时的尴尬处境，在我国企业中设立专项基金对知识产权风险进行维权就显得尤为重要，这极大程度地提高了企业应对知识产权风险的经济承受能力；在同行企业中也要保持良性的市场竞争关系，对外投资的知识产权风险不单是一个企业的"家务事"，更是整个行业所要共同面对的现实问题，同行业的企业之间有必要组成知识产权创新互助联盟，在发生知识产权风险时能起到帮带作用，实现联合维权。

"一带一路"倡议的提出，给中国的企业对外投资带来了巨大的发展机遇，给中国制造走向世界创造了条件，但当面对诸如沿线国家/地区知识产权保护力度不均衡等一系列问题时，我国企业应当提高风险意识和自我保护意识，知识产权问题在对外投资的整个过程中是不可避免也无法回避的重要问题，我国企业要有信心，在政府的指导下勇敢地直面这一挑战。

"一带一路"倡议下我国企业对外投资知识产权风险的预防措施

李安琪*

内容提要 我国企业在对外投资过程中由于知识产权意识淡薄等原因，面临商标抢注、商业秘密泄露、知识产权壁垒等知识产权风险，阻碍了企业在国外市场的自由竞争。为了应对上述风险，从企业层面来看，需要提升企业知识产权风险感知度、完善知识产权风险管理机制、采取内部化手段防止专利技术外溢、招聘"一带一路"东道国中的华裔后代；从政府及国家层面来看，需要建设沿线国家/地区知识产权检索库、建立知识产权O2O服务平台、完善"一带一路"对外投资知识产权维权的部门协作机制、提高知识产权国际规则的国家参与度。

关键词 "一带一路" 对外投资 知识产权 风险应对

一、问题的提出

"一带一路"倡议的提出和建设，为我国企业营造出开放合作、互利共

---

* 李安琪，南京理工大学知识产权学院研究生。

赢得良好国际投资环境，取得了很好的成效。❶ 然而，投资失败的项目数量仍居高不下，这一方面是因为"一带一路"沿线国家/地区知识产权发展水平整体偏低，另一方面则是因为各国的知识产权规制标准不一，导致我国企业在对外投资过程中各种知识产权风险层出不穷。在此背景之下，如何提高我国企业的投资成功率，已成为当前一个迫在眉睫的问题，而要想解决这一难题，离不开因地制宜的知识产权风险应对方案，因为在当今的知识经济时代，知识产权制度与经济发展和技术革新越来越密不可分。❷ 因此，本文在了解我国企业在"一带一路"沿线国家/地区对外投资中遇到的法律风险的基础上，总结其中特有的知识产权风险，为我国企业在"一带一路"沿线国家/地区进行对外投资时的知识产权布局提供参考意见和完善方案。

二、我国企业在"一带一路"沿线国家/地区对外投资面临的法律风险

"一带一路"所辐射的范围之广，使得其成为沿线国家/地区经济贸易成长的极大推动力之一。我国的本土企业在"一带一路"倡议的带动下，大胆走出国门，积极参与国际竞争，但是，"一带一路"带来巨大的市场的同时，也带来了较大的挑战，尤其是投资过程中的法律风险，企业是难以避免的。具体而言，企业所采取的符合母国法律规定的经营行为，可能存在违反东道国相关法律规定的因素，进而需要为此负担额外的风险成本。为了能够

---

❶ 数据显示，2014~2016年，中国与沿线国家贸易总额超过3万亿美元，对沿线国家投资累计超过500亿美元。2017年1~9月，我国企业共对"一带一路"沿线的57个国家进行了非金融类直接投资96亿美元。对外承包工程方面，我国企业在"一带一路"沿线61个国家新签对外承包工程项目合同3 485份，新签合同额967.2亿美元，占同期我国对外承包工程新签合同额的57.5%，同比增长29.7%；完成营业额493.8亿美元，占同期总额的48.2%，同比增长7.9%。数据来源：http://www.fdi.gov.cn/CorpSvc/Temp/T3/Product.aspx?idInfo=10000499&idCorp=1800000121&iproject=33&record=9432。

❷ 吴汉东："科技、经济、法律协调机制中的知识产权法"，载《法学研究》2001年第6期。

及时应对此类风险,需要根据企业进入母国投资的三个时间段厘清其中存在的法律风险。

(一) 对外投资准入阶段的法律风险

第一阶段是投资准入阶段,该阶段的各项事宜往往是由东道国自主制定法律管辖。[1] 作为一种经济主权,东道国以国内法的形式对投资者设置准入资格、管理和控制其各项经营活动。在"一带一路"倡议的背景下,国内企业投资的项目主要集中在与国计民生存在密切联系的领域,包括能源矿产、基础设施等方面,东道国出于对本国居民的保护提出了相关规定。具体来说体现在三个方面。

(1) 权利限制。其包括对所有权的控制和对股东权利的限制。在投资准入阶段,我国企业需与东道国政府或者其国有企业签署协议书,对于周期长久、工程量多、营利丰富的项目,东道国往往会采取措施限定我国企业的投资资产,缩限我国企业的股权比例,以此来达到主导项目话语权的目的。

(2) 准入范围。东道国根据本国的情况,通过"正面清单"和"负面清单"的方式,在特定的和敏感的行业及领域对外资的进入作出限定。[2] 具体来说,当前我国企业投资的领域有限,且涉及的领域较为敏感,东道国会制定"肯定清单",如缅甸允许的范围有农业、林业及矿业等产业。但随着建设深入,印度等国家提出了"否定清单",除了严格禁止以外的产业,均可以进行投资,为他国企业投资提供更多机会。

(3) 投资是否能够履行。我国企业在选择投资前,除了要求对方取得项目开发权,还要了解所在国家对该项目的标准等,以此来预测和规避法律风险。

---

[1] 史晓丽:《国际投资法律》,中国政法大学出版社 2005 年版,第 58 页。
[2] 外资准入的"正面清单"排除了所有未列举的产业;采用"负面清单",禁止和限制外资准入的产业和领域作为例外。

(二) 对外投资经营阶段中的法律风险

第二阶段为企业经营阶段，投资者在市场国通常会遭遇环境保护、税收、知识产权、劳工权益保护等方面法律风险。

（1）环境保护风险。环保理念已经在全球范围内达成共识，但我国企业环保意识薄弱，致使部分国家/地区不允许我国企业进行投资，造成多个项目失败。

（2）税收风险。首先表现在税制差异风险。沿线国家国情、税制类型等方面各不相同，如巴基斯坦、孟加拉国等法定税率远高于我国（见表1、表2❶）。其次是重复征税风险。在对外投资中，我国采取分国不分项的原则给予境外税收一定抵免额度。以"一带一路"沿线国家/地区举例来说，若我国企业在阿富汗的税率为20%，低于我国税率25%，那么该企业在我国缴税时可以享受一定限额的减免，但值得注意的是，分国不分项原则产生的超限额抵免无法结转，这就可能导致重复征税现象普遍存在。

表1 "一带一路"沿线国家的税率设置

国家	税率类型	经营所得和其他所得	股息	投资所得除股息之外的投资所得	资本利得
阿尔巴尼亚	比例税率	15%	15%	15%	15%
阿富汗	比例税率	20%	20%	20%	20%
阿曼	比例税率	12%	0%	0%	12%
阿塞拜疆	比例税率	20%	0%	10%/14%	20%
埃及	比例税率	25%	0%	20%	25%
爱沙尼亚	比例税率	21%	21%	10%	21%
巴基斯坦	比例税率	33%	10%	10%/15%/20%	25%
巴勒斯坦	比例税率	20%	10%	10%	20%
白俄罗斯	比例税率	18%	12%	10%/15%	18%
保加利亚	比例税率	10%	5%	10%	10%

❶ 刘鹏："'一带一路'沿线国家的公司税制比较"，载《上海经济研究》2016年第1期。

续表

国家	税率类型	经营所得和其他所得	股息	投资所得除股息之外的投资所得	资本利得
波黑	比例税率	10%	0%	10%	10%
波兰	比例税率	19%	0%	20%	19%
不丹	比例税率	30%	L	L	L
东帝汶	比例税率	10%	L	L	L
俄罗斯	比例税率	20%	9%	20%	20%
菲律宾	比例税率	30%	0%	20%/30%	10%
格鲁吉亚	比例税率	15%	0%	5%/10%	15%
哈萨克斯坦	比例税率	20%	0%	15%	20%
黑山	比例税率	9%	9%	9%	9%
吉尔吉斯斯坦	比例税率	10%	0%	10%	10%
柬埔寨	比例税率	20%	14%	14%	20%
捷克	比例税率	19%	10%	15%	19%
卡塔尔	比例税率	10%	0%	5%	10%
科威特	比例税率	15%	15%	0%	15%
克罗地亚	比例税率	20%	12%	15%	20%
拉脱维亚	比例税率	15%	0%	15%	15%
老挝	比例税率	35%	10%	5%/10%	0%
黎巴嫩	比例税率	15%	10%	5%/7.5%	10%
立陶宛	比例税率	15%	15%	10%	15%
罗马尼亚	比例税率	16%	16%	16%	16%
马来西亚	比例税率	25%	0%	10%/15%	30%
马其顿	比例税率	10%	0%	10%	10%
蒙古	比例税率	10%/25%	10%	20%	L
孟加拉国	比例税率	28%	20%	35%/10%	15%
缅甸	比例税率	25%	0%	15%	10%
摩尔多瓦	比例税率	12%	6%	12%	6%
尼泊尔	比例税率	25%	L	L	L
塞尔维亚	比例税率	15%	0%	20%	15%
塞浦路斯	比例税率	13%	0%	0%	20%
沙特阿拉伯	比例税率	20%	0%	5%/15%	20%
斯里兰卡	比例税率	28%	0%	15%	0%
斯洛伐克	比例税率	22%	0%	19%	22%

续表

国家	税率类型	经营所得和其他所得	股息	投资所得除股息之外的投资所得	资本利得
斯洛文尼亚	比例税率	17%	0%	15%	17%
塔吉克斯坦	比例税率	15%	L	L	L
泰国	比例税率	20%	0%	15%/3%	20%
土耳其	比例税率	20%	0%	10%/20%	20%
土库曼斯坦	比例税率	8%	0.15	15%	8%
文莱	比例税率	20%	0%	10%/15%	0%
乌克兰	比例税率	17%	0%	15%	17%
乌兹别克斯坦	比例税率	8%	0%	10%/20%	8%
新加坡	比例税率	17%	0%	10%/15%	0%
匈牙利	比例税率	10%/19%	0%	16%	N
叙利亚	比例税率	10%~28%	0%	7.5%	N
亚美尼亚	比例税率	20%	10%	20%	20%
也门	比例税率	20%	0%	10%	20%
伊拉克	比例税率	15%	0%	15%	15%
伊朗	比例税率	25%	L	L	L
以色列	比例税率	26.50%	0%	25%	26.5%
印度	比例税率	30%	16.995%	20%/25%	10%
印度尼西亚	比例税率	25%	15%	20%	25%
约旦	比例税率	14%	0%	7%	0%
越南	比例税率	22%	0%	5%/10%	22%

注：表中 L 表示资料缺失，N 表示按经营所得和其他所得税率征税。

表2 "一带一路"沿线国家/地区税收优惠政策

	优惠政策	具体规定	代表国家
税收政策	有限抵免	与本国签订税收协议的国家，其境外已纳企业所得税可抵免国内相应税款，但超限的境外税收不得抵免境内应纳税款，且不得向前、向后结转	阿塞拜疆、巴基斯坦、波兰、拉脱维亚、马其顿、土耳其
	特殊规定	没有与本国签订税收协议的国家亦能享受政府给予的有限国内税收抵免待遇	保加利亚、马来西亚、以色列
		没有与本国签订税收协议的国家的国外已纳税款不能于本国抵免，但其已纳税款可于次年作为费用扣除	捷克

续表

	优惠政策	具体规定	代表国家
税收豁免	免税项目	公共服务、基建项目、旅游行业、石油行业	阿尔巴尼亚
		公司 50% 员工为残疾人，且雇用时间超过 1 年	波黑
		农业和符合条件的加工业	吉尔吉斯斯坦
		农业、石油和天然气行业	蒙古国
		从事采矿、制造、农业、畜牧业、教育、酒店及度假村运营等活动的公司自成立起 5 年内免除企业所得税	阿曼
	减税项目	斯科尔科沃创新中心企业 10 年内免缴企业所得税	俄罗斯
		欠发达地区参与生产活动的公司 8 年内免税	黑山
		外商直接投资的公司，最多可享受 10 年免税待遇	科威特
		在沙特阿拉伯 6 个不发达省份投资的公司 10 年内免税	沙特阿拉伯

（3）知识产权法律风险主要表现在侵犯与被侵犯两个层面，前者是我国企业触犯他国与知识产权相关的法律规定，此类风险需要企业提高对相关法律的关注度；后者是我国企业知识产权遭受侵害，此类风险也是不容忽视的，例如"飞鸽"商标（自行车），在巴基斯坦、菲律宾被抢注："鼎盛天工"商标（工程机械），在阿根廷被抢注："天塔"商标（蜡烛），则在肯尼亚被抢注。这些商标在这些国家遭经销商抢注后，均被抢注人合法持有，相关企业通过漫漫的维权之路虽取得了这些商标在被抢注国的合法权利，但司法协商的结果往往是由抢注人作为该产品在出口国的总代理。

（4）劳工权益保护风险。中国劳工在对外投资中可能面临的风险主要有：中东欧的非法劳工、劳务纠纷，日本的研修生工作环境恶劣、工伤事故，东南亚的排华情绪，南亚及北非的恐怖主义风险，有学者根据"一带一路"沿线国家/地区存在的风险种类及数量将不同地区按风险由低到高进行统计，为投资者明确其中的投资风险（见图1）。❶ 引致此类风险的原因有，其一是中国投资者对东道国劳动法律的不明晰；其二是由于中国投资者企业

---

❶ 章雅荻："'一带一路'倡议与中国海外劳工保护"，载《国际展望》2016 年第 3 期。

管理方式与东道国的企业管理文化存在较大的差异；其三是沿线国家复杂的国内政治环境，不完善的劳动法律法规，也会造成非法劳工等风险。投资双方的这种信息不对称极易造成激烈的劳工纠纷，进而导致对外投资活动的失败。

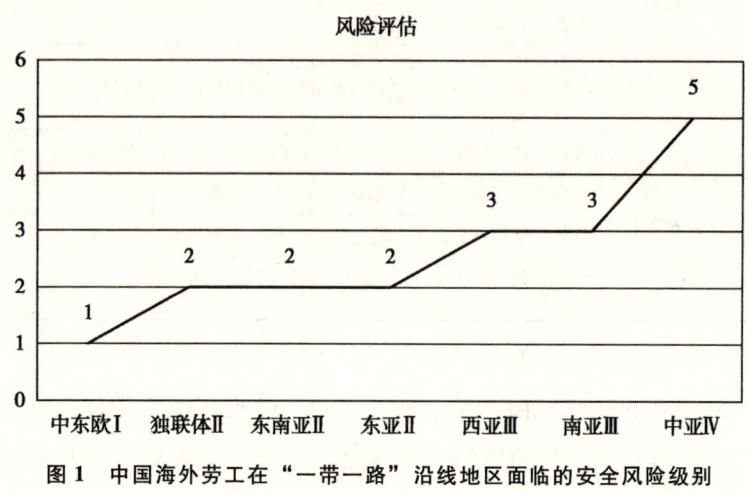

图1　中国海外劳工在"一带一路"沿线地区面临的安全风险级别

（三）对外投资退出阶段的法律风险

针对投资退出阶段来看，主要有两方面的原因：（1）经营不善；（2）受到东道国政策的影响被迫离开。其中最普遍的即为国有化风险，一旦出现该问题，我国企业在东道国的直接投资产生的财产将可能被政府强制性收归国有。这种情况会严重威胁到投资方与合作方的利益，并引发一系列的法律风险。由于"一带一路"倡议下被投资的市场国多为发展中国家，国内环境尚不稳定，在很大程度上会引发此种风险。另外，国家之间存在的历史遗留问题，使得此类风险化解难度较高，或者国内特殊情况的影响而被迫撤资，这些都在无形中增加了风险。

三、我国企业在"一带一路"沿线国家/地区对外投资面临的知识产权风险

"一带一路"倡议为我国本土企业带来更加广阔的发展空间的同时,也提出了不小的挑战,尤其是企业在对外投资的实践中时常由于各种因素而陷入知识产权风险之中。众所周知,知识产权是一个企业的核心竞争力,其足以使一个企业在一夕之间丧失海外竞争力而被迫退出海外市场,甚至破产。因此,如何应对知识产权方面的种种风险已成为企业期待解决的一大棘手问题。而寻求应对知识产权风险措施的关键在于深入分析风险产生的内外因素,从而充分认识把握企业对外投资过程中可能面临的知识产权风险,从根本上探求应对知识产权风险的对策。

(一)知识产权风险产生的内在因素

知识产权风险产生的内在因素是指我国域内的可能导致知识产权风险的因素,大致可分为以下三点。

(1)我国知识产权制度因素。从制度本身来看,我国知识产权制度仍有改善的空间,相较于发达国家,正处于起步阶段,发展水平较低。在制度建设和立法保障方面均主要借鉴发达国家的做法,但由于本土环境差异,移植过来的制度难免出现水土不服的情况。同时,社会的迅速发展,使法律的滞后性缺点被放大,尤其是知识产权领域,知识产权制度的发展往往落后于保护形势的变化,不能及时解决所面临的权利纠纷问题。另外,我国缺乏成熟的海外知识产权救济机制,美国、韩国等国家虽有较为完善的国内制度,但仍然致力于不断完善海外的知识产权维权机制,因此该机制的重要性可见一斑。

(2)企业自身意识因素。企业作为"一带一路"的战略参与者,其自身存在的问题也是知识产权风险产生的一大因素。一方面,从权利人自身素质来看,企业实施投资时很少会意识到保护智力成果的重要性。虽然近年来,

国家有重点、有强调地发展知识产权，加大宣传教育力度，许多高校也纷纷开展知识产权学科建设，以"创新"为主打的企业更是充分依赖知识产权，尤其是专利法的保护，但对于大部分企业或个人而言，知识产权仍是一项陌生的制度，多数企业甚至在知识产权遭受侵害时并不知道正确的救济途径，比如申请对方专利无效、起诉他人恶意诉讼等手段。另一方面，从权利质量来看，我国企业拥有的知识产权存在规模大但质量低的问题，同时往往还不能够充分利用与维持。"打铁还需自身硬"，知识产权本身质量决定了其在法定保护年限内所能存在的时长，比如，一项具有他人所难以知晓并获得技术的专利，自然不会轻易被他人"宣告无效"而长期存在。

（3）对外投资的经验因素。由于我国早期实施计划经济、进入国际市场的时间较短，即使企业在对外投资过程中拥有较高的知识产权保护意识，但由于缺乏进行域外知识产权保护、域外知识产权先期布局、知识产权评估等经验，依然难以避免知识产权风险。

（二）知识产权风险产生的外在因素

"一带一路"倡议所涉及的复杂国际环境是导致企业面临知识产权风险的重要外在因素，主要有以下三个方面。

1. 国家间知识产权规则差异

环境的复杂性决定了进行对外投资企业所受约束的多样性，这一约束不仅来自"一带一路"沿线市场国，还可能来自于其他活跃在国际市场上的发达国家。

"一带一路"沿线各国和地区参与有关知识产权国际条约、区域性知识产权规定等的程度参差不齐，比如60多个沿线国家/地区中，除乌兹别克斯坦、土库曼斯坦、巴勒斯坦、东帝汶外的其他国家都至少参加了PCT、巴黎公约、WTO中的一个或者多个，其中属于发达经济体的国家均同时属于PCT、巴黎公约、WTO的成员（见表3~表5）；有11个欧盟成员，全部东盟成员（10个）。其知识产权制度规定不一、要求不同，从而在面对知识产权纠纷时所适用的规则多样性和差异性，导致企业对外投资过程中知识产权高风险率。而其他活跃主体的约束主要体现在其高于国际要求的知识产权保护标准，比如美国、德国等发达国家。我国企业在对外投资过程中涉及与这些国家/地区交易时，需要更谨慎地实施知识产权并采取严格、高标准的保护措施，从而避免陷入侵权或更好地维护自身权益。

表3 "一带一路"沿线的PCT、巴黎公约、WTO组织成员

（转型经济体）

（2017年9月更新）

国家/成员	PCT	巴黎	WTO	国家/成员	PCT	巴黎	WTO
阿尔巴尼亚	×	×	×	白俄罗斯	×	×	—
亚美尼亚	×	×	×	吉尔吉斯斯坦	×	×	×
阿塞拜疆	×	×	—	波黑	×	×	—
塔吉克斯坦	×	×	×	格鲁吉亚	×	×	×
哈萨克斯坦	×	×	×	前南斯拉夫马其顿王国	×	×	×
摩尔多瓦	×	×	×	乌克兰	×	×	×

注："×"代表属于，"—"代表不属于。

表4 "一带一路"沿线的PCT、巴黎公约、WTO组织成员

（发展中经济体）

国家/成员	PCT	巴黎	WTO	国家/成员	PCT	巴黎	WTO
文莱	×	×	×	马尔代夫	—	—	×
柬埔寨	—	×	×	蒙古国	×	×	×
埃及	×	×	×	缅甸	—	—	×
巴林	×	×	×	尼泊尔	—	—	×
印度	×	×	×	斯里兰卡	×	×	×
印度尼西亚	×	×	×	叙利亚	×	×	—
伊朗	×	×	—	马来西亚	×	×	×
伊拉克	—	—	—	泰国	×	×	×
巴基斯坦	—	×	×	土耳其	×	×	×
约旦	×	×	×	也门	—	—	—
新加坡	×	×	×	黎巴嫩	—	×	—

续表

国家/成员	PCT	巴黎	WTO	国家/成员	PCT	巴黎	WTO
沙特阿拉伯	×	×	×	老挝	×	×	×
菲律宾	×	×	×	阿联酋	×	×	×
科威特	—	—	×	越南	×	×	×
卡塔尔	×	×	×	阿富汗	—	×	—
孟加拉国	—	×	×	阿曼	×	×	×
不丹	—	×	—				

注:"×"代表属于,"—"代表不属于。

表 5 "一带一路"沿线的 PCT、巴黎公约、WTO 组织成员
（发达经济体）

国家/成员	PCT	巴黎	WTO	国家/成员	PCT	巴黎	WTO
克罗地亚	×	×	×	爱沙尼亚	×	×	×
捷克	×	×	×	南非	×	×	×
斯洛伐克	×	×	×	韩国	×	×	×
斯洛文尼亚	×	×	×	波兰	×	×	×
罗马尼亚	×	×	×	以色列	×	×	×
匈牙利	×	×	×	立陶宛	×	×	×
拉脱维亚	×	×	×	保加利亚	×	×	×

注:"×"代表属于,"—"代表不属于。

2. 区域性政策差异

"一带一路"倡议辐射了包括政治不稳定的中东、非洲等区域,上层建筑对经济基础的影响不容小觑,区域政治的动荡势必影响到知识产权政策、经贸关系的连贯性,从而给企业带来不可预见的高度风险。

3. 区域性话语权差异

中国虽一直以大国姿态要求自己,但不可否认的是,相对于发达国家,我国由于知识产权制度建设的落后性及相关经验的缺乏,在国际舞台上话语权是欠缺的,当然这不仅是中国面临的挑战,而是所有发展中国家共同面临的问题。

（三）知识产权风险的具体情形

上述因素共同导致了我国企业在对外投资过程中面临的知识产权风险，对于企业而言更重要的是了解知识产权风险的表现形式，即其以何种形态出现在阻碍企业对外投资的道路上，以便在风险发生之时及时反应、及时应对。结合其背后的产生因素，必须充分考虑到交易中可能涉及知识产权竞争及其风险，预先防范，尽可能减少风险的发生。

1. 侵权风险

我国企业在对外投资中最常面临的即为知识产权风险，"一带一路"倡议下的对外投资也不例外。这类风险的形成，往往离不开知识产权意识淡薄、知识产权制度差异等因素，这里所指"侵权风险"不包括我国企业恶意侵权，而仅指他人合理在先权利导致我国企业主动侵权、他人恶意抢占知识产权导致我国企业被动侵权两种情形，具体可分为以下几种类型。

（1）商标侵权风险。商标，作为企业区别于他人的重要手段和标志，是我国企业开拓海外市场的重要"招牌"，尤其是知名商标，其所蕴含的不仅是区别作用，而且是企业内在商誉的体现。商标的保护具有地域性，只有事先在相关市场国注册过的商标，才会获得当地法律保护的机会和权利。因此，商标保护是企业在对外投资时不可轻视的关键步骤。然而，我国企业由于知识产权意识淡薄、缺乏海外经营经历等原因，尚不能意识到预先布局海外商标市场的重要性，往往会遭遇海外企业恶意抢注相关商标导致被动侵权，或在国外企业的在先权利基础上产生主动侵权行为，也就是相关商标在国外已被注册使用。如此一来，为了继续推进对外投资，大多数企业要么选择花重金买回商标，要么陷入长期诉讼之中。为减少此类风险，我国企业需要树立"产品未动，商标先动"的商标侵权风险防范意识。

（2）自主专利侵权风险。我国近年来着力推进创新企业的成长，自主专利是其最具竞争优势的利器。随着企业重视程度的提高，自主专利的发展也呈现趋好的形势。在现今的知识经济时代，想要打开国际市场，专利技术的布局就显得尤为重要，对"一带一路"沿线各国和地区相关专利政策的熟悉也是必不可少的，以防当地企业利用地域优势和便利，抢先申请相关专利，从而使我国自主专利权利人进入当地时，反而成为侵权人，面临侵权诉讼。因此，我国企业同样在先期准备过程中，要做好专利布局，尽早为自己的优势技术申请专利，避免诉讼。

（3）商业秘密获悉的风险。针对不宜公开的技术及信息的保护对于企业的发展同样至关重要，企业往往会将其作为商业秘密开展封闭性保护。它虽然不具有商标和专利权地域性的特点，但是在我国企业对外投资雇用外国员工、与外国企业交易过程中，也会面临商业机密泄露的风险，对企业造成不容小觑的打击。因此，企业有必要加强保密手段，避免重要经营信息和技术信息被泄露。

2. 知识产权交易风险

除侵权风险外，我国企业还可能面临知识产权交易风险。

（1）知识产权评估风险。随着知识产权的市场竞争价值的显现并且有趋向核心竞争价值的发展，其重要性也越来越被认可，我国企业开始物色引进海外市场中有价值的智力成果，以求获得更大利润。但是由于知识产权的无形性、时效性、收益的不确定性等特征，对其精确估价提出了很大挑战，加之我国企业知识产权意识不强，导致我国企业在跨国并购时时常发生以高额价格换取存在超出保护期限、明显不等价、在我国不受保护等问题的瑕疵知识产权。

（2）知识产权壁垒风险。知识产权壁垒是一种利用知识产权优势或假借"保护"之名进行的一种进口限制，"一带一路"倡议所涉及大多数国家/地区在保护水平上未超出我国知识产权制度的范围，只有少数国家，如欧盟成员国、韩国等发达国家存在实施知识产权壁垒的可能性，但也仅限于可能。"一带一路"倡议的利好使沿线国家利益暂时趋同，因此即使存在技术可能，沿线国家也不会轻易对他国企业实施知识产权壁垒。企业应当警惕的是其他活跃于国际市场的发达国家，它们在国际贸易中常常利用知识产权实施贸易壁垒，从而构筑我国企业进驻投资市场的现实障碍，其主要采取对平行进口进行严格限制、利用知识产权优势设置不合理的障碍、订立技术贸易中的不平等条款等手段。在这一风险中,国家应当扮演一个庇护者的角色,积极保护企业的合法利益,通过知识产权制度的完善、国际地位的提升、合理外交等手段为我国企业提供一个更优良的国际投资市场环境。

四、"一带一路"倡议下我国企业对外投资的知识产权风险应对

(一)提升企业知识产权风险感知度、完善知识产权风险管理机制

打好防范风险的"第一仗",树立境外知识产权风险意识对于企业来说至关重要。因为在"一带一路"进程中,企业是进行对外投资的直接行为者,由于以上所论述的因素,企业在投资各阶段遭遇知识产权纠纷是无法避免的,因此,企业时刻警惕知识产权风险,及时发现投资行为中的不妥就十分重要。例如,组织企业相关负责人研习市场国知识产权纠纷案例,熟悉对外投资东道国的知识产权规则,提升企业知识产权管理水平等。政府则可以着手建立"一带一路"知识产权检索库,包括所辐射国家/地区的知识产权信息、侵权预警以及最新案例等,为企业提供有效专利信息查询和专利检索。这样企业在熟知东道国知识产权法律法规和风险状况的情况下,能够更好地拟定知识产权风险防范策略,以沉着应对投资运营阶段可能面临的侵权纠纷。

然而,仅凭企业自身的力量是远远不够的,面对"一带一路"沿线60多个国家/地区复杂多样、涉及面广、专业性强的被诉侵犯专利权、商标权、著作权、展会侵权、商业秘密等知识产权风险,还要求政府提供基础服务上的支持。例如,建立相关O2O服务平台,为企业提供知识产权预警信息及应对方案,使企业在遭遇知识产权纠纷时能够占据主动位置,积极制订应急方案,协助企业主动出击,摆脱企业被动应对境遇下的后发劣势。❶ 其中,尤

---

❶ 丁佩琪、丁琪:"'一带一路'建设中知识产权风险防范分析",载《现代营销》2016年第9期。

其要加强专利预警工作,即企业应定期对自身产品所涉相关技术领域进行检索分析,掌握前沿专利动态。从中国通领科技公司与中兴公司在知识产权纠纷中胜诉的经验可知,主动了解投资东道国专利申请、商标注册的程序,提前在"一带一路"投资市场国做好知识产权布局,是在知识产权纠纷中占据有利位置的重要准备。

此外,还需对企业海外知识产权风险管理机制进行完善。(1)在上述"一带一路"知识产权检索库的基础上,另外成立一个知识产权预警处理小组,由来自法律工作队伍和技术攻坚队伍的人员组成并收集相关信息。(2)根据收集到的信息建立一套指标体系来记录沿线国的知识产权风险,筛选出需要特别关注的国家、地域、企业及产品,及时反馈预警信息。(3)预警处理小组借助人工智能、数理统计、计算机辅助系统等工具,通过分析和处理模型对预警信息进行分类,识别有效信息并进行定性和定量处理。(4)计算重点预警产品及企业的实际知识产权风险值,将其与相应的东道国知识产权侵权标准进行对比分析,提炼出高风险经营行为并提前做好侵权应对措施。(5)危机应对结束后,由专家小组对风险预警及管理机制的效果进行分析和反馈,❶对整个系统的环节进行绩效评估,发现问题,总结经验,进行反思,不断完善知识产权风险管理机制,增加企业在"一带一路"市场国投资时遭遇纠纷的赢面。

(二)企业采取内部化手段防止专利技术外溢

从排他性层面上来讲,知识产权可看作有期限的合法垄断权力,对价则是向社会公众公开核心技术,这样就会增加专利技术外溢风险,即竞争企业可能以合理手段对公开技术进行解读并作出实质性改变,进而将"相似"专利技术转化为自己的合法专利,瓜分原专利技术所有企业的市场份额。为了避免专利技术的外溢,企业通常会采取两种措施:(1)知识产权外部化保护手段,即综合利用专利、商标及著作权法律保护措施,全方位、多手段地对

---

❶ 方琳瑜、宋伟:"'一带一路'倡议下企业海外知识产权风险预警与管理机制研究",载《科技管理研究》2016年第8期。

公司核心专利技术进行保护。然而，有调查表明，仅在医疗设施、药物或一些特殊机器制造业领域，外部化专利保护的实效性才能达到企业的期待值，❶同时专利保护需公开技术方案而可能引起信息泄露的固有弊端也并未得到很好应对。(2) 借助一系列市场经营行为来达到保护目的，包括分模块申请专利、降低成本、同业并购等内部化手段。这种保护策略是在部分专利技术信息可以被公开获取的情况下，通过企业其他的辅助性资产或一些技术窍门等方式，阻碍相关企业通过反向工程就轻易仿造出产品的行为。在"一带一路"所涉及的地区中，绝大部分国家及地区的知识产权发展水平均滞后于我国，它们缓慢的经济发展进度及低水平的产业创新能力，不能为我国的对外投资企业提供完善的专利"培养皿"。为了挽回因技术外溢而被瓜分的预期利润，相关企业可以在不同阶段借助不同的知识产权内部化手段应对。

(1) 在专利申请阶段，结合企业的研发脉络厘清产品的专利技术模块，分散化申请专利。我国的技术型企业在入驻"一带一路"市场国时尤其要注意此阶段的防御，例如在越南、老挝等国家，当地产业的自主研发能力较为薄弱，需重点防御当地企业对我国相关技术的完整复制，尽可能增加东道国竞争企业获取我国企业产品的核心专利技术的难度。

(2) 在专利权取得阶段，通过地理距离的控制来减少企业专利技术外溢的风险。这是因为，专利确权地与东道国实际距离的远近会影响投资企业在东道国遭遇专利技术外溢的时间快慢。根据科勒教授的相关实验数据表明❷：专利确权地每远离东道国 1 200 公里，技术溢出所带来的利润削减就降低一个层级。❸ 因此，企业在"一带一路"市场国选择核心模块专利技术的申请地时，既需要考察注册地国家的专利保护水平，又需要考察其与东道国的地理距离，以此来提升东道国竞争企业获取核心技术的搜寻时间和检索难度。

---

❶ 王莲峰、牛东芳："'一带一路'背景下我国企业海外知识产权风险应对策略"，载《知识产权》2016 年第 11 期。

❷ 科勒教授曾以 1970~1995 年的制造业数据为基础进行了地理距离对知识外溢的影响程度的实验。

❸ Keller, W: "Geographic localization of international technology diffusion", *American Economic Review*, 2002, 92 (1).

(3) 在专利维持阶段,提升产品技术升级的速度,缩短产品的换代周期。同时,作为"一带一路"倡议中的资本提供方,我国企业具有一定的资本和技术优势,还可以针对东道国企业资本短板的情况合法兼并相关同业模仿企业,压缩其他同业竞争者的仿制利润空间,从根源上使其主动放弃侵权。

此外,对于不利于公开的核心技术,则可以列入商业秘密来维护。企业可以通过缩小知悉人员范围、拆分商业秘密分块保护的方式,同时也要防范竞争企业通过合法手段获悉相关商业秘密。

(三) 提高知识产权国际规则的国家参与度

随着 WTO 多哈会谈的停滞不前,多边协议的达成越来越难。由于 WTO 体制的"一致同意"规则的制约,发达国家越来越无法在多边谈判中掌握话语主导权,因此,美国与欧盟等国家及地区希望通过 TPP、TTIP 和 TISA 等一系列诸边谈判来重新赢得世界市场,其中高标准新形式的知识产权条款同样是来势汹汹,这对我国来说既是挑战也是机遇。一方面,此类诸边谈判将我国排除在外,意图在世界市场中将我国边缘化,对我国的国际投资造成影响。另一方面,我国可以抓住"一带一路"建设的机会,通过发展中大国的影响力,携手"一带一路"沿线各国和地区完善知识产权制度,增加发展中国家在国际知识产权标准协商中的发言权,逐步改善发达国家"一言堂"的不平等境况。❶ 当然,我国也可以利用这次机会倒逼国内知识产权改革,使国内知识产权保护体制更加趋于合理,以便更好助力"一带一路"对外投资中的知识产权保障。

(四) 完善知识产权的海外救济路径

首先,建立一支专项基金,可以为我国在"一带一路"沿线国家/地区进行知识产权维权的本土企业提供紧急的资金支持,防止企业因一时的资金短缺而滞后了知识产权防御措施的展开。

---

❶ 丁佩琪、丁琪:"'一带一路'建设中知识产权风险防范分析",载《现代营销》2016 年第 9 期。

其次，进一步完善"一带一路"知识产权维权支援机制的部门协作，提升企业的维权效率。我国企业在"一带一路"倡议下对外投资过程中遭遇的知识产权纠纷，因其涉外性、专业性及复杂性，需要多部门合作协助。因此，如国家知识产权局、商务部、外交部、财政部等政府部门，应当联合行业协会和社会中介组织，共同完成"一带一路"知识产权援助工作。同时，引导地方支持企业的境外知识产权维权，建立相应的协作机制。

最后，我国企业在入驻东道国时，可以适当提高企业中东道国当地华裔员工的比例，同时政府也可以采取一定的鼓励措施增加当地华裔参与知识产权法律服务的积极性。[1] 目前，我国企业对"一带一路"东道国的投资已经在逐步推进，熟悉当地企业文化的语言对口型人才仍然极度缺乏，能同时兼具知识产权法律知识的人才更是少之又少，企业法务部很难出具针对性强的法律意见。在此情况下，企业在进入东道国市场后，招聘当地华裔后代并融合知识产权法律培训，可谓是应对知识产权风险的一举多得之法。[2] 一方面，可以发挥华裔员工的成长优势，快速了解当地的企业文化背景和政策背景；另一方面，使华裔员工和企业法务人员一起成长，可以快速培养出一批能够独立处理当地知识产权纠纷的专业化团队，尽早抢占"一带一路"沿线国家/地区中陌生而又极具潜力的市场先机，为企业缩短建设周期进而减少成本，带来事半功倍的效果。

---

[1] 王莲峰、牛东芳："'一带一路'背景下我国企业海外知识产权风险应对策略"，载《知识产权》2016年第11期。

[2] 陈宜："'一带一路'战略下律师行业的机遇与挑战"，载《中国司法》2016年第3期。

"一带一路"建设与企业对外投资中的知识产权法律风险防控

巴 萍*

内容提要 本文以"一带一路"为背景分析企业对外投资将会遇到的知识产权风险境况，从国家与国家交际的宏观层面来考量，知识产权战略会促进我国的对外经济发展、人才培养、研发体系的形成等，面对广阔的投资市场前景，需要应对好市场风险。从知识产权风险特点总结出其具有交叉性、专业性、范围分布广、常发性，通过厘清风险特点进行风险防控分析，提出应对涉外投资知识产权风险法律措施，以人才为储备对象，以法律为降低风险工具，指导知识产权能够在立法、司法以及胜诉执行这些方面，让国与国在交往中逐步建立和不断完善知识产权法律制度和理论。最终，"降低风险、合作共赢"这一目的的实现将会提升国家的国际竞争力和我国在知识产权领域的社会地位。

关键词 知识产权 投资风险 人才 法律

一、"一带一路"的现有布局

习近平总书记于 2013 年 9~10 月在出访中亚和东南亚国家期间提出有关

---
* 巴萍，扬州大学法学院 2016 级研究生。

"一带一路"重大倡议,随后中国政府在 2015 年 3 月公告《推动共建丝绸之路经济带和 21 世纪海上丝绸之路的愿景与行动》的文件,详细地描绘了一幅贯穿亚欧大陆的"一带一路"倡议路线图,它的一侧连接着活跃的东亚经济圈,另一侧深入发达的欧洲经济圈,且利益惠及中间广大腹地的国家/地区。针对"一带一路"将会涉及的 60 多个重要国家,其中包括东北亚 2 国、东南亚 11 国、独联体 6 国、中东欧 16 国、南亚 8 国、中亚 5 国以及西亚北非 16 国,可以预见企业在对外投资策略的选择与适用将会面临诸多挑战和机遇。仅就知识产权方面分析,沿线众多国家/地区基于历史和文化差异形成的国家法律体系不尽相同,部分国家适用大陆法系而另一部分国家适用英美法系,还有少数国家适用其他法系。因此,一旦出现争端,适用不同法系的国家之间对知识产权纠纷的处理方式有天壤之别;根据国家知识产权局发布的消息可知,新兴经济体和发展中国家散落于丝绸之路沿线,由于立法缺席导致的知识产权法律制度不完善,甚至有的国家并不重视知识产权这一部分的权益分担与保护,一些非 WTO 成员如土库曼斯坦、黎巴嫩、伊拉克、哈萨克斯坦等,它们的法律、政策根本不受 WTO 约束。因而,这会为在"一带一路"倡议下的企业投资带来一系列知识产权方面的法律风险。中国作为此次倡议的提出者和引领者,要将自身综合实力提升与帮助沿线国家/地区完善相关知识产权法律体系作为布局重头戏,建立与沿线国家/地区的良好合作关系,促进共同进步。

二、涉外投资知识产权风险特点

企业投资时遇到的涉外知识产权风险是指企业海外从事生产经营过程中,因为知识产权侵权或被侵权行为的发生而导致知识产权侵权或被侵权事故的发生,这种事故的发生给企业带来的投资风险就是一种知识产权侵权损失的不确定性。知识产权的应用与企业涉及海外业务的整条生产经营链,包括与日常管理的各项活动都密不可分。如企业从生到死的过程常会经历的设立与兼并、重组或破产都会涉及商标的归属权问题;从技术研发到产品设计到制造加工会涉及专利权的归属问题；从产成品的书籍及演绎作品的传播会涉及著作权归属问题等。外国知识产权法律制度和交易时适用法律的背景环境相互影响，单个企业常常疲于应对目标投放市场的知识产权法律体系和法律环境，更难以进行科学有效的建模与风险测评分析，或者领导层基于成本考虑后导致的对企业所面临的知识产权风险选择性不作为，妄图投机取巧的投资策略却导致企业实施了某些不符合，甚至违反目标市场知识产权法律制度的行为，❶ 再或者企业由于进入目标市场的行政审批手续复杂，审查许可手续时间长，以至于面对其他企业现时的侵权行为无可奈何，只能眼看着发生而无法采取法律措施，表现为知识产权侵权纠纷的迟延，最终爆发出来就会导致知识产权有权企业的必然损失。

1. 风险的交叉性

在"一带一路"倡议的推进过程中，企业为了响应国家号召和为了自身的发展免不了涉及对外投资，但是这种投资不单单面临知识产权中的单一类别的风险因素的影响，它是一个综合风险因子作用下的风险集合体，这种风险用一个加权公式表示出来会便于理解，但是，它不会是一个简单的线性关系，在不同的法律环境作用下的风险指数是有极大差异的，这需要结合目标市场环境进行评估风险因子的适用范围。经过数值计算，不同市场的风险预期差异显著，需要投资企业慎重决定投资与否和投资规模的大小，以及如何决定资金投放量。以不侵犯第三方知识产权并无限制使用被并购企业的专利技术为目的，尽职调查报告可以对被收购企业的知识产权风险、知识产权价值进行分析、评估，发现潜在风险，为是否完成并购及价格谈判提供指导。❷ 这里做一个简单的数理与法律结合的分析，以知识产权为例。假定该类知识产权风险值用 x 来表示，涉及著作权、商标权、商号权和专利保护四类，它们受到来自法律的保护的风险值用来 y 表示，涉及现有知识产权法律立法现

---

❶ 刘淑华、韩秀成、谢小勇："专利运营问题基本探析"，载《知识产权》2017 年第 1 期。

❷ 樊增强："中国企业对外直接投资：现状、问题与战略选择"，载《中国流通经济》2015 年第 8 期。

状、知识产权执法保护力度、知识产权司法保护程度、胜诉执行。

$$R_1 = x_1y_1 + x_1y_2 + x_1y_3 + x_1y_4;$$
$$R_2 = x_2y_1 + x_2y_2 + x_2y_3 + x_2y_4;$$
$$R_3 = x_3y_1 + x_3y_2 + x_3y_3 + x_3y_4;$$
$$R_4 = x_4y_1 + x_4y_2 + x_4y_3 + x_4y_4;$$

综上，$R = R_1 + R_2 + R_3 + R_4$

其中，著作权为 x_1，商标权为 x_2，商号权为 x_3，专利保护为 x_4；现有知识产权法律立法现状为 y_1，知识产权执法保护力度 y_2，知识产权司法保护程度为 y_3，胜诉执行为 y_4。因此，不难理解 R_n 为不同知识产权类别在目标市场将会遇到的风险值，$n = 1, 2, 3, 4$。

2. 风险专业性强

知识产权方面的保护在世界范围内并不完善，大多数国家仍在摸着石头过河。为了鼓励发明创造，促进科技进步和保护为之付出汗水的人们的劳动成果，关注于知识产权的侵权和保护问题的专家一直为此奔走，进行深入的探讨和研究。以此为基点去辩证分析"一带一路"所面临的知识产权困境，我国企业"走出去"不仅只会是被侵权的一方，也可能会是侵权的一方。从法律方面着手分析，知识产权具有三种典型的法律特征：（1）地域性。由于知识产权保护的地域性特征，企业在进军海外市场的过程中，必须提前做好目标市场的知识产权布局，以此降低知识产权风险。❶ 根据国际惯例，国家之间除非签有国际公约或双边、多边协定，依一国法律取得的权利只能在该申请国的境内有效，受该国法律保护，不具有域外效力。（2）独占性。知识产权只有权利人才能享有它带来的收益，其他任何人不经权利人授权不得行使该项权利，否则就要受到法律的制裁。❷（3）时间性。世界上许多国家的法律专门对知识产权规定了一定使用期限，时效过后则相应的知识产权权利自动终止。由于国家政策的变动，知识产权方面法律的修改更迭频频发生，

---

❶ 方琳瑜、宋伟："'一带一路'战略下企业海外知识产权风险预警与管理机制研究"，载《科技管理研究》2016 年第 8 期。

❷ 宋志国、何莉莉："浅论网络知识产权的保护"，载《法制与经济》2010 年第 12 期。

鉴于知识产权的这三种法律特征描述，一个再有能力的专家也不可能关注着沿线 60 多个主要国家/地区的知识产权方面的变动并及时对企业作出正确引导，术业有专攻要求国家面对不同国别需要培育精通目标市场国知识产权方面的法律人才。

通过对新闻报道关注可知，对知识产权的保护极高重视致使发达国家对知识产权侵权事件倾向于零容忍，被确定为侵权的行为人将会承担双重赔偿，包括承担实际权利人遭受到的实际损失，还包括对实际损失之外的巨额惩罚性赔偿。与之作对比的发展中国家，立法方面存在的法律漏洞会连带影响权利人知识产权的实际保护，仅以商标遭受抢注举例说明，通过数据统计发现海外商标注册数量呈现上升趋势，以前尚未将业务向海外拓展的企业开始重视海外业务市场而去注册本企业商标，却遇到商标遭抢注的现象，影响企业正常的业务进展，甚至有的企业只能付出一大笔商标重购费购回遭抢注的本企业商标。这一现象不能只归咎于企业对自身品牌的保护意识不够充分，目标国家市场部门的不作为也令其无可奈何。笔者认为，在开展"一带一路"倡议的同时，政府应当制订与我国"一带一路"相适应的战略计划，及时发布相关信息，正确引导相应行业和企业进行投资，对重大事件若其所涉专业性强，可以召开行业培训避免企业面对海外投资市场只能像无头苍蝇一样乱撞的情形。

3. 风险的范围广

伴随着经济全球化的发展，现代社会全方位推进的全球化在经济、科技以及治理体系都有体现，像双刃剑一样，企业海外经营中知识产权运作的全球化风险也随之产生。坚决维护国家经济主权的模式已经不合时宜，在国际经济贸易交往日益昌盛的趋势下，发展中国家在条约谈判签订的过程不可避免地需要让渡国家行使经济管理的部分权力。"一带一路"经济带沿线国家/地区，所涉大多数为发展中国家和新兴经济体，这些国家少有对外项目交流，处理经济事务的原则仍以完全排他的管辖权为主，拒绝受其他国家和国际组织的干预。由于沿线所涉国家太多，由企业自己出面一样一样地谈判耗时耗力。若仅仅借鉴国际公约和多边协议对知识产权保护的推动作用，抑或它们对知识产权保护制度在地域性扩散方面的贡献，甚至沿线国家实现知识产权的被保护范围从本国境内延伸到沿线签约盟国，仍不能消除知识产权风险范围广的事实。如 TRIPS 协定就涵盖了一个假设，这个假设就是企业违反 TRIPS 协定相关条款将会影响加入这一公约的所有成员。笔者认为，我国在对外签订知识产权多边协议时，最好分而化之，将 60 多个主要国家进行板块式划分，根据签约对象的具体国情决定签约内容。这样可以降低风险，众多条约像石榴籽排布一样，一份条约崩坏却不会影响本国与其他国家的利益与同盟友好关系，方便我国应对经济环境的各种变化，并且方便与相应国家改动条约内容。

4. 风险的常发性

经过多年的进步和积攒经验，我国企业在国际分工合作、促进技术水平提升和强化市场竞争能力等方面也取得显著进展，这让我国受到赞誉的同时也引发了一些国家和企业的防范之心，之后我国的产品和技术的调查也在这些地方处处碰壁。截至 2015 年，我国连续 14 年因知识产权侵权成为美国"337 调查"数量最多、涉案金额最高的国家；出口产品因知识产权侵权而被查扣的数量在全球也一直居于首位；每年在海外遭商标抢注的案件超过 100 起，造成的无形资产流失约 10 亿元。❶

2016 年，我国境内投资者的非金融类直接投资惠及全球 164 个国家/地区的 7 961 家境外企业，累计实现投资总额 11 299.2 亿元人民币，同比增长 44.1%。得益于"一带一路"建设的快车，2016 年中国企业在"一带一路"沿线 20 多个国家/地区建立了 56 个经贸合作区，直接投资 145.3 亿美元，为东道国增加近 11 亿美元的税收和 18 万个就业岗位。❷ 对外投资的极速增长引起有关国家监管机构对我国企业的特别关注，部分国家为应对我国投资甚至出台收紧外商投资的规定，部分国家经济政策也在挤兑投资中出现不确定

---

❶ 方琳瑜、宋伟："'一带一路'战略下企业海外知识产权风险预警与管理机制研究"，载《科技管理研究》2016 年第 8 期。

❷ 魏哲哲、倪弋："法律服务，护航'一带一路'"，载《人民日报》2017 年 5 月 10 日第 17 版。

性政策企图浑水摸鱼，极少数发达国家对我国的国有企业获得的专项投资资金加高限制壁垒，这无疑都将中国企业对外投资引向高风险之路，连带的知识产权领域也是事故频频。

三、涉外投资知识产权风险防控分析

"一带一路"倡议实施的目的在于促进亚欧大陆的经济互联，这一重要倡议的提出将给本土企业带来对外投资发展的契机，同时也让沿线各东道国得到一次发展本国经济的机会。要保证我国企业对"一带一路"沿线国家/地区投资顺利实施需要着手改进的地方很多，借鉴北宋司马光的名言"销恶于未萌，弥祸于未形"，改善投资法律环境，力图将对外投资可能遇到的知识产权风险降至最低，故而选择并制定防范法律风险的策略需要慎重对待。相关政府部门应加强宣传与培训力度，利用各种媒体和宣传窗口，全面唤醒并及时提醒企业，牢固树立风险防范意识。[1]

我国政府通过高层布局、积极签署对外合作条约、落实施工项目的进展等办法，加固与沿线国家/地区的同盟友好关系也使得对方愿意配合我们的工作计划，现在与大部分友好国家签订了双边、多边投资保障协定，还有那些惠及投资企业的避免双重征税协约，这是一个特别好的发展势头。另外，"一带一路"建设过程中，对知识产权应及时利用现有国际通行规则对该事项进行协商，明晰各方权利义务会非常有利于降低知识产权风险。对于一时不能达成的目标，以准许保留争议事项的形式将双边或多边条约中的其他成果固定成文，避免劳而无果。其实，"一带一路"法律问题的症结有两点，一个症结点是签约各国对东道国本土法系认识是否充分乃至存在不可调解的矛盾之处，另一个症结点在于所有沿线国家/地区对自己签下的国际协定能否愿意且有实力去贯彻执行。

---

[1] 刘介明、陈旭："企业海外经营中的知识产权风险防控能力研究"，载《知识产权》2017年第7期。

四、涉外投资知识产权风险法律措施

针对风险防控分析提到的症结点,应先对未来投资项目尽职调查得到一份可靠的尽调报告,这份报告需要涵盖东道国的整体经济环境状况和拟投资项目关联行业的主要法律规定,通过尽责沟通了解项目和合作方的实际生存状况,尤其要关注合作方可能触发的法律风险点。此外,要充分利用国内外律所,尤其是当地的律师事务所、会计师事务所等专业服务机构长年积累的丰富的实践经验,设计好风险项目下的交易结构和资本金退出机制,使得公司在海外的合法权益得到有效保障,这些风险弱化的战略离不开"人才"和"法律"。

1. 人才培养模式

习近平总书记在出席"一带一路"高峰论坛开幕式的演讲中提到在"一带一路"背景下会开展科技人文交流、共建联合实验室、科技园区合作、技术转移等4项重要行动,并且将在未来5年内安排2 500人次青年科学家来华从事短期科研工作,为东道国培训5 000人次科学技术和管理人员,投入运行50家联合实验室。❶ 由于"一带一路"是一个持续性的建设,鉴于当初研究东道国各国律法的专家并不很多,同样也缺乏对应不同目标市场的后继青年人才,作为人才的培育摇篮的各高校可以响应总书记的号召,为"一带一路"的未来建设部署培育计划。由于各国法律多是以文字记载的,在缺乏实地调研的情况下可以选择购进各目标国家/地区的原本律法资料或同时翻译成中文译本让高校学生研究,对高校学生进行分门别类的专业化培训,可以在开放学生视野的同时提高自身专业水平,为国家储备人才,在众多企业对外投资时应聘为他们的法律顾问,降低企业对外投资将会遇到的法律风险。

2. 知识产权法律系统化模式

(1)立法措施。针对知识产权风险制订立法计划,需要一个双向标,它

---

❶ "习近平出席'一带一路'国际合作高峰论坛开幕式并发表主旨演讲",载《中国经济周刊》2017年第22期。

需要同时符合我国的目的和东道国具体国情。第一，由于活跃在国际社会上的各国之间签有不同的经济贸易条约，适用时在本国和外国法规定的理解常常存有差异，甚至国际通用的商事习惯、一般法律原则等都有时会混淆不清，在合约谈判时各方要特别强调法律的优先适用步骤。第二，参照已有国际知识产权公约类别，联系东道国现有知识产权体系、知识产权使用频率、法律立法体系、知识产权侵权的处罚规定帮助东道国完善它们的知识产权法律体系。通过参详东道国的立法详细规定让专家调研所投行业项目将会涉及的知识产权的主要领域，进行试点规划。第三，将我国与各东道国之间签订的知识产权协议及时告知作为投资方的企业，并将该国出现过的典型知识产权纠纷判决进行整理作为宣讲材料，在宣讲会上提醒企业在签订投资合约的时候注意法律陷阱，将争议部分以文字的形式表述在合约中，明晰权责。

（2）执法措施。针对知识产权的立法执行这一板块，它与政府部门具备的保护知识产权的职能与执行效率密切相关。政府可以在预算范围内制订一份知识产权人才培养计划，探索新的人才培养计划模式，培养出适合"一带一路"倡议的人才，需要为高校提供更多渠道获得知识产权律法信息。针对去海外投资需要办理知识产权认可的企业提供咨询和帮助，对大规模投资计划下的资产外投情形可以和东道国协商出一个集中办理的快速渠道，可以及时将资金到位，带动沿线东道国经济的繁荣，为"一带一路"倡议增添助力。与此同时，引导各行业组织或协会在各东道国的成立，发挥它们与国内行业组织或协会的对口协商职能，减轻政府的负担。另外，海淘背景下的电子商务发展迅猛，应对跨境电子商务需及时进行特殊的专利执法监管，堵住假冒伪劣的漏洞，以免它在毁坏知名企业的名誉的同时加大对外投资的知识产权风险。笔者认为，可以特设电商对接服务平台，对走出的产品实行"名片制度"，商家实名登记，产品货源清晰、产权明晰，降低出口和进口纠纷风险。

（3）司法措施。在立法有保证和执法有力度的情况下，加强司法方面的配合，及时调停知识产权纠纷。"一带一路"沿线东道国法律规范虽有差异，但是在此基础上仍应坚持高效、公正和透明的司法制度。随着知识产权领域的交流进展,"一带一路"带动区域贸易的兴起,层出不穷的新型知识产权法律争议将会给司法机关带来不小的压力,为了兼顾各方权益需要探索新的方式方法解决纠纷。国内司法机构要积极回应相关国家的司法关注和协助请求,大力加强涉外民事、海商和刑事等仲裁、司法审判和自贸区案件配合,创造安全稳定的法治环境;❶ 法律面前人人平等原则必须得到应有的重视,不能将与本国有利益关系的企业做特殊对待,在判决时有所偏倚,对各方当事人一视同仁地看待是及时解决矛盾问题的有效举措。针对等待审理的管辖权冲突案件,与国外法院、国际法院或仲裁机构需要保持密切联系,严格遵守双方国家法律和缔结条约规定,全面提升涉外投资类案件的司法审判实务水平。促进东道国各国在"司法一条龙"上的良性循环,对涉及知识产权方面的专业律师、办理公证手续的公证处、法律援助中心、调解机构、司法鉴定处、司法执行机构等固定性进行业务交流,增进办案及协助办案各方之间的了解,达成共识以弱化会影响未来投资意向的矛盾和纠纷。"一带一路"建设的法治基础建设任重而道远,为与东道国实现良性沟通,加快制定双边和区域性的知识产权司法合作协议已经刻不容缓。

五、结　语

"科技是第一生产力"说明创新是一种没有止境的人类力量,它把现有问题转变为世界进步。世界上非凡的创新改善我们的生活,像灯泡、电脑、移动电话等,它将不可能逐步变为可能。所以,在"一带一路"倡议中应特别重视知识产权普及,各方都应当认识到这是维护他国现有知识产权利益的同时,也是在保护本国的潜在权益,避免因知识产权纠纷而妨碍良性竞争市场的形成。要形成真正成为激励企业创新的知识产权法律制度,在知识产权保护战略上,我们的人才培养和立法、执法、司法保护制度要共同推进,尤

---

❶ "最高人民法院关于人民法院为'一带一路'建设提供司法服务和保障的若干意见",载《最高人民法院报》2015 年 7 月 8 日第 2 版。

其应当培育扶植企业形成独立的知识产权保护与使用的意识，在遵循市场经济规律的情况下，在市场竞争中让企业重视增强对自身知识产权的创造、充分利用、有效管理与强化经营能力，为"一带一路"倡议布局注入源源不断的活力。

"一带一路"背景下我国企业对部分国家投资的知识产权风险防范

裘方倩[*]

内容提要 在"一带一路"倡议下,随着对外投资规模的日益扩大,企业所面临的知识产权风险也日渐加剧,主要包括侵权风险和交易风险两个方面,其成因主要在于我国知识产权制度不健全、企业自身知识产权意识淡薄、国家间知识产权制度差异等方面,本文在对其作简要论述的基础上,结合"一带一路"倡议,以俄罗斯、泰国、缅甸三国为例,简述其知识产权制度现状并分析我国企业投资时应注意的知识产权问题,以期为我国企业投资"一带一路"沿线国家/地区、规避知识产权风险提供新思路。

关键词 "一带一路" 对外投资 知识产权

一、引 言

2013 年以来,"一带一路"倡议已经取得较大成果,其所蕴含的和平合作、开放包容、互学互鉴、互利共赢的核心价值理念也逐渐成为沿线国家/地区的共识。[❶] 在"一带一路"倡议下,我国企业活力出现一波高潮,国内

---

[*] 裘方倩,南京理工大学知识产权学院研究生。
[❶] 李伟、姚庐清:"'一带一路'发展中的民族交流与核心价值认同",载《齐鲁学刊》2016 年第 1 期。

大量企业正在利用"一带一路"的契机实现走出国门、走向世界的期许。❶

然而,"一带一路"的辐射面积之广、涉及国家之多,在带来巨大机遇的同时,也使我国企业在"走出去"的过程中面临多方面的挑战。除了关税贸易壁垒、经济政策差异等困难外,知识产权风险也是企业在对外投资过程中面临的一大难题。相较于发达国家而言,我国知识产权制度尚未完善、企业缺乏海外市场经验,因此,企业很多时候属于摸着石头过河,再加上企业自身知识产权意识淡薄,即使是海信等大型企业,在走出国门的时候也会不慎面临诸如商标被抢注、专利侵权等的知识产权风险。而在投身"一带一路"建设浪潮中时,我国与"一带一路"沿线国家/地区的知识产权制度差异也使企业在规避知识产权风险时屡屡受挫,备受打击。❷

二、"一带一路"倡议下我国企业面临的知识产权风险及其成因

应对知识产权风险已然成为企业亟待解决的问题。而化解这一挑战的关键在于充分认识把握企业对外投资中可能面临的知识产权风险,并结合"一带一路"倡议这一特殊性,深入分析把握知识产权风险成因,做好规避措施。

(一)"一带一路"背景下我国企业面临的知识产权风险具体表现形式

充分认识把握企业对外投资中可能面临的知识产权风险,首先是了解知识产权风险的表现形式,即知识产权风险通常以何种形式阻碍企业发展。知识产权的复杂性决定了知识产权风险表现形式的多样化,但企业对外投资过

---

❶ 刘馨蔚:"《'一带一路'大数据报告(2017)》:从数据看'一带一路'建设成就",载《中国对外贸易》2017年第11期。

❷ 王莲峰、牛东芳:"'一带一路'倡议下我国企业海外知识产权风险应对策略",载《知识产权》2016年第11期。

程中主要面临的知识产权风险可大致分为两类：侵权风险和交易风险。

1. 知识产权侵权风险

知识产权的排他保护是其侵权风险的根本，而知识产权的价值是其侵权频发的根本。我国企业在对外投资过程中所面临的知识产权风险通常以侵权形式出现，包括他人合理在先权利导致我国企业主动侵权、他人恶意抢占知识产权导致我国企业被动侵权两种情况。这里的"侵权"不包括我国企业恶意侵权，因为企业的"恶意"不符合"可能面临并积极规避"的前提。侵权风险又可细分为以下几种类型。

（1）商标侵权风险。在早前，海信集团走向欧洲市场时便发现"HiSense"商标在欧洲已被西门子公司注册，即使证明恶意，冗长的知识产权诉讼周期和高昂费用以及市场的时效性使企业前期为欧洲市场所做努力等压力均是海信难以承受之重。最终海信以被迫在欧洲市场更换商标（"Hsense"）为代价换取了它在欧洲市场的一席之地，但这一举措仍有隐患，比如"Hisense"商标持有人西门子公司或许反诉海信"Hsense"商标侵权，因为两者之间仅一个字母之差。❶

（2）自主专利侵权风险。我国企业在对外投资过程中经常面临的一个窘境是企业试图将先进技术带入较为落后的国家或地区以期获得较高的投资利润，但常被东道国企业抢先申请相关专利，从而使我国企业反成侵权人。

（3）商业秘密获悉风险。商业秘密虽由于其秘密性不由知识产权法保护而由反不正当竞争法保护，但其存在本身实际上属于企业智力成果范畴。而且对于无法利用专利进行保护的技术方案而言，商业秘密不失为企业的最佳选择。但在与外国企业交易接触、雇用外籍员工过程中，我国企业面临商业秘密泄露的风险。

侵权风险对于企业的挑战不止是随之产生的侵权诉讼，更多是一旦面临侵权，投资企业便失去了主动权。对外投资的企业在实施战略之前必定经过漫长的前期准备，耗费了大量经费，而在遭遇侵权后，为了不使前期投入化

---

❶ 梅媛："中国企业商标国际战略的反思及对策——从'Hisense'到'Hsense'的变迁谈起"，载《江苏商论》2005年第3期。

为泡影，企业通常选择重金赎回知识产权或是陷入长期的诉讼之中。而这两种结果无论投资企业如何选择，都于己不利。

2. 知识产权交易风险

知识产权交易风险是指我国企业在跨国交易过程中面临的，他人利用知识产权信息不对称谋求不合理利润，或者利用高于一般标准的知识产权要求等知识产权优势迫使我国企业退出、保护东道国市场，主要有以下几种表现。

（1）知识产权评估风险。知识产权可以作为无形资产用于企业对外投资或海外交易过程中，而随着知识产权的市场竞争力日益明显，其价值也越来越被企业所认知、认可，许多企业也将目光投放到国际市场上，开始寻求海外市场中有价值的知识产权。但是由于知识产权无形性、专有性、收益不确定性等特点，使得知识产权的价值评估成为交易中的一大难题，❶ 比如交易中时常发生企业以高额价格收购存在超出保护期限、明显不等价、在我国不受保护等问题的知识产权的情况。而企业薄弱的知识产权认知意识也是我国企业在跨国交易中时常碰壁的原因之一。

（2）知识产权壁垒风险。知识产权壁垒是指"由一国实施或支持的以保护知识产权为名对含有知识产权的商品的进口限制措施，或者凭借所拥有的知识产权优势滥用知识产权，对国际贸易造成不合理障碍的其他措施"，❷ 由发达国家主导形成。"一带一路"沿线国家多为发展中国家，在知识产权保护水平上普遍与我国知识产权保护水平相差不大或低于我国水平，少有实施利用知识产权优势的可能性。而"一带一路"倡议的利好使得沿线国家利益暂时趋同，因此即使像欧盟成员国、韩国等沿线发达国家的知识产权保护水平高于一般水平，其也不会轻易对沿线国家实施知识产权壁垒。然而国际市场的复杂性和交涉性使得我国企业的交易对象极易突破"一带一路"沿线国家范围而与其他国家产生联系，因此我国企业仍然需要警惕其他活跃于国际

---

❶ 陈松洲："论知识产权价值的评估"，载《法治与社会》2010年第25期。

❷ 刘文华：《WTO与中国知识产权制度的冲突与规避》，中国城市出版社2001年版，第78页。

市场的发达国家，如美国、德国等常常利用知识产权优势实施贸易壁垒，从而构筑我国企业进入别国市场的现实障碍。

（二）"一带一路"背景下我国企业面临的知识产权风险成因

知识产权风险产生因素是多方面的。结合"一带一路"背景，本文将其划分为内在因素和外在因素两个方面。

1. 内在因素

知识产权风险产生的内在因素是指可归责于我国或我国企业的因素，主要有以下几类。

（1）我国知识产权制度尚未完善。相比发达国家而言，我国知识产权制度成长时间短，水平较国际标准低，在制度建设和立法保障方面主要借鉴发达国家的做法，但在制度本土化过程中存在国情差异等问题，出现水土不服的情况。同时，知识产权的迅速发展，使法律的滞后性在知识产权领域体现较一般法律更为明显，知识产权制度的发展无法满足社会、市场保护的需求，导致大量知识产权纠纷无法及时妥善解决。

另外，我国缺乏知识产权海外维权机制。美国、韩国等发达国家已然建立了较为完善的知识产权制度，但其仍然致力于建设、完善知识产权海外维权机制，因此，其在知识产权保护中的重要性可见一斑。

（2）企业自身知识产权保护意识淡薄。国家近年发展战略中着重强调创新发展，党的十九大报告更是在更高层面指出了知识产权保护对于创新发展的重要性。近年来，以"创新"为主打的企业也如雨后春笋，纷纷进入市场，但是尽管如此，对于大部分企业和个人而言，知识产权仍是一项陌生的制度，多数企业甚至不知如何正确有效维权。不仅如此，企业自身知识产权意识淡薄还体现在企业拥有的知识产权质量方面。我国企业拥有的知识产权存在规模大但质量低的问题。"打铁还需自身硬"，一项容易被攻破的专利，比如反向工程，存在利用合法手段低成本获取的可能，如此一来，企业所缴纳的专利费用和前期研发成本便成了负担。

（3）企业的海外投资经验缺乏。我国早期计划经济以及对外开放时间较短的因素的影响，导致我国企业缺乏进行知识产权海外保护、知识产权海外先期布局、知识产权评估等经验，在跨国交易中难以避免知识产权风险。

2. 外在因素

知识产权风险产生的外在因素是指国际因素。"一带一路"倡议为企业发展提供一个巨大市场的同时，也将企业置于复杂的国际环境之中。环境的复杂性决定了企业在对外投资中所受约束的多样性，主要体现在以下几个方面。

（1）区域性政策的差异。"一带一路"沿线包括政治极不稳定的中东、非洲等地区、受宗教因素影响的巴基斯坦，区域政治的动荡局势势必影响知识产权政策、经贸关系的连贯性，从而给企业发展带来难以预见的非常规风险。

（2）区域性话语权差异。改革开放以来，中国在经济发展方面确实惊艳了世界，中国在国际舞台上的地位也有所提高，但由于我国知识产权制度建设的落后性和移植性，在知识产权制度方面，中国在国际舞台上的话语权仍是欠缺的。

（3）区域性知识产权制度差异。就企业对外投资所面临的知识产权风险成因而言，国家间的知识产权制度差异是企业所面临的最大挑战。比如，在"一带一路"沿线60多个国家中，除乌兹别克斯坦、土库曼斯坦、巴勒斯坦、东帝汶外的其他国家都至少参加了《专利合作协定》（PCT）、《保护工业产权巴黎公约》（巴黎公约）、《与贸易有关的知识产权协定》（TRIPS）中的一个或者多个，其中属于发达经济体的国家均同时属于PCT、巴黎公约、TRIPS的成员。"一带一路"沿线国家/地区在有关知识产权国际条约、区域性知识产权规定等参与程度参差不齐，从而在面对知识产权纠纷时所适用的规则多样性和差异性，导致企业对外投资过程中知识产权高度风险。关于这一点，下文将列举个别国家详细论述。

三、具体分析——以俄、泰、缅三国为例

之所以选择俄罗斯、泰国、缅甸三国，一是因为根据国家信息中心

第四部分 "一带一路"建设与对外贸易中的知识产权风险防范

《"一带一路"大数据报告（2017）》可知，2016年我国与东南亚国家的双边贸易额占我国与"一带一路"沿线国家/地区贸易总额的近一半（47.76%），其中泰国、俄罗斯位列前五名，❶ 与我国企业的发展利益关系较大；二是因为缅甸属于"一带一路"沿线国家/地区中知识产权制度较不完善的典型，对于企业而言，具有较大的参考意义。

1. 俄罗斯的知识产权制度及风险防范

俄罗斯将自己的创新发展战略目标定为2020年之前使俄罗斯的经济走上发展的创新之路，它把提高商业创新活力、保障社会创新体系和经济开放度以及参与全球一体化等作为基本任务，致力于激发国际双边和多边科技合作。既定任务和目标要求俄罗斯特别关注对知识产权领域的协调，也给外国企业以启发——俄罗斯即将成为一个充满创新需求的巨大市场，吸引外国企业投资。

在知识产权制度方面，首先，俄罗斯是知识产权领域所有国际公约的成员，在知识产权方面已具有很高水平，已与国际标准接轨，主要有以下公约：世界知识产权组织1996年《版权条约》；世界知识产权组织1996年《表演和录音制品条约》；1952年在日内瓦通过，1971年在巴黎修订的《世界版权公约》；1971年《保护录音者权益公约》；1886年的《保护文学和艺术作品伯尔尼公约》；1961年《保护表演者、录音制品制作者与广播组织国际公约》；1974年《关于播送由人造卫星传播的载有节目信号公约》；1993年的《保护著作权领域合作的莫斯科协定》；2012年的《视听演出北京公约》；2012年8月22日起，俄罗斯应履行WTO协议。其次，中俄早在1996年就签署了知识产权保护领域的协议。根据该协议，双方依据各自国家的法律和规则以及双方均参加的国际公约对知识产权互相提供有效保护。

在专利方面，与大多数发达国家一样，俄罗斯也要求所谓的"绝对世界级新颖性"——对发明的要求比较严格：该项发明不得是于某个时间和由什么人公开，并不得在世界上任何一个国家应用。而针对实用新型，俄罗斯放

---

❶ 王尔德："国家信息中心发布'一带一路'大数据报告：中国企业影响力指数提升53.66%"，载《21世纪经济报道》2017年10月13日。

宽了新颖性的绝对性要求——实用新型作者对其进行信息披露,其结果是有关实用新型的信息为公众所知悉,在该信息披露之日起 6 个月内向俄罗斯联邦知识产权局申请颁发实用新型专利证书,不会阻碍承认实用新型专利能力。另外,俄罗斯还是对生产秘密进行足够详细立法保护的世界上少数几个国家之一,这也为我国企业利用专利技术走进俄罗斯提供了时间上的便利,企业无须着急申请专利。

在俄罗斯投资时,我国企业不可忽视以下知识产权问题:(1)商标注册不能注册到自然人名下,只能注册到法人或个体企业名下;(2)域名不能像独立的知识产权客体被分离出来,域名可以通过注册商标或者用域衍生的企业名称获得直接保护;(3)发明专利证书仅在注册国有效,如果在一个国家获得证书,那么因为信息已经公开,材料也不符合绝对新颖性的原则,专利权人在其他国家试图对获得专利证书的资格进行鉴定的要求将会被拒绝。❶

2. 泰国的知识产权制度及风险防范

1902 年泰国发布的《作者所有权法》是其首部关于知识产权方面的法律。可见,泰国实行知识产权制度的历史较为悠久。而在国际条约方面,泰国已经是世界贸易组织的成员,受到该组织《与贸易有关的知识产权协定》(TRIPS)的约束。虽然泰国、缅甸未加入巴黎公约,但是因其为世界知识产权组织(WIPO)成员,根据 TRIPS 协定,在一定条件下,世界贸易组织的全体成员应视为巴黎公约的成员,因此这些国家同样可以利用巴黎公约的便利条件。❷

比如在专利保护方面,泰国专利法规定,任何公民违反专利法规定的使用、制造、买卖或进口专利权产品或专利方法的,将要给予不同程度的惩罚,惩罚依据侵犯专利权的程度不同而轻重不同。最严重的是判处 2 年以内监禁,或 20 万泰铢以内的罚款,或者刑罚并施;最低限度的惩罚是判处 6 个月内的监禁,或者 2 万泰铢以内罚款,或者刑罚并施。如果任何公民在申请

---

❶ 《"一带一路"沿线国家法律风险防范指引》系列丛书编委会:《"一带一路"沿线国家法律风险防范指引——俄罗斯》,经济科学出版社 2016 年版,第 244~280 页。

❷ 柳福东:"东盟国家专利制度比较研究",载《知识产权》2005 年第 1 期。

发明专利、生产设计专利或者专利许可证时，把虚假情况告诉相关工作人员是为了能够得到专利或专利许可证，这样的行为必须判处6个月监禁，或者5 000泰铢以内罚款，或者刑罚并施。因此，我国企业产品投入泰国市场并获得专利权之后，应在该专业领域内进行侵权产品或者侵权行为的跟踪，及时发现被侵权的事实，保留相关证据以便及时制止侵权、索赔；企业在实施某项产品生产、投放市场前，应检索有关专利文献，了解自己的产品是否侵犯了他人的专利。

另外，泰国有着和我国国内相似的"预先使用"商标的规定，不同的是，泰国将这种预先使用获得权利的条件简单化了，而不像我国必须达到至少在经营区域内"为人熟知"的标准，只需要证明这个预先使用事实的存在即可。这是我国企业在泰国进行投资、承包工程等需要注意的，由此我国企业应该在进入市场时，首先，实际使用企业欲注册的商标，而不是专注于准备材料去登记机构注册；其次，企业应该在合理的时间内注册，否则不能阻止别人使用该商标；最后，我们应有所发现，在这个问题上，泰国并未在实践中实行 TRIPS 的国家商标互认标准，而是将实际使用置于更优先的权利位阶，这也提示我国企业在泰国投资过程中应该更加留意泰国相关特殊规定。❶

3. 缅甸的知识产权制度及风险防范

缅甸的知识经济发展较为落后，知识产权立法和管理还处于较低的水平，颁布的专门法律法规很少，比如缅甸没有具体的专利和外观设计法，实用专利也不适用于缅甸，优先权请求尚不能在缅甸注册制度中获得支持，缅甸甚至没有专门的专利主管机构。

缅甸知识产权法律体系不健全，现有的知识产权法律制度与国内经济科技发展水平、政府公共政策以及社会环境、文化基础等不相适应。虽然在世界知识产权组织的协助下，缅甸政府已初步形成12稿知识产权法草案，但正式的知识产权法迟迟未予通过。

在缅甸的知识产权制度环境下，我国企业被诉侵权的可能性不大，但同

---

❶ 《"一带一路"沿线国家法律风险防范指引》系列丛书编委会："'一带一路'沿线国家法律风险防范指引——泰国"，经济科学出版社2016年版，第181~217页。

时又面临新的困难——自身优势技术流失风险。缅甸自身知识产权制度不健全，直接导致当地企业和人们的知识产权意识薄弱，盗版光碟、书籍、软件和产品设计在缅甸境内普遍流传，这一现象在一定程度上加大了我国企业利用知识产权投资的被侵权风险。同时，缅甸的这一情况也使我国企业在缅甸需要更多的预警措施成本。为了预防在缅甸可能发生的知识产权侵权和被侵权问题，企业可能会采取海外市场知识产权预警措施，包括检索当地的知识产权制度及相关知识产权注册、实施情况。缅甸并没有专利和外观设计方面的特别法，且虽设有登记程序，但并不存在官方商标检索系统，因此我国企业若想充分了解当地情况，聘请当地律所进行私人检索是最佳方案，但这也意味着不稳定的检索效率和较高的检索费用。

就目前中国在缅甸的投资来看，大多是以获取能源为目标。在这类交易中，知识产权问题往往容易被忽视而给投资企业带来发展隐患，比如在雇用当地员工、委托开发、合作开发、技术创新的过程中造成的商业秘密泄露；在并购过程中，对方转移核心专利、隐瞒权利状态、制定苛刻的限制使用条件等。具体来说包括以下风险：（1）缺乏知识产权的尽职调查，无法准确购得核心知识产权；（2）欠缺知识产权评估能力，落入知识产权圈套；（3）并购后的技术整合和吸收利用不利，可能对并购价值造成不利影响。同时，企业可能忽视知识产权合同的重要性，未进行审慎监管，致使发生纠纷后无法利用交易合同保护知识产权；在专利实施合同管理过程中，也忽视了预先的知识产权风险评估程序，从而导致知识产权方面留有风险。❶

四、结　语

"一带一路"沿线国家/地区知识产权制度不一，因此有学者提出，建立统一知识产权制度或建立一个专门性"一带一路"知识产权保护体系，可能是最直接有效的措施。但事实上统一知识产权保护体系存在较大难度：一方

---

❶ 《"一带一路"沿线国家法律风险防范指引》系列丛书编委会：《"一带一路"沿线国家法律风险防范指引——缅甸》，经济科学出版社 2016 年版，第 204~218 页。

面,目前"一带一路"一体化水平不高,主要表现在"条约机制"和"对话机制"两种合作机制的不足:自由贸易区的碎片化分布、论坛性国际组织的泛法律化、泛制度化。❶ 另一方面,由于"一带一路"沿线国家/地区经济发展水平不一,知识产权保护水平不同,所以建立统一的知识产权制度的可操作性不高,不如双边或多边协议更符合利益需求。因此,就目前而言,根据企业投资发展战略,对"一带一路"沿线国家/地区进行针对性研究,逐个击破仍是具有价值和意义的路径选择。

---

❶ 邓婷婷、马春雪:"新区域主义视角下'一带一路'的合作机制研究",载《时代法学》2017年第4期。

第五部分

"一带一路"建设涉及的其他知识产权问题

"一带一路"背景下的中国高铁企业知识产权风险及其应对

何 萌[*]

内容提要 在"一带一路"背景下,中国高铁企业积极"走出去",取得骄人成绩。然而,在这些成绩背后潜藏着知识产权侵权可能性高、知识产权诉讼战线长的风险以及因技术转让协议而导致侵权的风险。通过对以上知识产权风险产生的原因进行分析得出,我国高铁企业"走出去",应致力于构建高铁专利海外布局,建立高铁知识产权海外风险预警机制,培养复合型的知识产权人才。

关键词 高铁企业 知识产权风险 应对措施

一、引 言

我国的高铁企业起步较晚,从 2004 年开始,唐车公司、北车长客股份有限公司以及南车青岛四方公司从加拿大庞巴迪(以下简称庞巴迪)、日本川崎重工(以下简称川崎重工)、法国阿尔斯通(以下简称阿尔斯通)和德国西门子(以下简称西门子)耗巨资引进技术,[1] 自此,我国高铁发展进入

---

[*] 何萌,南京理工大学知识产权学院研究生。
[1] 何蓉、黄玉烨:"'一带一路'战略下中国高铁企业的知识产权管理策略研究",载《科技与法律》2017 年第 1 期。

黄金期。2016年年底，我国高铁的总里程已有2万多公里，从而建立起世界上最长的高铁路网。而我国高铁技术也开始逐步走出国门，以价格优势取胜。值得注意的是，在价格方面的优势不可能永久保持下去，自主研发的知识产权技术和健全的知识产权管理制度才是高铁企业竞争的核心。我国高铁企业在面临海外竞争的时候无法避免知识产权问题，这些知识产权风险包括哪些、我国企业该如何应对，笔者将在下文中论述。

二、我国高铁企业面临的知识产权风险

（一）知识产权侵权风险

针对我国企业，特别是高新技术企业，拥有自主产权的专利是在全球竞争占据优势的法宝。而现阶段，我国高铁企业已经拥有完全自主知识产权的高性能安全计算机平台和中国标准动车组、CRTS Ⅲ型板式无砟轨道等核心技术。❶ 对这些技术的掌握表明在整体上，我国高铁技术水平处于世界前列。然而由于地域性——专利权独特的特点，我国高铁企业面对国际专利布局，经验不足，显得并不完善。"中国高铁企业除了在国内的专利申请比例高达70%，在美国、欧洲、日本的专利申请份额均不足1%"。❷ 少量的海外专利申请也由于专利撰写质量不高、未触及高铁核心技术，致使专利价值有限，难以形成核心竞争力。如果竞争对手抢先申请专利，我国高铁企业有极大可能性将会处于被动挨打的消极地位。

我国高铁企业的主要竞争对手包括阿尔斯通、西门子、庞巴迪和川崎重工。这些企业在全球市场上通过向多个国家/地区进行足够数量的专利申请，形成全球范围的专利布局。根据国家知识产权局组编写的产业专利分析报告

---

❶ 亏道远、张兰芳："高铁走出去知识产权风险防范"，载《河北法学》2017年第9期。

❷ 何蓉、黄玉烨："'一带一路'战略下中国高铁企业的知识产权管理策略研究"，载《科技与法律》2017年第1期。

"高速动车组和高铁安全监控"在2016年发布的数据，俄罗斯和印度是我国高铁出口市场中重要的代表国家。其中，俄罗斯具有共计14 531件与高铁技术相关的专利申请，申请居前三位的分别来自俄罗斯、德国和美国，而我国的专利申请仅有12件，低于总数的0.1%；在企业方面，西门子的申请量和授权量均是最大的，庞巴迪也拥有一定数量的专利申请并且全部获得授权。至于印度，拥有共计894件与高铁技术相关的专利申请，申请位居前三位的分别来自美国、德国和印度，与它们相比，我国的专利申请约占0.3%，仅有3件；就企业而言，西门子的申请量和授权量仍然是最大的，庞巴迪和阿尔斯通也拥有相当数量的专利申请和专利授权。❶

我国高铁企业在海外的专利布局道阻且长。在海外专利布局远不够完善的情况下，出口的高铁有极大可能性落入他国高铁专利技术保护范围，从而引发侵权纠纷。

（二）知识产权诉讼风险

笔者在上文已经论述由于我国高铁技术海外专利布局的不完善，极有可能引发侵权纠纷。尤其在证据充分的情况下，高铁技术竞争对手会对中国高铁企业提起知识产权侵权诉讼，而我国企业的反制措施有限。若竞争对手胜诉，不仅能够得到巨额赔偿，而且可以要求中国高铁企业与其签订许可协议使用其知识产权，从而获取高额许可费用。近年来，以中兴、海尔、华为和联想为代表的中国企业多次因知识产权问题被提起诉讼。2009年，因国外知识产权诉讼，我国企业支付的赔偿金已超10亿美元。而2014年，在美国，平均一件专利诉讼案件的赔偿就已经达到500万美元；排名前十的知识产权诉讼案件，赔偿额平均每件高达9.9亿美元。❷巨额的赔偿金将在很大程度上阻碍我国高铁技术出口。此外，一旦被提起诉讼，我国企业将面临一场耗

---

❶ 杨铁军：《产业专利分析报告（第48册）——高速动车组和高铁安全监控技术》，知识产权出版社2014年版，第24页。

❷ 张长立、高煜雄、曹惠民："'一带一路'背景下中国海外知识产权保护路径研究"，载《科学管理研究》2015年第5期。

时耗力的拉锯战。可能等到终审判决时，高铁相关技术已经更新了。

在"一带一路"背景下，我国高新技术产品出口的比例将会持续增大，由此带来的知识产权侵权诉讼的概率也将会不断增大。我国高铁企业输出的主要是高科技含量的技术。有学者曾指出，在将来全球高铁市场上，市场竞争的常态为专利战。该学者认为在全球专利地图上，每一重点高铁技术模块都有大量的专利布局，因而即使以专利转让、许可等方式获取授权，对于竞争对手提起的专利诉讼也难以完全规避。❶

（三）技术转让协议风险

在本文开头，笔者已提及我国高铁建设之初主要是引进国外的高铁技术。因此，我国高铁企业曾同多个国外高铁企业，包括西门子、川崎重工签订技术转让协议。在与我国高铁企业达成技术转让协议时，川崎重工曾明确约定，只能在中国国内使用日方转让的技术，若中方违反该协议，日方会发起专利侵权诉讼。我国在向他国输出高铁技术时，在我国高铁技术自主知识产权未得到国际认可时，向海外输出高铁很可能因为某项未经全面改进的技术而面临知识产权侵权风险。由此，在向他国输出高铁技术时，我国高铁企业也应重视双方开发专利的知识产权归属和因技术转让而产生的知识产权侵权责任承担划分等问题。

三、我国高铁企业面临知识产权风险的原因分析

（一）市场竞争的激烈性以及高铁本身的强技术性定然导致知识产权风险

一方面，全球高铁市场竞争激烈；另一方面，高铁代表着高新技术。当前，在国际高铁市场上，法国、加拿大、德国、日本和中国高铁一起构成竞

---

❶ 饶世权、陈家宏："论中国高铁'走出去'的内在知识产权联盟机制"，载《科技管理研究》2017 年第 13 期。

争的主体。这些国家的高铁企业各有千秋,相同点是实力都比较雄厚。高铁自身具有的强技术性决定着全球高铁市场必然无法避免知识产权保护问题。

(二) 全球专利布局不完善和专业人才缺乏导致侵权问题

关于高铁知识产权侵权诉讼问题,主要表现在以下两方面:(1)未建立起全球专利布局。我国高铁技术专利主要集中在本土,海外布局雏形尚未形成,更不用说在海外的核心竞争力。(2)缺乏专业人才。我国高铁海外布局不仅需要技术型人才,而且需要管理型人才。同时,我国高铁企业知识产权海外维权也需要法律人才,要求其了解高铁的基本知识,同时懂当地法律,精通当地语言。❶

四、我国高铁企业面对知识产权风险所应采取的应对措施

(一) 构建高铁专利海外布局

我国高铁企业在构建专利技术海外布局方面应加快速度。囿于在海外申请专利数量不够,应在了解目标国知识产权环境的情况下,将技术通过拆分大量地向目标国,如俄罗斯和印度,提交专利申请。在此种情况下,专利授权的可能性会增大。另外,加快在竞争对手尚未提交专利的国家进行专利布局,"专利先行",从而占领海外市场。❷

(二) 建立高铁知识产权海外风险预警机制

2015年12月,在国务院办公厅印发的加快知识产权强国的意见中,明确指出为提升企业在海外的知识产权风险防控能力,要持续完善重点产业的

---

❶ 刘春雨、赵鑫、许聪:"中国高铁'走出去'面临的知识产权风险及标准壁垒",载《中国铁路》2017年第8期。
❷ 王春芳:"中国高速铁路知识产权现状、风险及对策研究",载《铁道建筑技术》2016年第2期。

知识产权海外风险预警系统。在此背景下，我国高铁亟须发展起健全的知识产权海外风险预警机制。首先，进一步了解海外相关国家的知识产权法律法规，围绕高铁技术输出可能遇到的知识产权问题做好预判。其次，通过跟踪竞争对手的知识产权状况，及时掌握关于高铁技术最新的发展趋势。最后，制订防控措施，通过分析高铁技术核心信息，得出潜在冲突点，及时反馈给企业。

（三）培养复合型的知识产权人才

人才创造价值。我国高铁企业输出高铁技术从而实现价值，离不开人才的支持。在中国中车官网里，醒目地显示着"中车驰骋，人才牵引。创新发展，人才至上。价值分配，人才唯先"的人才战略，并且明确指出"实施'6116'人才工程，到'十三五'期末，高级职业经理人达到600名以上，国际化人才达到10 000名以上，核心技术人才达到10 000名以上，核心管理人才达到6 000名以上"。❶ 现阶段，我国高铁企业拥有大量技术工程师，法务部门也有从事法律的工作人员，但是缺乏既懂技术又懂法律、管理的人才。我国高铁企业在输出技术时需要"技术＋法律＋管理"类的复合型人才。就高端装备制造企业而言，企业知识产权管理涉及技术、管理、法律、语言等多门知识，这本身就对知识产权管理人才提出了要求。

五、结　语

在"一带一路"倡议下，我国高铁企业输出高铁强技术势在必行。面对海外知识产权风险，高铁企业应加快对外专利布局，政府或相关社会组织应及时建立健全的知识产权海外风险预警机制，同时，逐步培养复合型知识产权人才。多种措施联动，能最大限度地降低我国高铁企业输出技术面临的知识产权风险。

---

❶ 赵建国："打造中国高铁的'国家名片'"，载《中国知识产权报》2016年7月8日第2版。

"一带一路"倡议下我国玩具企业
知识产权风险及其防范

朱南茜[*]

内容提要 我国玩具企业面临的知识产权风险主要有专利、版权相关的侵权与被侵权风险以及商标抢注风险等，而在"一带一路"的时代背景下，我国玩具企业的经营模式以及沿线国家/地区知识产权发展的不平衡使相关风险不断加大。对此，本文认为应当通过提高知识产权意识，创新保护思维；根据"一带一路"国家/地区特色开展知识产权布局；关注热点领域，打造玩具衍生品产业链以及发挥产业聚集特色，建设协同应对机制等措施来应对与防范以上风险。

关键词 "一带一路" 玩具企业 知识产权风险

一、引 言

"一带一路"倡议的提出促进了欧亚大陆各国的合作交流与贸易往来，随着自由贸易协定的签署与各项关税优惠政策的出台，我国与"一带一路"沿线国家/地区的双边贸易规模不断扩大。2015年1~4月，我国玩具行业对"一带一路"东南亚国家出口金额为5.3亿美元，同比增长57.41%；对中东

---

[*] 朱南茜，南京理工大学知识产权学院研究生。

出口金额为 1.8 亿美元,同比增长 47.64%。❶ 如图 1 所示,自 2013 年"一带一路"倡议首次提出以来,我国的玩具行业出口额呈现出连年增长的趋势。就目前而言,全球最主要的玩具消费市场仍然是欧洲和北美,然而"一带一路"的倡议使沿线国家/地区的商品流通与国民经济得到发展,这些国家的巨大市场潜力逐渐显现。

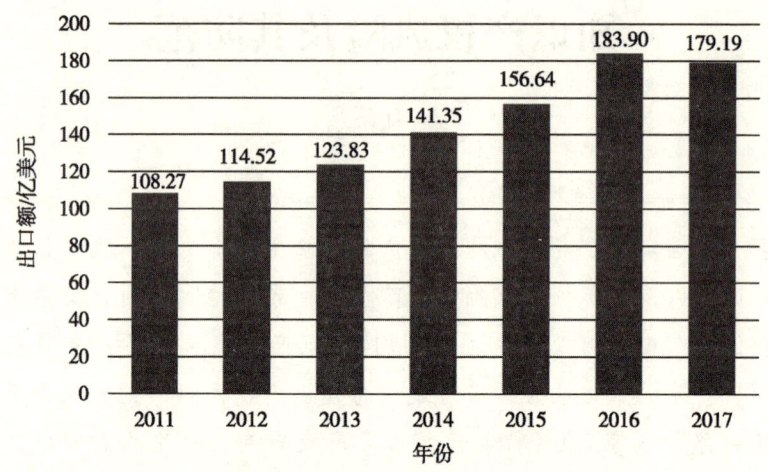

图 1　2011~2017 年中国玩具行业出口额

数据来源:海关信息网、国家统计局(2017 年数据统计截至 9 月)。

中国作为世界最大的玩具生产国和出口国,在"走出去"的过程中越来越多地遭遇知识产权风险。2016 年 9 月,全球积木拼装玩具界的领军企业"乐高"正式起诉我国积木玩具公司"乐拼",由于"乐拼"所生产的积木产品及其使用的商标与"乐高"有极高的相似度,"乐高"对"乐拼"提起知识产权侵权诉讼。❷ 该案正处于审理阶段,虽然关于侵权的事实尚未得到确认,但这类知识产权纠纷难免对我国玩具企业造成不利影响。"一带一路"倡议助推企业"走出去",然而,若不给予知识产权风险足够的重视,我国

---

❶ 李卓明:"'一带一路'蕴含玩具新商机",载《中外玩具制造》2015 年第 8 期。
❷ "The LEGO Group Files Civil Action Against Lepin",载 https://www.sohu.com/a/114960024_429579,最后访问日期:2017 年 9 月 15 日。

玩具企业进行海外业务拓展将会困难重重。

二、我国玩具企业在参与"一带一路"建设中的知识产权风险

（一）风险类型

1. 专利风险

按照技术特征来分类，玩具包括不含有动力装置的非动力玩具、能够凭借内部机械装置运转而产生动作的机动玩具以及其他需要智能化操作的电子玩具和智能玩具等。❶几乎所有玩具都包含形状、色彩、图案三个要素，基于这样的特性，大多数玩具产品都可以通过申请外观设计专利获得保护。通过检索 incopat 专利数据库发现，乐高公司已在我国申请 38 件外观设计专利，主要对其设计的玩具组装元件进行专利保护，其在我国台湾地区申请的有效专利也以外观设计为主，达到 124 件。我国的同类型企业在设计、制造玩具时，如果在未经许可的情况下，整体或局部使用了与乐高公司所提交图样相同或近似的部件，将会引发侵权纠纷。而我国自主研发的玩具产品也应当积极采取保护措施，特别是在进入海外市场时有必要在对方国家进行专利布局。不少东南亚国家的制造业同样拥有强大的制造能力，而某些国家知识产权保护力度较弱，抄袭他国技术或品牌的现象比较普遍，我国企业的技术产品如果缺乏专利保护，完全有可能被随意使用甚至抢先申请专利，若不及时防范，我国的玩具企业将会丧失竞争优势。事实上，如今的玩具行业已经越来越多地将新材料、新技术运用于玩具生产中，尤其一些电子玩具、智能玩具完全具备申请发明或实用新型专利的条件。无论采用哪种保护方式，都需要我国玩具企业妥善应对潜在的专利侵权风险和被侵权风险。

除此之外，对玩具产品进行专利保护需要格外关注保护期问题。我国专

---

❶ 佚名："国内玩具行业的发展现状及转型路径分析"，载 http://www.xzjsmx.com/?show-97-2.html，最后访问日期：2017 年 9 月 18 日。

利法规定的发明专利权的期限为20年,实用新型专利权和外观设计专利权的期限为10年。玩具产品所包含的技术不像一般工业领域的技术处于快速更新的状态,它往往需要更长的保护期限,当现有专利保护期限不能满足玩具企业的需求时,企业应当做出何种决策是考验我国玩具企业的问题,也是其必须面对的一项专利风险。

2. 版权风险

玩具的本质是一种"实用艺术品",兼具实用价值与艺术欣赏价值。实用艺术品中除去实用功能之外仍能独立存在的艺术造型(即艺术性)的部分被他人非法复制,即可确认侵权。❶ 正如郑成思教授所言,在保护实用艺术作品这种客体时,受保护的不是"实用"艺术品,而是实用"艺术品"。这便是用著作权法保护玩具作品的根据所在。❷ 因此,事实上,我国的玩具企业所遭遇的知识产权纠纷中数量最多的就是版权诉讼,我国企业的抄袭、仿冒等不良行为给自身的经营发展造成极大的版权风险。

扬州被誉为"国际毛绒玩具之都",当地出产的毛绒玩具一直供应着全球市场,海外市场上95%的毛绒玩具一度是由扬州企业加工生产的。❸ 然而,国产玩具产业已经形成一种抄袭成风的态势。如图2所示的是2011~2017年7月扬州五亭龙玩具城的版权纠纷情况:首先,这类案件逐年增多,尤其近三年涨幅较大;在主要原告的统计上(见图3),可以发现,存在玩具城内多家企业侵犯同一版权人权利的情况,其中北京梦之城文化股份有限公司和安乐(北京)电影发行有限公司所涉案件最多。扬州玩具批发市场上出售的玩具大多相似,甚至连说明书都如出一辙。当一件新产品出现在市场上时,一批模仿其造型外观的仿造品随之出现,有些不良厂家甚至会使用劣质材进行制造,再以低价出售。这种缺乏版权意识或是恶意侵害版权的行为必然会引

---

❶ 梁岩:"玩具企业知识产权保护实务 商标是玩具的护身符",载《中外玩具制造》2005年第5期。

❷ 宋智慧:"如何实现实用艺术作品的版权保护",载《光明日报》2015年3月24日第11版。

❸ "借电商之翼腾飞!扬州毛绒玩具线上年交易额已达70亿元",载 http://js.xhby.net/system/2017/07/13/030710707.shtml,2017年11月11日。

发侵权纠纷，扬州五亭龙国际玩具城近年来相关案件频发的现象也就不难理解。

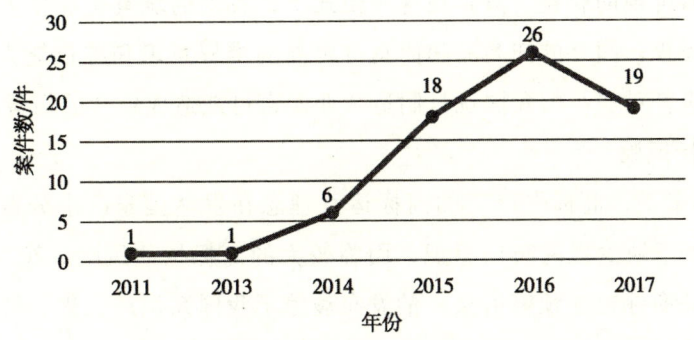

图 2　2011~2017 扬州五亭龙玩具城版权诉讼案件数量趋势

（截至 2017 年 7 月）

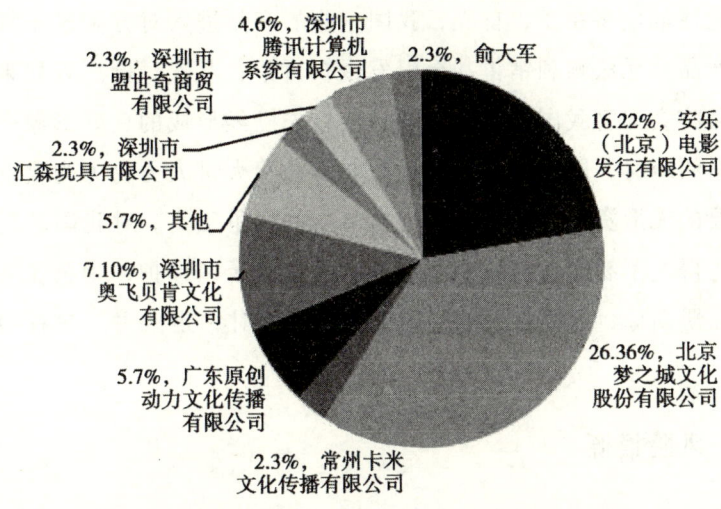

图 3　扬州五亭龙玩具城版权纠纷案件原告统计

除此之外，近年国内外玩具市场上最受欢迎的玩具要数影视动漫作品中的人物形象衍生品，例如蝙蝠侠、蜘蛛侠以及经久不衰的迪士尼动画角色等。为这些品牌商代工成为我国相当一部分玩具企业的主营业务，他们不自行设计产品，而仅仅用来图打样的方式生产经营。由于这些品牌已经得到全球范围内的认可与喜爱,通过这一模式制造出的产品更容易销往海外市场,甚至能够帮助我国企业快速登陆"一带一路"沿线国家/地区这一新兴市场,并从中获取可观的收益。只是在这一模式下,我国的玩具企业格外需要提前取得正版授权,国外的知名品牌商具有更高的维权意识和维权能力,一旦发生版权纠纷,对弱小的我国玩具制造企业而言可能造成致命的伤害。

3. 商标风险

"产品未动,商标先行"的商标运营理念在发达国家已十分普遍,然而我国企业由于缺少提前布局意识,面临较大的商标抢注风险。2017 年 8 月,一则《海外商标抢注预警信息》的发布震惊了我国知识产权界,智利工业产权局(INAPI)收到了一名外籍商人就 120 多个中国玩具企业的厂名及商标以个人名义提交的注册申请。[1] 经过艰难谈判,该商标抢注纠纷的处理结果是,抢注人答应无偿转让其抢注的 130 余件商标给中国相关玩具企业。商标在海外遭抢注的危害在于,首先,我国企业的产品进入对方国家市场将会被视为侵权产品,无法顺利销售甚至引发侵权诉讼;其次,抢注人如果生产销售劣质产品将会损害我国企业的信誉,使原先已经形成的良好形象受损。另外,在遭遇纠纷时,即使维权成功也需要以耗费大量人力物力为代价。商标是企业重要的无形资产,也是企业占据市场的竞争工具。对我国的玩具企业而言,那些得之不易的自出品牌创造更应当积极予以保护,为企业名称、产品名称等注册商标,巩固自身的品牌价值,以应对"走出去"过程中的商标抢注风险。

(二)风险根源

我国的玩具企业在进行海外业务拓展,特别是进入"一带一路"相关市场时需要面临多种类型的风险,而上述知识产权风险产生的根源在于以下方面。

首先,我国的玩具企业,尤以生产技术含量较低的毛绒玩具的企业为代

---

[1] 张跃:"中国商标海外遭抢注分析",载《中华商标》2017 年第 4 期。

表，大多为 OEM 代工企业，其采用的经营模式是在得到厂商授权的前提下，按照品牌方提供的设计方案制造出产品。这类企业严重缺乏自主知识产权，以品牌和版权优势进入国际市场较少而存活在产业链的底端。而大部分"一带一路"沿线国家/地区制造业的发展模式与我国类似，同样拥有强大的加工制造能力而研发实力较弱，我国自主研发的产品进入有关国家/地区时如果保护措施不到位也将面临被抄袭模仿的被侵权风险，甚至丧失市场竞争力。

其次，"一带一路"沿线各国和地区的知识产权发展不平衡，给我国玩具企业进入有关市场造成巨大障碍。以东盟国家为例，新加坡和马来西亚的知识产权保护制度与执法水平最为先进，越南已经建立起比较成熟的知识产权体系，而老挝、缅甸和柬埔寨三国的知识产权发展程度则处于较低水平。从国际公约的加入情况来看，新加坡所加入的知识产权国际公约数量最多，达到 14 个，而缅甸仅加入 2 个公约，数量最少。另外，不同国家的法律规制也不尽相同，新加坡仅对发明进行保护，实用新型被排除在外，外观设计另行立法进行保护；印度尼西亚和马来西亚只保护发明和实用新型，外观设计另行立法保护。❶ 我国玩具企业如果没有进行充分的调查就草率进入一国市场必将导致巨大的知识产权风险。

三、我国玩具企业在参与"一带一路"建设中的知识产权风险防范对策

1. 提高知识产权意识，创新保护思维

"一带一路"倡议的提出与发展给我国玩具企业的转型升级创造了绝佳的历史契机，只有加大研发投入力度，进行自主创新才能抢占新兴市场，跻身产业链的上游位置。当然，仅仅依靠研发是不够的，现阶段的我国玩具企业急需加强的是知识产权保护意识。如前所述，对玩具的知识产权保护可以

---

❶ 张婷、苏平："'一带一路'战略下我国与东盟国家贸易中知识产权风险防控对策探析——以企业的应对为视角"，载《电子知识产权》2017 年第 5 期。

采用专利保护、版权保护以及商标保护等方式，而这三种保护方式的适用条件和保护效果有很大的不同。首先，专利保护适用于包含一定技术元素的产品，版权保护则适用于更具艺术表现力而具有独创性的玩具设计，商标保护更偏向于对企业的象征标志等的保护。其次，专利保护中的外观设计只针对相同产品，将相同的外观设计造型用于不同的产品上，并不侵犯外观设计专利权。❶ 版权保护的范围更广，一般不受其载体的约束；而在商标保护中，驰名商标是否注册对其保护范围产生影响。在保护期限上看，专利的保护期最短，版权保护期相对较长，而商标由于可以无限续展，保护期也就可以无限延长。我国企业应当在掌握这些知识产权知识的基础上，根据自家产品的类型以及企业的经营战略妥善选择保护方式。

值得注意的是，如今的玩具已越来越多地融入各种新技术，一件玩具可能具备多重属性而不能仅仅适用单一的知识产权保护方式。例如，对于一件绘有特色图案的玩具车，完全可以对其图案部分采用版权保护，而其去除图案的车身因具备工业实用性而采用外观设计保护。❷ 这样的多重保护能够使玩具得到全方位的保护而难以被竞争对手找到保护漏洞。我国的玩具企业应当充分考虑玩具产品的特殊性，创新知识产权保护思维。

2. 根据"一带一路"国家/地区特色开展知识产权布局

知识产权布局应当是企业进入新兴市场的第一步，"一带一路"沿线的各国家/地区虽然毗邻，但知识产权保护水平参差不齐，我国玩具企业在开拓相关市场时需要警惕制度文化差异带来的贸易障碍。企业在进入"一带一路"市场之前，有必要调查、了解清楚这些国家/地区的法律制度与贸易规则。对于自主研发产品保护方式的选择不仅要依据产品本身的特性，还要结合各国知识产权法的相关规定来做出决策。如果有同时进入多个国家的计划时，务必将不同的国家区别对待，而不能因为地理位置的相近采用同一套贸

---

❶ 陈晓宇："从我国玩具产业的发展谈实用艺术作品的著作权保护"，载《中国版权》2016 年第 4 期。

❷ 陈轩："知识产权运营：打开玩具市场的金钥匙"，载《中外玩具制造》2015 年第 5 期。

易措施，草率决策带来的风险不可估量。另外在选择目标市场时尽量选择知识产权保护程度高的国家，对于保护力度较弱的国家则要更加谨慎，对于潜在的侵权风险与被侵权风险都要做出预判，这样才能在参与进军"一带一路"新兴市场时有所防范，有效抵御由知识产权差异化产生的贸易风险。

3. 关注热点领域，打造玩具衍生品产业链

近年来，"影视 IP"概念的走红使我国影视版权产业迎来了空前蓬勃的发展，热播剧以及电影中出现的角色形象成为玩具设计的绝佳素材。例如，电影《捉妖记》上映后，扬州大爱公司第一时间与制片方取得合作，成为生产销售片中"小妖王"胡巴玩偶的唯一授权方，同样获得消费者的欢迎。①一部电影的档期很短，而将影视衍生品制造销售则能延续影视版权的影响力，并持续获得收益。这提醒我国玩具企业要密切关注影视、动漫等行业的发展动向，对广受欢迎的形象角色要有敏感度，积极与版权方谋求合作，最好能打造玩具设计、制造、销售的产业链，把控玩具衍生品产业的上下游。整条产业链中最重要的是取得版权授权，扭转不经授权就自行模仿制造的不良风气，从而规避版权侵权风险。近年来，我国的一些优秀影视作品风靡东南亚，老挝语版动画片《西游记》一经播出就获得当地观众的喜爱，接下来《喜羊羊与灰太狼》《哪吒传奇》等中国影视剧也会陆续进入东南亚市场。这为我国玩具企业进入"一带一路"沿线市场打下前阵，企业利用制造影视衍生玩具的机会开拓海外市场实属良策。在这一过程中除了要取得版权方的授权外，还要关注影视作品引进国是否有盗版制造行为，必要时采取维权措施。

4. 发挥产业聚集特色，建设协同应对机制

我国拥有相当数量的玩具企业，且已经形成区域产业集群效应。江苏扬州和广东澄海是我国最具代表性的玩具产业聚集区，两大区域目前都已取得良好的国际知名度。然而，扬州毛绒玩具产业近年遭遇大量版权纠纷，知识

---

① 陈书戈："扬州企业为爱奇艺动漫设计玩具 曾开发央视春晚吉祥物抱枕"，载http：//news.yznews.com.cn/2017-01/09/content_5874251.htm，最后访问日期：2017 年 10 月 9 日。

产权管理有待加强。而澄海玩具产业已经在各方努力下摸索出了一套十分成熟的知识产权管理模式，不再依靠过去的贴牌生产、模仿抄袭的手段来盈利。2012年，"澄海玩具"在世界知识产权组织国际局被正式注册为集体商标，标志着我国玩具企业区域品牌建设取得重大突破。2016年年底，广东汕头建成知识产权快速维权中心，办公地点位于澄海宝奥玩具城内部，为澄海玩具企业提供快速便捷的知识产权服务。"扬州玩具"以及我国其他玩具聚集产业不妨借鉴"澄海玩具"的经验，利用各自的产业优势与特色，采用抱团的方式完善知识产权管理。例如，扬州五龙亭玩具城同样可以注册"五亭龙"集体商标，让扬州玩具企业在"走出去"的过程中更具辨识度，也可在玩具生产或销售区域设立知识产权服务办公室，为企业提供专业的知识产权咨询以及纠纷处理服务，玩具市场内应当出现专门的监管队伍，预防知识产权侵权行为的出现。只有汇聚产业集群中的各类资源，再加上多部门的协同合作，提高产业内部的知识产权管理水平才能更好地应对我国玩具企业在对外贸易中面临的知识产权风险。

四、结　语

在参与"一带一路"建设的过程中，我国玩具企业获得了开拓新兴市场的机会，实现了可观的对外贸易增长，也迎来了企业转型升级的良好契机。在面对不断涌现的各类知识产权风险时，企业应当以更加积极的姿态迎接挑战，提高自身的知识产权管理水平与风险应对能力，才能在"走出去"的进程中不断发展壮大。

"一带一路"背景下知识共享协议的本土化适用研究

王晓娟[*]

内容提要 数字时代的再创作方式多种多样,对传统著作权保护模式提出了挑战,知识共享协议便是对此种挑战的回应。尽管知识共享协议有其存在的经济基础与法律基础,但"一带一路"背景下知识共享协议的中国本土化适用之路仍障碍重重,进一步梳理其与合理使用制度的关系,加强知识共享协议的宣传力度,完善协议的配套纠纷解决机制是促进知识共享协议在我国继续发展的必由之路。

关键词 "一带一路"倡议 知识共享协议 本土化适用

传统的著作权法以保留所有权利为保护规则,除法定的合理使用等情况之外,他人在原作品上进行二次创作均应获得原著作权人的许可。"一带一路"倡议下互联网高峰时代的到来,使得人们从普通的只读文化模式转入读写文化模式,个人创作进入蓬勃发展时期。此外,著作权法为保护原创作者的权利,不断丰富其权利内容,延长其权利期限。为此,出版商们在网络数字作品的传播中多运用技术保护措施,在销售中则采用具体合同规则限制以达到压缩传统公众合理使用的范围。此种恶性循环使得获得事先授权的交易

---

[*] 王晓娟,南京理工大学知识产权学院研究生。

成本不断增加并阻碍公众快速获得信息。在此种复杂的文化传播环境下，CC（Creative commons）协议应运而生，学界多称其为知识共享协议。CC项目是由劳伦斯·莱斯格教授2001年所创立的一个非营利性组织，目前已有70多个国家/地区参与其中。知识共享协议本质是一种授权方式，鼓励原作者将保留所有权利改为保留部分，在特定条件下允许传播者对其作品进行自由使用。该协议意图为调整再创作行为留有空间，以便解决法律难以规制的再创作行为中的权利冲突问题。

一、知识共享协议概述

知识共享协议主要应用于文字和艺术创作内容，适用该协议后：首先，作者版权仍可得到保留；其次，选择该协议意味着他人在协议确定后的使用行为可以不向原创者告知，可结合协议内容与自己的意愿处理作品，此种分享行为主要又可分为转载、使用、二次演绎三种形式；最后，相关协议版本的选择意味着原创作者可以主动禁止某些使用行为，此类使用行为具体又可包括商业性使用、二次创作以及改变授权的再次分享。

知识共享协议主要可分为三个部分：❶程序可识别的特征源码、易了解的简单文本以及正规的法律文本。知识共享协议的初衷是通过一些程序可识别的特征源码，促使搜索引擎能够快速判断该内容是否为开放版权，从而更为准确地提供给广大使用者。此外，正规的法律文本过于冗长复杂，本文不再赘述，故下文介绍以简易文本为主。知识共享协议分为6个版本，不同版本内容在涉及允许以及限制行为时都稍有区别。此外，知识共享协议的简易文本都包括允许行为、限制行为、声明三个部分。允许行为主要有三类：（1）分享，通过任一媒介以任一格式二次传播作品；（2）修改，将原创作进行再创作的行为；（3）遵守协议后，授权人将不能阻止他人自由使用原创作。协议中的限制行为可分为五类：（1）署名（BY），必须在作品上标注原

---

❶ 刘俊、齐爱民：＂CC许可协议的国际化争议及中国化制度兼容性解析＂，载《江西财经大学学报》2016年第1期。

作者姓名，但不得以任何形式暗示原作者已正式认可使用行为；（2）非商业性使用（NC），禁止将原创作品用于商业性使用；（3）禁止演绎（ND），只能全文转载或部分转载内容，不允许对作品作出任何改动；（4）相同方式共享（SA），如果再创作，例如重混、转换等，此时必须依据创作时采用的协议分发创作。在这四种限制行为中，署名被认为是必选项，而禁止演绎与相同方式共享选项相互矛盾，因此几种行为相互组合起来可行的就只有6种协议版本，如表1所示。此外，还有一种CC0协议，该条款意味着放弃一切权利，直接让原创作品进入公共领域，但由于较为少见，故不再赘述。

表1 协议版本

权利	说　　明
署名许可（CC BY）	只要在使用时署名，那么使用者可以对本创作进行转载、节选、混编、二次创作以及商业目的使用
署名—相同方式共享（CC BY-SA）	使用者可以对本创作进行转载、节选、混编、二次创作，可以将其运用于商业用途，唯须署名作者，并且采用本创作的内容必须同样采用本协议进行授权
署名—非商业性使用（CC BY-NC）	只要在使用、公开时进行署名，那么使用者可以对本创作进行转载、节选、混编、二次创作，但不得将本创作或由本创作衍生的创作运用于商业目的
署名—非商业性使用—相同方式共享（CC BY-NC-SA）	使用者可以对本创作进行转载、节选、混编、二次创作，但不得运用于商业目的，且使用时须进行署名，采用本创作的内容必须同样采用本协议进行授权
署名—禁止演绎（CC BY-ND）	只要在使用、公开时进行署名，并且对创作不加任何改动，那么使用者可以使用本创作，包括将其运用于商业目的
署名—非商业性使用—禁止演绎（CC BY-NC-ND）	使用者可以对本创作进行转载，但不得对本创作进行修改，亦不得依据本创作进行再创作，不得将本创作运用于商业用途。这是最严格的协议文本

二、知识共享协议在我国适用的基础

1. 法律基础

首先，知识共享协议在中国的本土化适用具有著作权法基础。从本质而言，我国著作权法的出台是为了保护作者通过创作作品而获得的正当权益，也保护传播者因传播作品而拥有的正当利益。从浅层次来说，知识共享协议似乎削弱了原作者的权利,但从深层次来看,知识共享协议的设立目的与著作权法立法目的是一致的。知识共享协议将传统保留所有权利模式变为保留部分权利模式,以促进文化的传播与交流。在每种知识共享协议类型中都会附有如下声明:"本协议并非意与合理使用制度或其他限制著作权人专有权利的法律制度相冲突。"知识共享协议是著作权人进行自我管理的一种创新模式,弥补了现行著作权法在面对"一带一路"倡议下互联网高速发展时代所缺少的鼓励传播的动力,给予创作者与传播者相应的空间自由,是文化广泛传播的必由之路。

其次,知识共享协议在中国的本土化适用具有合同法基础。[1] 合同法规定当事人享有任意订立合同的自由,其他任何个人和单位不得非法干预。知识共享协议论其本质就是一个双方即原创者与使用者之间订立的著作权法许可合同。当原创作者决定在自己的作品上标有知识共享协议的图标时,便等同于与作品使用者签订了一份合同:原创者并未保留所有权利,允许使用者在传播过程中作出或限制其作出一些行为;使用者在使用作品的同时,须遵循原作者在作品上所标明的知识共享协议版本的内容,按照协议中所规定的权利与义务对作品进行再创作或二次传播。因此,凡是具有民事主体资格者均可以通过知识共享协议灵活地确定自己的权利与义务,此种简便的协议形式更能符合"一带一路"倡议下国内网络社会快速发展的要求。

2. 经济基础

一方面,知识共享协议给原创作者带来的更多是长远上的经济利益。从理性人的角度分析,只有当知识共享协议带给原创作者的利益超过其所投入的创作成本,即产生净利益时,原创作者才会积极地选择该协议。从获利时间长短又可以将净利益分为长期利益与短期利益,对于原创作者而言,选择知识共享协议而将作品置于公共领域相当于自己主动放弃了著作权法所赋予的部分权利,短期内看起来似乎丧失了众多利益。然而对于该类保留部分权利的作品而言,知识共享协议更有利于其在网络时代的快速传播,产生更广

---

[1] 姜川:"CC协议的民法性质探析——介于合同与单方法律行为之间",载《中国版权》2015年第5期。

泛的影响力。从长远来看，知识共享协议能给原创作者带来更高的知名度与经济利益，此时的长期利益远不是短期利益所能比拟的。

另一方面，知识共享协议能够调节私人专有利益与社会公共利益之间的矛盾，原创作者经过劳动获得有独创性的作品，理应自动获得由著作权所赋予的具有一定垄断性的经济利益。但从公共利益角度而言，一部作品的产生不仅需要作者自身的汗水，社会公共资源的消耗也是必然的。因此，对于一部具有独创性的作品而言，不仅私人利益需要保护，这种极端专有权利还须向公共利益作出一定让步。对著作权人私有权利的限制主要可以体现为时间限制、合理使用等。前文所提到的让步与限制均是为了促进文化的传播，而知识共享协议与该目标是相一致的。对于创作者而言，其放弃一部分权利而让与他人，可达到知识专享权利与知识共享权利之间的合理分配。

三、知识共享协议我国适用过程中存在的问题

虽然知识共享协议2003年就引入我国，但直到2006年才正式应用，截至目前我国的知识共享协议更新到4.0国际化版本。但目前不管是理论界还是实务界，对于知识共享协议的研究与应用仍处于初步探索阶段。随着知识共享协议在网络创作中的推广应用，其与我国网络文化传播的适用问题也逐渐凸显，主要表现为以下三类问题。❶

1. 平衡知识共享协议与合理使用制度的局限性

著作权法中的合理使用制度，从著作权人角度可将其理解为是对其著作权范围的界定；从使用者角度可将其视为是使用他人作品而享有利益的一项权利。知识共享协议则是创作者主动放弃自己的一部分权利，以加快作品传播，就此分析可知二者的目的具有一定的共同性。但由于知识共享协议本土化时间不长，其与合理使用制度之间究竟如何分配管理，从而使得知识共享协议能够在现行时代有效发挥其自由选择的优势，仍是现有研究亟须关注的

---

❶ 石超："规制数字化重塑行为的思路：知识共享协议"，载《中国出版》2016年第17期。

问题。此外，也有学者认为我国对知识共享协议的使用方式过于单一，缺乏主动的创造性，导致在协议使用过程中处于被动地位，难以在作品最初完成时就积极维护自己利益。

2. 知识共享协议本土化推广应用的障碍

根据 Stephen 发布的一份调查报告显示，受访者约有 27% 完全不了解知识共享协议，23.8% 的受访者表示相对关注，只有 7.4% 的受访者表示很了解。此项数据表明我国绝大多数网络用户使用者对知识共享协议仍处于空白状态，更不用说去主动选择适用该协议。另外，该协议的产生背景与我国国情仍有差异，其必须先与现有文化传播模式进行磨合后才能进行更深的发展。我国现有的著作权法规制体系存在不完善的因素，推广作为著作权法保护补充的知识共享协议也就存在不只是自身宣传不足的原因，更需要进一步严格我国的著作权法体系，才能让该协议发挥其最大的优势。

3. 知识共享协议的法律保护问题

知识共享协议作为一种著作权许可协议，从理论上说可纳入著作权法保护范围，是著作权制度框架下权利人实现并保护其著作权的一种方式。近年来，"一带一路"倡议也推动了知识共享协议国内本土化的实践运用，但著作权法对于采用知识共享协议授权作品的原创者遭到侵权时，如何应对维权没有明确的规定，体现出著作权法面对协议时法律保护力度不够的尴尬地位。

四、完善知识共享协议在我国适用的建议

1. 平衡知识共享协议与合理使用制度

合理使用是指在特定的条件下，法律允许他人自由使用著作权的作品，而不必征得原权利人许可，并无须付费的法定合法方式。❶ 作为一种对著作权及其衍生权利进行限制的制度，合理使用对于作品的原创者来说，显然失

---

❶ 吴汉东：《著作权合理使用制度研究》，中国政法大学出版社 1996 年版，第 132 页。

去了实现作品价值的机会，若干使用者无须对生产者的劳动进行补偿。[1] 而知识共享协议是创作者选择部分权利保留，而使用者在让与的权利范围内使用则无须付费。总的来说，知识共享协议与合理使用制度都致力于限制创作者的专有知识权利，给予传播者更多的使用权利。只不过知识共享协议是双方自由选择并约定的合同，而合理使用是法律明确规定的免费使用方式。该协议的每个版本中都明确规定其不与限制著作权人专有权利的法律规定相冲突，相反，它是著作权合理使用制度的重要补充。

首先，合理使用制度的范围较为狭窄，法律明确规定的合理使用方式只有12种，难以应对创作方式繁多的数字网络时代。而知识共享协议的出现，则是对合理使用制度的补充与缓和，原因在于合理使用的刚性规定无法全面覆盖基于使用目的不同而产生的不同权利要求。知识共享协议通过合同约定方式将刚性的著作权许可体制柔性化，将自由选择的权利授予创作者与使用者，对于二者来说都是较为容易接受的。知识共享协议目前存在的6个版本，分别是由"松"到"紧"的状态，不同版本权利要求不同，更符合数字网络时代作品创作方式的复杂特点，从而缓和现代著作权法中专有权利与共享权利之间的矛盾。其次，知识共享协议具体版本的选择，意味着双方确定了权利与义务，从而使得创作者与使用者之间复杂的权利义务关系转变为单一的债权关系。以授权许可合同方式释放部分权利，符合数字创作时代网络作品海量授权的要求，从而满足不同使用者在不同创作方式上对原创授权的不同要求，以最大限度地协调创作者与使用者之间可能产生的矛盾。

2. 加大知识共享协议的宣传力度

目前，知识共享协议3.0版本已经发展出中国本地化版本，与此同时知识共享组织针对全球继续推出4.0国际版协议，基于其中立性、全球性特点吸引了更多个人与组织，选择将其运用到国际项目中。但是中美法律体系间的巨大差异显示出目前知识共享协议的本土化程度远远不够，完善我国著作

---

[1] 梅术文：《著作权法：原理、规范和实例》，知识产权出版社2014年版，第238~240页。

权法体系，实现中国著作权法与知识共享协议的对接，才是推进知识共享协议真正融入中国继续发展的重要基础。此外，加大知识共享协议的宣传力度，更可以将此种协议引入高校和图书馆实现知识的共享，因为传统的一对一的严格的著作权授权已经不能适应网络时代的数字图书馆，拥有海量资源的数字图书馆更需要配套一个合理方便有弹性的著作权授权许可模式。知识共享协议为数字图书馆的建立与发展提供新的发展方向，促进知识资源公开化，例如麻省理工学院开创的开放式课程计划，是平衡私人专有知识利益与社会公共利益之间的有效实例。

3. 健全知识共享协议配套纠纷解决机制

网络著作权保护中的"避风港"规则可以作为知识共享协议纠纷解决机制的内容而予以适用。避风港规则是指网络服务提供者在保持技术中立的客观环境下，无理由知道侵权行为发生，根据权利人通知有能力移除且及时删除侵权信息以免除损害赔偿责任的制度规则。该项规则的设立目的一方面是为判断网络服务提供者是否侵权并赔偿的证据之一，另一方面便是限制侵权内容的广泛传播，将此种侵权内容的传播抑制在初始阶段。避风港规则如今作为网络著作权保护的常用手段，在网络时代下新兴的知识共享协议中也应得到适用。网络服务提供者不需要主动寻找侵权内容，而相关著作权人也无须在发现侵权内容后向法院寻求救济，只需通知网络服务提供者，并提供相关证据，即可删除侵权内容。此种"通知删除"规则若在知识共享协议中得到应用后，将为相关纠纷的解决提供极大的助力。即使信息被删除错误，若提供者有证据证明删除错误，网络服务提供者可立即恢复删除内容，并将信息反馈给举报者，简化网络信息侵权的维护步骤，更是信息时代网络知识共享协议纠纷解决机制的重要内容，将帮助实现资源共享与权利保护的协调。当事人在选择知识共享协议后产生纠纷采取协商解决，由中立的推广组织对协议授权内容作出解释，在保障双方权益的前提下，以促进文化传播为目标更有利于知识共享协议的发展。

传统医药知识在"一带一路"国家/地区的保护及对我国的启示

张薇子[*]

内容提要 随着现代生物技术的进步和人们对自然健康生活的追求,传统医药领域显得更加引人注目。一方面,发达国家对发展中国家的"生物剽窃"屡见不鲜,企图实施对这些资源和知识的垄断控制。另一方面,"一带一路"国家/地区对该领域的保护也逐渐增强,中国应借鉴印度、老挝、泰国、菲律宾等国对传统医药知识采取的有效保护措施,争夺传统医药资源保护的话语权,共同抵制"生物海盗"行为。

关键词 "一带一路" 传统医药 保护 启示

在许多地区和国家,人们只有依赖传统医药来治疗疾病和维护健康。然而,大量源于欠发达地区或国家的传统医药知识,陷入被发达国家疯狂攫取的困境,如中国的野生大豆案、牛黄清心丸案、印度的姜黄案、楝树专利案等。与此同时,享有传统知识的群体或地区作为所有者却没有得到应有的保护和利益。针对这一问题,"一带一路"的许多国家/地区进行了探讨并积极采取应对措施。

---

[*] 张薇子,南京理工大学知识产权学院研究生。

一、传统知识和传统医药知识

1. 传统知识

根据世界知识产权组织（WIPO）的相关规定，传统知识是指文学、科学发现、艺术、设计、符号等代代相传的知识系统，以及在此基础上依靠智力活动产生的文化表达，工业、科技等方面的改良和创造。[1] 该知识具有继承性的特征，并为特定的群体或居住在一定区域内的人固有。由于环境的变化，传统知识也发生着演进。其知识类别包括文学、科技、农业、生态、医学等，涉及药方和疗法、有关生物资源的知识、语言及其他方面的文化财产。

2. 传统医药知识

传统医药知识是基于本土医学，通过继承来延续和传承，极具实际用途的医药知识，是关于护理、诊断、治疗、预防等理论、技术和实践的总和，包括传统方剂、药材、理疗方法、保健、医学器具等方面的知识。

二、"一带一路"国家/地区对传统医药知识的保护

面对传统医药知识被侵犯日益严峻的状况，"一带一路"沿线的许多国家/地区也加紧对其保护，并积极采取了一些措施和实践，通过对"一带一路"相关国家中的印度、泰国、老挝、菲律宾的做法作出介绍，期望得到一些有益于我国在保护工作上的借鉴与启示。

（一）印度

在著名的姜黄案和楝树专利案中，印度虽最终获得胜利，相关专利被撤销或无效，但耗费了10年的时间，斥资近500万美元。经历此次教训后，印

---

[1] 杨勇胜：《民间文学艺术的法律保护》，吉林大学出版社2009年版，第17页。

度政府更加注重相关制度的完善。其中，采用立法和文献化管理相结合的体系，为许多发展中国家在国际上解决传统药物知识产权纠纷提供了样板。

1. 立法保护

印度在 TRIPS 协议的大框架下，对专利法进行改进和完善。通过国内立法，强调对于以传统医药知识为来源的专利，不予授权，加强了传统医药在专利方面的保护。

具体表现为：（1）传统知识破坏授权条件中的新颖性、创造性。根据其专利法，凡发明利用到传统知识，无论该知识是以文字、轶闻、口头等存在，均认为不具有新颖性和创新性，不授予专利。（2）建立专利来源披露制度。2002 年印度《专利法修正案》第 8 条关于专利申请文件内容的规定，对于发明中使用的生物物质，应在说明书中对其来源和原始产地进行公开。第 18 条关于专利授权异议的修改，在法定期限内，相关利益人均可以"整个申请文件中没有对涉及的传统知识、遗传资源进行完整正确的公开"为由，对专利授权提出异议。[1]（3）建立事先知情同意制度。印度作为《生物多样性公约》（CBD）缔约方，其在 2002 年制定了生物多样性法，并依法建立国家生物多样性管理局作为专门部门。在生物多样性法案中规定：凡是想取得源于印度的遗传资源、传统知识和以此为基础取得的改进成果，必须事先经过该局批准。[2] 通过这些举措，印度政府将对传统医药的保护策略从事后维权转变成事先预防，有效抵制了外国专利侵权的风险。而且，印度 2004 年公布的《生物多样性法细则》，确定相关利益的公平分配，为更好地实现惠益共享机制提供保障。

2. 文献化管理

全面收集传统医药信息，并记录存档。在资料收集方面，印度有基金会、民间组织和"基因运动"等多家机构和组织共同进行此项工作，这些机

---

[1] 李扬、池慧："印度医药专利战略及对我国的启示"，载《中国药事》2012 年第 5 期。

[2] 张华敏、唐丽丹、高红杰："印度传统知识保护现状及启示"，载《中国医药导报》2008 年第 32 期。

构对传统医药的收集覆盖范围已经到了村一级,这使印度在传统医药信息的收录上更加全面和细化。

为了抵御西方国家的生物掠夺活动,印度还建立了生物性登记制度,可以登记的知识有三种:(1)有关物种、物种的用途及相关技能的知识;(2)关于自然事实的知识;(3)传统生态知识。为了尽可能地将更多传统知识进行归档,生物登记工作已经落实到某些省份的村级社区展开。

建立传统知识数据库制度:2001年,由印度政府支持开发建立了传统知识数字图书馆(TKDL),收录有关印度传统药物、草药和瑜伽修炼等方面的信息。TKDL电子数据库将印度各层面分散的传统知识汇集起来,尤其是印度公众领域而来的传统知识。❶ 值得注意的是,传统知识数字图书馆不是公开的数据库。TKDL数据库目前只用于各国专利局的检索,并未对公众开放。作为一个防御性平台,TKDL在用于专利审查和制止生物海盗行为方面有着深远影响。

该类数据库的建立和积极推广,将为相关行政部门在国际上对某项专利是否已大范围使用、是否有在先权利进行审查提供极大的便捷,从而避免为一些专利授权,为保护传统知识专利节省了大量的物力财力。TKDL建成并应用是印度一项具有示范性的举动,为许多国家改进相关管理工作提供了典型。

(二) 泰国

为促进本土的传统医药,发挥其对高成本进口药品的替代作用,泰国政府主要采取单独立法来加强对泰医药的保护与利用。以《生物多样性公约》相关规定为根本,以《泰国宪法》第6条为依据,泰国于1999年制定《泰国传统医药知识保护与促进法》。❷ 将泰医药中的文献,药用植物等内容都写

---

❶ 周怡瑶:"中印传统医药的知识产权保护比较研究",载《电子知识产权》2013年第10期。

❷ 廖宁:"国外传统医药立法管理情况及启示",载《中医药管理杂志》2007年第4期。

进法律，并作为保护的核心。

1. 处方分类保护

该法将泰医药分为三类处方，并对其进行不同程度的分类保护。（1）国家处方：对治疗疾病或健康护理必不可少或存在特殊医疗用途的处方。对于某一药剂是否是国家处方，由国家公共卫生部确认，所有权归国家所有。凡要利用国家处方进行研究或生产都必须经过政府批准。国家处方保护程度较高，对其侵权若达到一定程度，还会受到刑法制裁。（2）私人处方：未被大范围传播或使用的药方，经登记后可成为私人处方。需要注意的是，并不是所有人都具有注册私人处方的资格，可以进行注册的主体需要具备的条件有：一是具有泰国国籍；二是传统医药从业人员。二者缺一不可。对于私人处方，权利人可自由使用，第三人若要使用需经过许可，但其排他权也有时间限制。❶（3）普通处方：广为人知的传统药方，国内所有人均可自由使用。另外，泰国公共卫生部有权将保护期满或对公共有益的医药处方归为普通处方。可以看出，传统医药处方被视为保护的重点。

2. 泰国草药的保护

药材奠定了传统医药的根基，同时也是泰国立法保护的要点。该法对草药实行保护措施主要有以下几类。（1）管制草药目录制度。法案规定，国家公共卫生部的最高行政长官在考虑委员会建议后，确认对本国有重大利益或濒临绝种的药用植物为受监管草药，通过政府宪报宣布并公布药材相关信息。通常情况下，任何人都不得以商用目的利用受管制草药，得到政府许可的除外。若个人或组织所有的受管制草药超过限制，应及时向主管部门报告其具体数量与价值。（2）草药保护区制度。因草药及其生长的生态环境脆弱易被破坏，这些区域应当设立保护区。同时，法案规定由卫生部制定的"草药保护计划"中，应该包含保护区的详细规划。如保护区的允入程序与人员限制，负责日常维护的部门，区域的工作评估等内容。除此之外，划入保护区的土地归政府所有，未经许可，不得对区域内的草药、植物进行开发，更

---

❶ 车明凤："传统知识保护课题的国际进程"，载《中国中医药信息杂志》2006年第3期。

不得破坏或改造其范围内的生态环境。❶

（三）老挝

由政府主导，建立传统医药中心专门从事老挝传统医药的管理与发展，其不仅在国内致力于传统医药的保护和促进，还积极与国际组织展开合作，寻求新型药物的开发。

1. 传统医药研究中心

传统医药发挥着保障人民健康需求的重要作用。1976 年，在卫生部的支持下，老挝建立了现在的传统医药研究中心（Traditional Medicine Research Center，TMRC），作为国内唯一从事传统医药研究的专门机构，旨在培育本国传统医学并促进其实践应用和转化。其任务包括收录民间药方、调查本国的药用动植物信息，促进传统药物向流水线生产的转化。❷ 通过将与传统医学相关的信息记录在案，覆盖范围广，知识更加细化，包括医师、草药、疗法、药材产地等。因此，该机构可以依据传统医药对西药开发起到的作用，向国内外的药品公司、研究院所要求合理的补偿。

2. 国际合作

传统医药研究中心联合当地的医师、患者，将本土所知的医药信息通过文件详化记载，方便国内地区间进行经验交流。除此之外，该机构参与国际生物多样性计划，与国外的研究组织和机构一同进行药物的开发，对于在合作中再发现的成果，从中获得的所有利润、收益或使用费将与有关的群体和地区共享。❸ 从研究中心参加国际合作可以看出，老挝把本土的医学作为一种知识财产进行主动保护，也为南北方在传统医药领域的合作共赢提供了先

---

❶ 董作军、黄文龙："泰国传统医药保护对我国中医药保护的启示"，载《中国新药杂志》2008 年第 14 期。

❷ 邓伟生、陈玉文、袁红梅："国外传统医药知识保护实践及对我国的启示"，载《医药导报》2008 年第 11 期。

❸ 黄玉烨："浅谈中国传统医药知识产权保护策略"，载《科技与法律》2005 年第 3 期。

例和典范。

(四) 菲律宾

菲律宾通过本国立法，颁布群体知识产权保护法案，对传统知识进行全方位保护，尤其在其财产权方面。与泰国对传统医药采取单独立法不同，菲律宾统一对传统知识制定法案，以期形成完整的制度框架。

1. 群体知识保护法案

2001年，在菲律宾第12届国会的第一次会议上，群体知识产权保护法案（Community Intellectual Rights Protection Act，CIRPA）第一次被提出，其目标是建立一个关于管理当地群体生物资源、延续国家生物多样性的体系。

由于菲律宾之前的法律体系仅认可目前公认的、占主流地位的创新模式，没有将当地和本土居民对动植物所做的筛选、改良、优化等具有进步意义的活动纳入创新范围，忽略了土著群体的传统知识所起到的重要作用。假使没有土著知识作为创新的基础与依托，那么现实中许多普遍使用的产品和技术将不复存在。因此，群体知识保护法案赋予创新更丰富的含义，承认创新模式也包括本地及土著等群体对传统知识所做的贡献，并享有整体的、继承性的知识产权。[1] 不仅认可正式的、书面的形式，也认可非正式的土著知识，如口头的、民间流传等方式。为了使知识在实践利用中的所得利益能够得以共享，法案突出了这类群体创新的非独占性，在最大程度上做到惠宜分享。并且，该法案对于"当地群体"进行定义，规定了群体通过注册，获得法律人格，从而行使作为法律实体的权利，承担相应义务。[2] 目的在于打破人们长期以来认为遗传资源是一项世界遗产的惯性思维，正是这种思维提供了一条发达国家对南方国家自然资源自由接近的捷径，攫取了丰厚的商业利益。所以，在该法案中，普遍遗产原则是不被承认的。

---

[1] 陈宗波："菲律宾生物多样性及其相关知识的立法及对中国的启示"，载《河北法学》2008年11期。

[2] 蓝寿荣、谢英姿："若干国家传统医药知识保护的实践及其启示"，载《中国软科学》2005年第7期。

2. 部门管理

在行政保护方面,菲律宾将群体知识财产进行分类,再根据实际情况分别由三个国家机关负责注册登记等工作。相关法案规定,由专门设立的国家植物遗传资源委员会负责维护植被种类及其再生材料;由菲律宾国家博物馆负责文化产品和遗产登记工作;国家专利管理部门的主要任务是管理涉及利用传统知识得到的发明、工业设计、实用新型。这种各部门分工管理,细化分配,各司其职的做法,避免了国家管理机关之间工作内容上的重合,有利于提高行政效率和推动经济发展。

三、对我国传统医药知识保护的启示

久远的历史奠定了我国在医学方面的深厚底蕴。在全球化不断发展的今天,中医药领域的发展前景是不可估量的。然而,我国作为中医药的原产国和最主要的消费国,过去的一段时期内,在国际市场中所占的份额却持续下滑。究其原因,"不设防"的制度导致了巨大的经济利益流失。我国开放易得的中医药知识,让发达国家和制药企业有了可乘之机,实施肆无忌惮的"生物海盗"行为。日本抄袭210种中医古方申请大量药品专利,以色列基于《中华本草》的记载向美国申请的"治疗消化性溃疡和痔疮的药剂"专利获得全剂型授权。[1] 海量由我国独立开发成功的中草药专利被国外疯狂抢注,带来的不仅是经济利益的损失,更阻碍了中医药的未来。所以,保护我国的传统医药知识,改变被"生物海盗"无偿侵占的现状,完善现代知识产权制度刻不容缓。

1. 重视基础性保护工作

我国国家知识产权局在2002年已经建立了中国中药专利数据库及检索系统(CTCMPD),并于2008年对欧盟专利局(EPO)开放。该系统有超过

---

[1] 张帆、卫学莉:"传统中医药知识产权的法律保护研究与应用",载《中国医院药学临床专集》2016年第36期。

4万条传统中药专利记录,中药药方信息11万余条。❶但该数据库不收录未获得专利的传统医药,许多祖传药方、中医药种类、诊断和疗法等都未记入系统。因此,对于国外利用未被记载的中医药方申请专利,可能会因具有新颖性而符合专利授权条件,所以,该数据库未能起到完备的专利防御作用。而且,该数据库对公众开放,将大量的中医药知识收录其中,容易导致窃取、仿制、不当使用、占有等侵权行为的发生。

因此,我国在加强对传统医学保护的过程中,应注重基础工作。加大力度主动收集传统医药资料,如建立专门的基金会,鼓励非政府组织和群众积极参与,扩充现有的传统医药记录条目。加强已建成的医药信息系统,建设非专利防御平台,细化对知识的检索、提高归档完整度等。同时,还应开展与国外知识产权局的合作,注重从专利审查上抵制侵权、提前防御,将保护范围从国内扩展到国际。

2. 重视国际社会相关规定,发挥政府主导作用

国际公约和协定在多个国家/地区适用,通过学习掌握其要旨,并进行灵活的运用,对保护我国传统医药具有重要影响。如根据《生物多样性公约》保护我国自然资源、生物品种和其他遗传资源;为贯彻的公约精神,保障本土居民人权实现,确认国家或群体对传统知识的财产权,从而抵御他人的随意使用和不法侵占。

政府应发挥主导作用,关注传统医药的知识产权,探索一套科学完备的管理体制。主要是在财政投入和侵权诉讼、制裁上发挥其核心作用:增加投入用于相关措施的费用,如建立专项服务基金,奖励个人或单位做出的改进和创新;在侵权诉讼、制裁上,首先,要维护传统知识相关主体的权益,如明确与其有紧密关联的群体或社区居民的权利与地位。其次,还要设立禁止性、惩罚性规范,对可预见的危害提前预防,对于破坏传统医药知识的行为,采取严厉的惩罚与制裁措施。

---

❶ 王少楠:"本土中药知识产权保护与数据库建设现状分析",载《经济研究导刊》2013年第24期。

3. 设立专门机构，完善行政管理体制

在行政管理方面，医药方面的登记管理由知识产权部门负责。我国虽有国家级和多个省级中医药管理局作为专门的机构负责中医药保护和研究，但低一级的行政区划大多数没有对应的专门部门，相关工作大多被划为卫生部门的职能。❶ 其行政管理体制缺乏一致性和完整性。

我国民族众多，国土广阔，各地区存在明显的地域差异，各自的医药知识也大相径庭，因此适宜彼此的措施很可能不尽相同。因此，建议在中央与地方设立相应的专门机构，自上而下的构建一套完整的体系，既保证了对中医药知识收集、记录、管理的统一，又方便了各地进行经验交流和实践借鉴。

4. 梳理现有法律法规，细化《中医药法》规则

从现行专利法加入来源披露制度、事先知情同意原则等，到已实行的中医药基本法、条例、相关法规、政策，可见通过构建一个多层次法律体系，用以保护和管理我国传统医药知识已成为一种趋势。

目前中医药的保护散落在各法律、行政法规中，法律体系不够协调统一，彼此之间缺少关联性，在内容上甚至存在空白和冲突。所以，相关法律、法规之间的衔接，具体实施流程等细节仍需做进一步规范。作为上位法的《中医药法》于 2017 年 7 月 1 日开始施行，内容涵盖中医药的保护与促进、相关的科技研究、文化培育等多方面内容。❷ 为中医药知识在国际社会上的权益维护奠定了基础，在立法技术上体现着创新性。但该法也存在某些不足，不难发现《中医药法》的条款中包含许多概括的、原则性规定，需要制定配套的规范来落实，以便在实践中应用。如把知情同意、平等互惠等原则当作进行中医药知识使用开发的前提，建立完整的规范体系以保证主体的权利。

---

❶ 马韶青、郭斯伦："我国中医药监督执法体系存在的问题与对策"，载《医学与社会》2016 年第 6 期。

❷ 林川："中医药发展法律保障和促进"，载《现代商贸工业》2016 年第 32 期。

中国—东盟自由贸易区知识产权保护现状和建议
——以"一带一路"倡议为视角

谭成龙*

内容提要 中国—东盟自由贸易区成立后,我国与东南亚国家联盟(以下简称东盟)的经济和贸易往来愈加密切,随着"一带一路"倡议实施的不断深入,相关知识产权纠纷和冲突亦呈上升状态。虽已建立知识产权保护合作的基础机制,但仍有完善的空间。从建立知识产权特别审查机制、完善知识产权争端解决机制等方面入手,将有助于中国与东盟共享"一带一路"倡议所带来的红利。

关键词 "一带一路" 知识产权保护 东南亚国家联盟 合作机制

"一带一路"是我国在新时期首倡的一项新的战略设想。其涉及沿线60多个国家/地区,总人口约44亿,经济总量约达21万亿美元。中国—东盟自由贸易区在历史、地理及经济等诸多因素上与我国有着密切的联系,必将在"一带一路"建设中发挥重要作用。而知识产权保护与经济和贸易合作休戚相关,知识产权是国际贸易不可或缺的一部分,增强知识产权保护与合作将大大促进国际贸易的发展,其也是中国—东盟自由贸易区健康发展的重要内

---

* 谭成龙,扬州大学法学院经济法专业研究生。

容与战略措施之一。2009年,《中国—东盟知识产权领域合作谅解备忘录》的签署,意味着双方就知产保护必要性达成共识,为基础合作机制的构建创造了条件。"一带一路"倡议涉及的国家的多样性、合作领域的广泛性以及国际环境的复杂性进一步放大了利益、观念和规范对国际合作建立和维持的影响,从而使我国在"一带一路"建设过程中不可避免会面临诸多挑战。因此,对中国—东盟自由贸易区知识产权协调与合作机制的探究有其时代性和必要性。

一、中国—东盟自由贸易区成员国的知识产权保护现状

1. 东盟诸国知识产权保护现状

从历史上看,东盟诸国的知识产权保护制度相对落后。直到近几年,随着诸国在知识产权保护方面立法的突破,才一改被动接受他国的知识产权制度的局面。如新加坡在1987年之前都没有独立的知识产权保护制度,随着其商业的繁盛,知识产权纠纷的增多,才建立包括著作权、商标权、工业设计等在内的一系列的知识产权保护制度。目前新加坡已形成完善的知识产权保护制度体系,成为东盟内部最佳的保护知识产权的国家。但东盟中更多的国家是存在问题的,如马来西亚的知识产权保护,由于其司法部门人手和程序的问题,导致许多与知识产权保护相关的案件长时间未能结案。菲律宾比照世界知识产权组织的形式制定了一套相对完整的法律体系,但执行力度难以达到。而泰国的知识产权制度一直存在争议,许多投资者对泰国的知识产权制度都存在不满。

尽管诸国关于知识产权保护的水平参差不齐,但东盟诸国仍为不断构建区域性的知识产权框架机构,加强知识产权各领域的合作而努力。其不断将地区间知识产权的保护与合作,列入东盟发展的重点项目,如1995年,东盟各国签订了《东盟关于知识产权保护合作框架协议》,对知识产权保护的目的、原则、范围以及争端都作了相关规定;1996年东盟又签订了《东盟知识产权合作行动计划》,进一步加强实施的力度。东盟诸国试图提高东盟自身

在国际市场上的竞争力和综合实力,借此一步步把地区性的经济联盟转变为具备竞争力的国际共同体。尽管东盟这一知识产权一体化进程较缓慢,但还是达成了一系列的战略目标,形成比较系统的保护与合作框架体系,例如东盟区域内建立了统一的商标申请和注册系统、完成了商标申请的标准格式以及罗列了东盟国家民族商品与服务清单等具体标准。

2. 中国知识产权保护现状

西方发达国家一再指责我国没有健全的知识产权制度。实际上,我国的相关制度一直在发展,确实还是需要努力的。在20世纪50年代,国家先后颁布了三个科技奖励条例:《保障发明权与专利权暂行条例》《有关生产的发明、技术改进及合理化建议的奖励暂行条例》《中国科学院科学奖金暂行条例》。[1] 在对外开放后颁布了《商标法》,随后又颁布《专利法》和《著作权法》,至此我国以三法为核心的知识产权法律体系基本建成。同时对知识产权的司法保护也得到充分重视,人民法院不断强化知识产权的司法改革,落实国家知识产权战略中关于知识产权司法保护的各项要求,持续提高知识产权司法水平,如2015年北京、上海、广州知识产权法院开始运作,知识产权专门法院的成立更加表明我国加大知识产权司法保护力度的决心。经过不断实践和修改,我国知识产权的保护制度也逐渐完善。

3. 中国—东盟自由贸易区知识产权合作现状

中国与新加坡、印度尼西亚等都签订了双边知识产权条约,并在此领域寻求进一步的合作。2005年首次举办了"中国—东盟知识产权研讨会",就知识产权制度的构建、规制、发展等问题进行了交流与探讨。2008年,第二届"中国—东盟知识产权研讨会"进一步探讨和研究了如何提高公众的知识产权意识、合理处理商标纠纷问题、专利合作的相关内容、完善知识产权保护的司法程序等问题。2010年4月,我国又举办了中国—东盟知识产权合作会议,双方就各自的知识产权保护、建设以及共同合作等议题展开了深入的交流,承诺各方积极在《东盟关于知识产权合作框架协议》《中国—东盟全

---

[1] 刘阳:"我国科技奖励体制发展研究",载《山东经济》2004年第3期。

面经济合作框架协议》下,严格遵守世贸组织(WTO)以及世界知识产权组织现行规则的基础上,寻求适于东盟实际情况的知识产权保护合作制度。中国与东盟频繁的交流促进了双方的互利互信,但由于实际情况的局限性以及相关制度的缺失,中国—东盟自由贸易区的知识产权保护制度并不非常完善,下文将作进一步阐述。

二、中国—东盟知识产权保护合作面临的挑战

(1) 中国和东盟在知识产权保护方面虽已建立基础性的合作机制,但各国的经济发展水平不同,资源禀赋有异,文化宗教多样,其利益需求多样化的后果就是东盟国家对我国提出的"一带一路"倡议认知不同,合作意愿不足。加之上文所述,东盟各国的知识产权法治化水平参差不齐,与我国现有的国际合作法律基础并非整齐划一。因此,在"一带一路"倡议下,中国—东盟自由贸易区对知识产权保护的合作中将面临较多的不确定性法律风险。

(2) 知识产权保护争端解决机制不完善。中国—东盟争端解决机制目前是根基于世贸争端解决机制的,对于双方知识产权方面争端的处理,都直接运用该机制的相关规定进行解决。2015年,随着《中国—东盟全面经济合作框架协议争端解决机制协议》生效,其适用范围涵盖我国与东盟国家货物贸易、投资、知识产权等领域产生的各类争议,但是所解决的纠纷以货物贸易冲突为主,对知识产权纷处理的方式没有作具体规定。现实的情况是,到目前为止,我国已经成为东盟的最大贸易伙伴。在大宗货物交易过程中,知识产权纠纷时有发生,有的中国企业被其竞争对手侵权,却因争端解决机制不健全而无法得到有效保护。如长虹的品牌在印尼、泰国被抢注,"乐仁堂"的商标在新加坡被抢注,这是值得我们关注的。所以,建设一个合理能被各方接受的争端解决机制势在必行。而通过研究中国—东盟自由贸易区争端解决机制,将有助于中国—东盟自由贸易区知识产权的保护,也可以为处理好与其他"一带一路"倡议覆盖下国家的知识产权合作问题提供借鉴。

三、中国—东盟自由贸易区知识产权合作的建议

随着经济一体化的不断深入和扩大,在中国—东盟自由贸易区合作过程中也应该更深入地进行知识产权合作。在国际上,知识产权保护合作领域已经取得不少的成就,例如1883年的《保护工业产权巴黎公约》和1886年的《保护文学和艺术作品伯尔尼公约》等,随后也有范围更广泛深入的《与贸易有关的知识产权协议》(TRIPS协定)的出现。随着经济一体化的深入,知识产权保护领域所出现的问题也更加复杂化。因而,对于知识产权的保护体系也要逐步地进行符合时代要求的优化,笔者认为可以从下面几个方面完善。

(一)通过产业性质的区分,采取有针对性的谈判以促成双方合作

根据中国—东盟国情和利益需求的不同,开展知识产权相关的合作就必须从各国的知识产权领域发展实际状况出发,形成一套能协调每个国家知识产权发展水平差异的制度,逐步建立和完善适用于整个区域内的知识产权制度,通过实践逐步扩大适用范围。比如从对中资企业赴外投资知识产权保护瓶颈的调研来看,传统制造业和知识产权密集型企业所面临的困境不同。当前知识密集型产业如通信技术产业在对外投资时更为关注技术垄断、商业秘密侵权、电子产品的盗版问题。传统制造业产品则主要关注商标抢注和侵权,以及产品外观专利、版式设计的盗版问题。此外,两类产品共同面临的知识产权保护瓶颈是产品亟待输出但境外商标、版权及专利注册耗时过长所导致的时间差问题。这些应成为中国政府与东盟国家知识产权保护谈判的重点,针对产业性质不同,做出不同的知识产权保护制度,以期满足各国国情下的优化。而扩展到整个"一带一路"倡议覆盖下的俄罗斯、中东及欧洲等各个地区,其市场产业形态、产业规模以及产业的比例分布等各不相同,同样需要细化标准,有针对性地谈判。

（二）依据特征进行保护，建立特别审查制度

根据 TRIPS 协定提出的保护范围，其对多种知识产权都制定了最低的保护标准，涉及对限制竞争行为的控制问题，规定了相关的执法程序，将不同情况的成员有条件地区分对待。因此，笔者认为可以依据其所属不同特征来进行规范。如在工业产权方面，设立一个注册机构，规定一套完整的标准，其成员方申请工业产权都必须要符合标准，并在这个机构内进行备案，同时通过建立共享数据库的方式来分享数据信息，使数据在自贸区各国之间透明化、系统化，以此来规避重复注册的问题。而在专利制度领域，不管是东盟各国或者是"一带一路"沿线各国和地区，不对等的经济水平使专利保护制度存在很大差异，甚至有的国家执行《与贸易有关的知识产权协议》（TRIPS 协定）的专利保护标准都有难度，所以可以在相互协调的同时，逐步设立起统一的审查机构，通过循序渐进的方式，从而构建一套切实可行的专利保护系统。在版权方面，各国对于权利的承认范围、合理使用的界限等存在差异，这可以考虑借鉴欧盟的做法，先从新科技发展的客体着手，再逐步适用于传统版权。具言之，就是先对权利的定义和范围加以明确，然后以此为基础，各国修改自己相应的国内法，从而达到实现一个共同的保护标准的目的。故对于其他种类的知识产权权利保护，我们也都可以采取渐进式的方法，逐步过渡。

而知识产权特别审查机制就是对我国与东盟各国知识产权立法的一系列规则进行审查和监督的基础上形成的常态化运行机制。从上文的中国同东盟诸国目前的合作现状来看，建成欧盟委员会这种超国家性质机构的实践性不强。所以，在分析建立何种特别审查机制时，应较多地从世贸组织中的贸易政策审查机制中寻求。所建知识产权特别审查机制的重心应是对我国和东盟诸国的知识产权法律与措施进行审查，且该审查应当同时具备经常性与强制性。特别审查机制的内容应包括审查的原则、结构、内容等。[1] 通过定期审

---

[1] 宋志国、贾引狮："中国—东盟知识产权保护与合作机制研究"，载《知识产权》2012 年第 4 期。

议，实现特别审查机制的常态化，以此提高我国与东盟这一地区性组织的知识产权保护的协调性，避免各国的知识产权立法出现与协调一致方向相反的情况。而这一机制的构建将大大弥补各方在完善各国知识产权立法保护标准不一的缺陷，从而为"一带一路"倡议的实施营造良好的投资合作环境，促进自贸区关于知识产权方面纠纷的解决，实现双方的共赢。

（三）防范"知识霸权"，反不正当竞争

反不正当竞争法和知识产权法关系非常密切。郑成思先生将两者关系表述为前者是后者的补充。他认为知识产权法保护是"强保护""窄保护"，而反不正当竞争法是"弱保护""宽保护"。[1] 在保护知识产权的时候也要注意利用知识产权进行不正当竞争的行为。而近些年，中国"走出去"的公司，尤其是在东南亚进行投资的科技企业，往往受到其他在先投资的跨国公司的诉讼，理由正是中国公司涉嫌侵犯知识产权，从而导致中国公司业绩下滑，甚至陷入被驱逐出当地市场的境遇。这就要求自贸区各国结合《与贸易有关的知识产权协议》（TRIPS 协定）中滥用知识产权的各项条款与世界知识产权组织出台的《反不正当竞争示范法条》的规定，在建设过程中，一定要有统一的标准，对侵犯知识产权的行为加以限制。同时也要积极审视"知识霸权"问题，在反垄断方面，对限制许可、限制使用过期专利、恶意限制专利等行为进行规制，促进在本地市场中的各国公司都能在守法的基础上迸发活力。就某些特殊物品不能局限于对某个个人、企业或者范围内的知识产权保护而忽视了整个社会的利益。

（四）设立高效的知识产权争端解决机制

知识产权纠纷的解决，除上文所述的种种预防措施外，最终必须依赖的是一个公平、公正、高效的知识产权争端解决机制。只有保护知识产权制度具有有效性和可行性，才能在纠纷发生后得以迅速解决。各个国家在经济背

---

[1] 郑成思："反不正当竞争——知识产权的附加保护"，载《知识产权》2003 年第 5 期。

景和国情实力上都有较大差异,在知识产权合作的领域上会产生许多争端。在中国—东盟自由贸易区内虽有争端解决机制协议适用知识产权争端纠纷,但是并没有就知识产权领域的争端解决机制作出详细的规定。故在中国—东盟自由贸易区或者是"一带一路"内都可以先设立一个磋商程序来作为设立知识产权争端解决机制的过渡期。这就要求,自贸区各国应借鉴国际上的成功经验尽早建立机制性合作关系,进一步完善知识产权的合作关系,填补关于知识产权争端解决机制的空白。

1. 充分运用中国—东盟自由贸易区内已有的争端解决机制

中国—东盟自由贸易区的各国都是世贸组织成员,充分利用世贸争端解决机制是首选之策。《关于争端解决规则与程序的谅解》(DSU)是 WTO 争端解决机制,适用的国家和范围十分广泛,不仅包括传统的国际货物贸易产生的争端,也包括在服务贸易领域和贸易有关的知识产权的领域产生的争端。DSU 的"反向协商一致"原则很好地提高了争端解决机制的解决效率。而 DSU"交叉报复"机制也使得争端解决机制有了更有力的执行性。世贸组织的争端解决机制主要有以下几个步骤:首先,协商解决,协商一方在纠纷发生后提出申请,争端的另一方需在规定时间内作出答复,进行协商解决争端。其次,通过协商不能解决纠纷时,可以请求成立专家组,专家组对该争端的事实作出客观的评估,得出调查结果以及提出解决争端的建议。最后,对调查的结果以及建议不满意时可提出上诉。当对专家小组的建议有异议提出上诉后,上诉机构对专家组的调查结果和建议进行确认、修改或者反对。一旦上诉机构的最终报告被世贸组织争端解决实体所接纳,则争议双方必须无条件接受,并且容许败诉方有一定合理期限与胜诉方进行磋商,达成赔偿方案,若在合理期限内没有形成一致,胜诉方就可以请求争端解决机构授权实施交叉报复。[1] 在争端解决的期限内双方可以选择调停、调解、斡旋,由任何一方自由选择,并且随时开始,随时结束。中国—东盟自由贸易区的争端解决机制建设过程中也借鉴了世贸组织的相对完善的争端解决机制,但是

---

[1] 吴岚:"WTO 争端解决机制的法律性质",载《世界贸易组织动态与研究》2012 年第 2 期。

该机制能否在"一带一路"经济带内推而广之呢？显然不能，因为世贸组织的争端解决机制适用范围仅限于世贸组织成员，而"一带一路"沿线国并不都是世贸组织成员。因此，该机制难以完全解决部分区域间的知识产权争端。然而可以通过在中国—东盟自由贸易区内的实践，模仿和学习世贸组织争端解决机制，在"一带一路"框架内形成相类似的并能为各国所接受的解决机制，以促进知识产权争端的解决。

2. 完善中国—东盟自由贸易区的争端解决机制

争端解决机制需要更强的执行力。加强各国的司法协助及交流势在必行，具体而言，笔者认为可以从以下方面来完善。

(1) 促进各国之间的交流以及构建可以共享的法律文献数据库，并加强有争端解决能力的法律人才储备。中国—东盟自由贸易区国家的发展水平、文化背景、政治及法律制度等都有很大的差异，而在国际上，产生贸易争端通常会有冲突方依据冲突规范适用外国法律来解决争端，这使得外国法律译文的准确性将会对解决争端产生较大的影响。随着中国—东盟自由贸易区的发展，各国经济交流增加，国际经济贸易争端的解决所要适用的外国法律的数量激增，而各国的语言差异可能造成译文的不准确性，这无疑不利于法院公平、公正、有效地解决争端，对于争端当事方也存在诸多不便。为了能够准确高效地解决争端，各国可以增进协作构建一个法律数据库，将各国签订的双边或多边条约、各国的国内法等纳入其中，由各国选择几种官方语言，作出统一的官方语言译本，这样就能够避免非官方译文的不准确性，从而为法院裁判提供确定依据，也可以使投资者了解东道国的法律，进一步促进自贸区内各国的相互了解。同时，各国应有针对性地培养本国有对外交流能力的法律人才，尤其是发挥本国二代以下移民的作用，他们既适应迁入国的环境，又了解迁出国的传统，有利于交流的实现，使数据库译文更容易被接受，也有利于对外解决争端。

(2) 加强自贸区内各国的司法协助。我国虽然加入《纽约公约》等一系列公约，但我国没有签署承认和执行外国法院判决的国际性公约，主要还是以双边司法协助条约的形式来解决承认与执行双方法院判决的问题。在中国—东盟自由贸易区的建设中,各国都应该通过双边条约来增强司法协助的力度,以达到双方判决的认可与争端的讼息案止。总之,中国与东盟双方应本着互谅互让、互相理解、共同发展的目的,积极考虑利用各种方式,充分利用协商、调停、调解、磋商等自愿性争端解决方法,使双方达成共识,取得共赢,既避免了报复的同时也节约了时间、降低了知识产权争端解决成本。❶ 而衔接恰当的司法协助也将使自贸区乃至整个"一带一路"经济带各国的归属感加强,使各方利益实现均衡的最大化。

---

❶ 贾引狮:"中国—东盟知识产权法律协调机制变迁的路径依赖与创新",载《法学杂志》2011年第5期。

"一带一路"倡议下商号保护的法律制度研究

陈志颖[*]

内容提要 "一带一路"倡议下我国作为发起国将会面临诸多挑战,中国"老字号"在国际频频吃亏引起社会的广泛关注。在新的契机到来之时,通过研究发现,在商号保护方面我国仍然存在立法和理论层面的缺失或者不清,多以零散形式规定在商标法和反不正当竞争法中的商号保护条款并不能说我国已经拥有完善的商号保护体系和制度。而面对国际化区域竞争的潮流,作为"一带一路"国家/地区自身制度体系化构建的重要性不言而喻。因此,通过概念界定入手分析我国商号保护制度的构建动因,并且结合国际经验和审判规律进行深入研究具有显著意义。

关键词 "一带一路" 商号保护 商业标识 利益平衡 专门规制

引 言

迄今为止,"一带一路"经济带促进了沿线国家/地区的经济和文化交流,形成了和平合作、开放包容、互学互鉴、互利共赢的传统,促进了沿线各国的繁荣和发展。知识产权作为保护人类智慧结晶的无形财产权,已经成

---

[*] 陈志颖,扬州大学法学院研究生。

为国家发展的重要资源，在激励创新、促进经济发展和文化繁荣方面发挥着重要作用。建立良好的知识产权生态体系，促进知识产权制度完善，营造有利于创新和可持续发展的环境成为各个国家提升自身软实力的重要举措。商标作为表征产品的重要商业标识，商号作为表征商事主体的重要商业标识，两者标识领域的相同导致权利冲突越来越频繁。登记制度的区域化特征，却让依赖登记作为保护前提的两种标识，在区域之间的冲突日益加剧。我国"老字号"在国际商标注册中的惨败也一次又一次地敲响着我们还需要更加注重制度层面法治化以应对经济全球化的警钟。商号保护成为颇具区域化色彩的议题，国内对于商号保护制度构建的缺失将会直接影响国内商号的品牌策略和涉外商号的区域保护。本文主张在国内建立完善的商号保护制度体系以应对"一带一路"倡议下我国作为发起国将会面临的诸多挑战。其中，行政法规和规章、知识产权法和反不正当竞争法将各司其职地承担管理和保护商号的职能。

一、商号、字号和名称的法律概念界定

我国《民法通则》规定了法人、个人合伙、个体户对其名称享有名称权，同时又将字号等同于个体户、个人合伙的名称。❶《民法总则》继承了有关法人、个人合伙、个体工商户名称的规定。可是，对于期待采民商合一法典形式的《民法总则》来说，法条中仍然有尚待厘清的概念和含义。学界普遍认同的商号并没有被法典承认，对于法人和非法人组织"应当有名称"这样的表述，❷似乎更加倾向于将名称规定为法人和非法人组织的义务之一，有着明显行政规制中的规范性意味。《企业名称登记管理规定》第7条规定

---

❶ 《民法通则》第26条规定：个体工商户可以起字号。第33条规定：个人合伙可以起字号。

❷ 《民法总则》第58条规定：法人应当有自己的名称。第108条规定：非法人组织除适用本章规定外，参照适用本法第三章第一节的有关规定。第110条规定：法人、非法人组织享有名称权。

将商号等同于字号,而字号又只是企业名称的一个组成部分。在民法学界,依据《民法通则》和企业登记管理法规的规定,一般都使用法人名称、企业名称等概念。❶ 有些学者认为,商号、商业名称、厂商名称等均与企业名称所指是一回事,即企业从事营业活动时所用的名称,是区别不同企业的标志。❷ 而在商法学界,无论是世界各国商法用语翻译成中文的实际情况所致,还是构建独特的商法概念体系之需要,"企业名称"一词往往被商号所取代。❸ 即"从规范意义上讲还是将商主体的名称即企业名称称为商号为宜。也就是说,商主体的名称权应称为商号权,一则各国立法均如此规定,二则只有商号权才能准确地反映商主体的特殊属性"。❹ 由于《保护工业产权巴黎公约》第8条规定了工业产权的保护对象还包括厂商名称,知识产权法学界则认为"厂商名称,或企业名称、商号、字号等,都是用来区别不同厂商的,即用来区别不同的生产者和销售者"。❺ 很明显,《民法总则》第123条对于民事主体依法享有知识产权的客体类型列举中并没有承认商号的知识产权属性。因此,本文主张在概念界定上仅讨论显名意义上的商号,并不赋予商号知识产权意义上的概念。

笔者参考我国民法学中的部分学者、商法学、知识产权法学界学者们的不同观点结合我国法律规定和司法实践,并不认可这些学者将商号、字号、名称放在同一位阶上进行比较的做法,而认为商号应当是字号和名称的统称。虽然字号是名称的核心组成部分,但是立法中同时赋予了个体工商户只起字号的权利。理由如下。

(1) 尊重我国立法的措辞选择。尽管存在不同概念的使用,但我国以《民法总则》和《民法通则》为首的大部分法律、法规均使用"名称"的措辞,并且立法中对于企业名称包含字号的概念已经厘定得很清楚。而在正式

---

❶ 佟柔:《民法总则》,中国人民公安大学出版社1992年版,第149页。
❷ 江平:《法人制度论》,中国政法大学出版社1994年版,第164~165页。
❸ 李友根:"论企业名称的竞争法保护",载《中国法学》2015年第4期。
❹ 范健、王建文:《商法论》,高等教育出版社2003年版,第467~468页。
❺ 刘春茂:《中国民法学知识产权》,中国人民公安大学出版社1997年版,第824页。

的立法选择上,商号即使出现在部分法规中也更带有补充解释的色彩。❶

(2) 符合我国民法典的内在逻辑。商号的定义来源于民商分立的法典立法体例。然而,《民法总则》实际采用了民商合一的编纂体例。而在理论上用商号去统一所有的商主体名称是合适并且恰当的。王保树等学者认为,"商号是商人在营业上表示自己的名称"。❷ 范健等学者所做的定义则是:"商号是指商事主体在从事商行为时所使用的名称,即商主体在商事交易中为法律行为时,用以署名或让他的代理人用其与他人进行商事交往的名称。"❸ 可见,商号应当囊括所有商主体或者商人在商事交易之中的表征符号。

(3) 迎合商事主体多元化的社会需求。个体工商户、法人、非法人组织不可否认的成为目前社会中已然存在的商事主体重要组成部分。立法通过赋予个体工商户起字号的权利,将其与规范性更加明显的法人名称、非法人组织名称进行区分。同时又赋予字号特殊的表征意义,以应对社会需求。正如学者江平指出的,字号是由当事人自由选择的两个或两个以上文字组合,不仅是公司名称的核心内容,也是公司人格特定化的标记。❹ 因此,字号是名称中最能够表征商事主体身份的标记。而除了字号以外的部分,可以认为仅仅存在有规范性意义上的区分作用,其对于个别商事主体间区分的作用早已被其类型化的作用所掩盖。比如用以区分地域、组织形式。

综上所述,笔者认为,商号作为表征商事主体的商业标记,应当囊括所有的商事主体表征符号。名称在我国的立法选择中,应当认为是法人和非法人组织的专有标记,其特征就在于规范化和类型化。字号,不仅仅是法人和非法人组织名称中最核心、最能够区分此商人和彼商人的标记,更是法律赋予个体工商户这一独特商事主体的标记。字号和法人、非法人组织的名称统称为商号。因此,本文不加区分,均统称为商号。

---

❶ 《企业名称登记管理规定》第 7 条规定:企业名称应当由一下部分依次组成:字号(或者商号,下同)、行业或者经营特点、组织形式。

❷ 王保树:《中国商法》,人民法院出版社 2010 年版,第 57 页。

❸ 范健、王建文:《商法学》,法律出版社 2012 年版,第 71 页。

❹ 江平:《新编公司法教程》,法律出版社 2004 年版,第 60 页。

二、我国目前商号保护制度的构建动因

立法者似乎过于拘泥于商号在显名意义上的作用,因此在民商事立法中解读出的商号概念很难认为其具有明显的财产性质和人格利益。但是,社会运转过程中自然而然地赋予了商号这一标识商品化的特征,保护其免遭利益损失也逐渐成为全球性的议题。因此,知识产权法对于智慧财产的保护成为商号利益受损时的选择,并且面对商号与商标冲突这一最典型的问题能够很好地应对和解决。反不正当竞争法在保护商事活动弱者中的独特作用同样受到立法者的青睐,消费者由于商品混淆受到损害显然是制度构建者力图阻止的。究其动因,笔者认为是社会需要、制度缺失和恰当选择的统一结果。

(一) 人格权商品化时代的社会需要

正如有学者指出的,在当前这个"人格权商品化"的时代,再忽视对于人格权的充分保护似乎就有一些说不过去。因为某些人格权尤其是标表性的人格权本身具有一定的可利用价值,比如,名人的姓名、肖像、声音以及法人的名称等都具有一定的社会知名度,因此在商业上就具有相当程度的利用价值,也就具有了商业价值,可以用金钱来加以衡量。自人格权概念产生以来,人格权就被认为是一种专属性的权利,而专属性是人格权与财产权的重要区别。其含义是指人格权只能为特定的权利人所享有,与权利主体不可分离,同样也因此并不具有可继承性。但是伴随着人格权商品化的趋势,某些人格权也具有了一定的可继承性。人格权与人格权主体发生了部分分离。❶因此,财产意义上商号的使用愈发频繁,商号在转让、出借等过程中体现出的巨大经济价值应当是立法者不可忽视的问题。

(二) 财产意义上商号的制度缺失

财产意义上商号的制度缺失主要体现在商号转让规定的捉襟见肘和商号

---

❶ 王利明:"论人格权商品化",载《法律科学(西北政法大学学报)》2013年第4期。

许可使用制度的否定。

1. 商号转让

商号转让是指商事主体将其商号依法转让给他人,由受让人取得商号权的行为。在商号转让的过程中,受让人一般要向出让人支付相应的金钱对价。因此,商号转让权的形式,实质上是商事主体将商号作为一种财产进行处分的行为。

我国《民法通则》第99条第2款明确规定,"法人、个体工商户、个人合伙享有名称权。企业法人、个体工商户、个人合伙有权使用、依法转让自己的名称"。而在已经生效的《民法总则》中没有看到相关继承。《企业名称登记管理规定》第23条分三款作出了具体规定:"企业名称可以随企业或者企业的一部分一并转让""企业名称只能转让给一户企业。企业名称的转让方与受让方应当签订书面合同或者协议,报原登记主管机关核准""企业名称转让后,转让方不得继续使用已转让的企业名称"。而对于个体工商户名称的转让方式,《个体工商户名称登记管理办法》则没有作出明确规范。可以看出我国现行法律法规所确立的商号转让制度中,首先,商号转让权的主体是企业、个体工商户,而不是其出资人或经营者。其次,转让企业名称时必须同时转让企业或企业的一部分。同时,企业名称转让时只能转让给一户企业,对此表述实际上又存在两种不同的解释:其一,企业名称只能转让给企业,且只能转让给一户企业。其二,企业名称转让给企业的,只能限定一户企业转让,不得同时转让给两家以上企业,至于是否可以转让给非企业组织和个人,法律并无明确限制。实践中,登记机关大多都采用了第一种解释。甚至还有工商机关认为企业名称只能在组织形式相同的企业或该名称所反映的组织形式范畴内的企业间相互转让,公司制企业不得将其名称转让给非公司制企业。❶ 同时,企业名称转让后,无论商人是否还保留部分营业,均不得继续使用已转让的名称。转让制度作为商号财产权益的核心在《企业名称登记管理规定》中才见到几条规定,立法位阶不够,尚有许多未明确的

---

❶ 扬州市邗江工商行政管理局:"基层反映企业名称转让需注意六个问题",载http://gsj.hj.gov.cn/newspic/newspic/2011-06-15/119055.htm,2011年6月15日。

地方。可见，当前我国规制商号的法律制度大多是行政法规和部门规章的形式，主要是规范与商号登记有关的事项，直接对商号权进行保护的法律条款仍然较少。由于制度缺失和管理性规范为主的问题，现行商号制度很难有效应对正确处理侵害商号权的行为、协调商号权与商标权等其他权利的冲突等方面的需求。

2. 商号许可使用制度

在现代商业实践中，如"挂靠""连锁经营""特许经营"等借用他人商号从事商事营业活动的现象大量存在。或是为了依赖驰名商号所积累的良好商誉推动经营活动更好地开展，或者就是基于税收减免和突破经营范围的考虑。总之，商号的许可使用可以为商号权人和获准使用商号的借用人带来可观的经济利益。商号的许可使用与商号转让实际上都是商号拥有人将商号作为财产进行使用、处分的行为，体现出商号权的财产权属性。

我国的现行法律法规并未明确承认商号的许可使用。《企业名称登记管理规定》第26条第1款第（3）项规定，"擅自出租自己的企业名称的，没收非法所得并处以一千元以上、一万元以下罚款"。国家工商总局在2002年2月7日作出的《关于企业名称许可使用有关问题的答复》中更明确指出，"企业名称被《民法通则》列在人身权的范畴，因此企业不得许可他人使用自己的名称"。可见，我国商号登记主管机关对于商号的许可使用是持否定态度的。而1997年5月30日颁布的《关于连锁店登记管理有关问题的通知》，第2条第2款规定，"总部参股设立或与总部无资产关系的门店，通过与总部签订合同，采取联营的方式或者取得使用总部商标、字号、经营技术及销售总部商品的特许权，按照合同的约定共同经营"。此外，国务院颁布于2007年的《商业特许经营管理条例》第3条规定，可以进行商业特许经营的资源主要是注册商标、企业标志、专利、专有技术等；这里的"企业标志"是否包括企业名称，该条例并未予以明确。可以明显看出，行政法规、规章在进行相关限制或者许可时自己内部存在显著矛盾，并且不具有稳定性，明显不利于商事交易复杂的社会现实。

3. 关于涉外商号的特别规制

我国现行的法律法规所关注的涉外商号主要是外商投资企业商号，以及外国企业与其分支机构的商号。其中,《企业名称登记管理规定》作出了特别规制,外商投资企业商号由国家工商行政管理局核定登记,但国家工商局授予外商投资企业核准登记权的工商行政管理局也可依法核准外商投资企业商号。在商号的构成方式上,经过国家工商行政管理局的核准,可以不冠以企业所在地行政区划的名称。商号用语上严格要求规范,明确使用外国(地区)出资企业字号的外商投资企业、外方控股的外商投资企业,可以在名称中间使用"(中国)"字样。商号的登记核准程序上,外商投资企业在申请商号登记时,应当在项目建议书和可行性研究报告批准后,合同、章程批准之前,预先单独申请企业名称登记注册。

而对于外国企业与其分支机构的商号,《企业名称登记管理规定》同样给予了特别的规定。其主要内容是:(1)申请商号登记注册是从事营业活动的先决条件。(2)登记程序较为特殊。对于外国企业而言,在其向国家工商行政管理局提出登记注册商号的申请后,登记主管机关应进行初步审查;通过初审的予以公告,公告期6个月届满无异议或者异议不成立的,予以核准登记注册。而对于一般商人的商号登记申请,登记机关只要审查后作出核准或不核准的决定即可,无须进行6个月的公告。(3)外国企业在华登记商号有5年的保留期,期满后要求续展的,应当重新申请登记注册。而一般商号登记后,并无特定使用期限的限制。(4)外国企业分支机构商号中应标明该外国公司的国籍及责任形式,后缀以所在地地名及分支机构类型。

对于涉外商号的规制,同样是仅仅局限在名称意义上的商号管理。笔者认为,商号规制的法律缺失是我国立法者不愿意承认商号财产性质的结果,同样是我国目前商业标识混乱,冲突不断,并且得不到抑制的根本原因。

(三) 应对商业标识冲突现状的恰当选择

面对我国商号制度管理重于保护的现实和社会中商业标识冲突层出不穷的现实。知识产权法中的商标法对于商标的规制更加充分,商标作为冲突的常见另一方,对于商标权利限制之一的保护在先权利原则作为其他权利保护的构成要素也就无可厚非。反不正当竞争法作为"经济领域小宪法"承担着保护弱者的职能，商业标识冲突对于第三方消费者的损害是不容小觑的，因此对于第三方保护的禁止混淆原则同样成为保护商号的重要立法规定。如此迂回的保护商号也只能说是目前恰当的选择。

1. 保护在先权利原则

保护在先权利是知识产权法上的一条重要原则。其意在于当两种权利发生冲突时，在后权利不得妨碍在先权利的形式。有学者提出必须明确商号权的知识产权属性，才可以适用在先权利保护原则。❶ 但是笔者认为，商号中的字号确实是具有知识产权特征的，但是并不能因此将商号定性为知识产权。其在商事领域中的标识意义远远大于其智慧财产的特征意义，并且这种法律属性并不会影响到商号纠纷中在先权利保护原则的使用。在先权利保护理论虽然缘起于知识产权保护领域，但并不严格地限制在此领域内的使用；商号与商标在财产意义上有许多相通之处，两者间也确实会产生冲突，那么商号应当具有使用在先权利保护原则的基础。

最高人民法院在 2001 年的公报案例"芳芳陶瓷厂诉恒盛陶瓷建材厂侵犯商标专用权纠纷案"中明确指出，"对商标专用权与企业名称权在行使中发生的冲突，使用维护公平竞争和保护在先合法权利人利益的原则去解决，是正确的。但应当指出，这一原则只能解决两种权利都在合法行使时发生的冲突，不包括不适当行使权力的情况"。❷ 因此，在先权利保护原则主要适用于存在真正的权利冲突的商号纠纷中，在没有权利冲突的商号纠纷中是不能适用的。

然而，目前我国在先权利保护原则的适用受到了商号登记制度的限制。与商标管理实行统一登记，分级管理的模式不同的是，我国在商号管理上采取分级登记制，即根据企业的投资主体或者审批机关，分别确定由不同层级的登记机关负责。换言之，各级工商行政管理机关均承担一定的登记职责。这也就导致，既有国家工商行政管理机关登记的商号，又有省级工商行

---

❶ 魏玮："商业标识权利冲突的司法裁量"，载《知识产权》2005 年第 2 期。
❷ 芳芳陶瓷厂诉恒盛陶瓷建材厂侵犯商标专用权纠纷案，转引自《最高人民法院公报》2001 年第 2 期。

政管理机关登记的商号，还有市、县工商行政管理机关登记的商号，其专用权的范围大小不同。作为计划经济体制的遗产，分级登记管理体制体现着国家权力在经济管理中的权力划分，但是这种僵化的制度已经不能够适应现行的市场经济体制的需要。最直接的结果就是，没有办法形成统一的商号库进行事前审查，使在商号登记时很容易在不知情的情况下侵权或者被侵权。值得期待的是，随着大数据时代的到来，统一商号库成为可能。

2. 禁止混淆原则

2017年11月4日修订通过的《反不正当竞争法》第6条对于企业名称的擅自使用引人误认为是他人商品或者与他人存在特定联系的混淆行为增加了具有一定影响力的限定。同时将社会组织的名称增加为保护客体。禁止混淆原则作为反不正当竞争法中保护商号的原则进一步完善。公平竞争是现代市场经济倡导的核心价值，利益的衡平保护是维护公平竞争的具体方法。正如有学者指出的，权利的核心在于利益，法律的本质在于保护更应当保护的利益。❶ 反不正当竞争法的禁止混淆原则使我们不再将商号纠纷的利益冲突局限在当事人身上，而是转向对社会公共利益的关注。正如有学者指出的，在具体案件的利益衡量中，对当事人的具体利益进行衡量只有放置在利益的层次结构中进行衡量，才能保证利益衡量的公正和妥当。❷

因此，反不正当竞争法的规制实际上核心就是要考量存在相关公众误认或混淆的可能性，即商业标识的相同或者近似。如果从商业标识误认的形成机理来看，商业标识的相同或近似经过容易诱使公众产生合理联想的环节导致公众混淆。因此，这方面的认定成为个案中认定是否构成侵权或者不正当竞争的关键环节。诉讼中则是原告举证责任和法官自由裁量的范畴，甚至要从普通公众的心理认知习惯进行分析。

所以，通过禁止混淆原则的规制赋予法官很大的自由裁量权，司法实践中也产生了不同的判决结果。审理思路上可以以最高人民法院2009年发布的《关于当前经济形势下知识产权审判服务大局若干问题的意见》中的一段

---

❶ 梁上上："利益衡量的界碑"，载《政法论坛》2006年第5期。
❷ 梁上上："利益的层次结构与利益衡量的展开"，载《法学研究》2002年第1期。

话予以概括，即"企业名称因突出使用而侵犯在先注册商标专用权的，依法按照商标侵权行为处理；企业名称未突出使用但其使用足以产生市场混淆、违反公平的，依法按照不正当竞争处理。对于因历史原因造成的注册商标与企业名称的权利冲突，当事人不具有恶意的，应当视案件具体情况，在考虑历史因素和使用现状的基础；对于权属已经清晰的老字号等商业标识纠纷，要尊重历史和维护已形成的法律秩序。对于具有一定市场知名度、为相关公众所熟知、已实际具有商号作用的企业名称中的字号、企业或者企业名称的简称，视为企业名称并给予制止不正当竞争的保护"。

可以看出，虽然我国没有从商号的角度上对商号保护制度进行构建，但是在应对商业标识冲突的过程中，逐步形成商标法的在先权利原则、反不正当竞争法中的禁止混淆原则和民商法体系原则下的行政法规组成的我国的商号保护体系。因此，笔者认为虽然这样的选择并不能够很好地迎合社会的发展，但也是能够解决问题的恰当选择。

三、商号保护现状的国际经验与借鉴

完善我国的现行商号法律制度，既可以满足商业实践发展的需要，也有助于健全商事法律体系。因此，域外立法经验的比较和借鉴是应当的。

（一）国际社会对商号的保护

国际社会主要通过缔结国际条约或地区公约的方式对商号进行保护。1883年，《保护工业产权巴黎公约》正式将商号作为一种工业产权的保护对象。1980年，公约在日内瓦修订后，其第1条第2款规定，"工业产权的保护对象有专利、使用新型、外观设计、商标、服务标记、厂商名称、货源标记或原产地名称和制止不正当竞争"。第8条规定，"厂商名称应在本联盟一切国家内受到保护，没有申请或注册的义务，也不论其是否为商标的一部分"。第9条第1款规定，"一切非法标有商标或厂商名称的商品，在输入到该项商标或厂商名称有权受到法律保护的本联盟国家时，应予以扣押"。

1891年在马德里签订的《制裁商品来源的虚假或欺骗性标示马德里协定》专门规定，各成员方对于虚假或欺骗性标示的商品，在进口时有义务予以扣押或采取其他方法予以制裁。其中，商号的虚假标示也属于其中的一类。1966年，在日内瓦会议上通过的《发展中国家商标、商号和不正当竞争行为示范法》，明确对"商号"进行了定义，其第1条第1款第4项规定："商号是指识别自然人或法人的企业名称或者牌号"。同时，第47~49条、第53条分别对禁用的商号、商号的保护、商号的转让和转移作了规定，并明确规定了对侵害商号权行为的诉讼程序。[1]

地区公约方面，非洲知识产权组织于1977年3月通过的《班吉协定》提出了保护商号和不正当竞争，在附件5中把商号保护法与反不正当竞争法列入同一部统一法，并规定侵犯注册商号行为还要承担刑事责任。同时规定商号权可以对抗商标权。

（二）域外商号的立法保护模式

总的来说，域外的商号立法有以下五种模式。

（1）在民法中加以规定。在采取民商合一立法体例的大陆法系国家，由于没有独立的商法典，故而与商号有关的法律规范主要出现在民法典中。如《瑞士债法典》第四编即为"商业登记、商业名称、商业账簿"。

（2）在商法中加以规定。在采取民商分立立法体例的大陆法系国家，与商人有关的事项主要由独立的商法典进行规范；作为商人名称，商号即是其中重要的内容。如《日本商法典》第一编总则部分专设"商号"一章。

（3）以单行法的形式加以规定。如英国制定有1985年《商业名称法》，瑞典、荷兰也制定有专门的商业名称法，哥伦比亚、秘鲁制定有商号保护法。

（4）在知识产权法中加以规定，如西班牙、葡萄牙、巴西等国的工业产权法，美国等国的商标法，都将商号与商标、专利等传统知识产权一并进行

---

[1] 梁上上、李国毫：《商号法律制度研究》，法律出版社2014年版，第339页。

保护。例如，美国1946年《兰哈姆商标法》对商标和商号作了定义，并统一纳入该法的保护；同时还规定，商标在联邦政府一级注册，商号在州一级政府注册。

（5）在竞争法等其他法律中加以规定。商号承载的是商人的商誉，具有的是品牌价值，是商人进行市场竞争的重要砝码，实践中也常常成为"傍名牌"等不正当竞争行为的侵害对象。为此，许多国家或地区都在竞争法中，明确规定禁止针对商号的不正当竞争。如我国台湾地区的"公平交易法"、匈牙利的《禁止不正当竞争法》、日本的《不正当竞争防止法》、德国的《反不正当竞争法》。

事实上，大多数国家或地区都不会仅以单一的法律形式对商号进行管理和保护，而是采取综合性的立法手段从民法、商法、知识产权法、经济法等多角度、多领域构建商号法律制度，从而发挥立法的整体效应。比如德国就通过民法典、商法典、商标法、反不正当竞争法等法律，形成对商号的系统保护的法律网络。同时值得注意的是，虽然商号在名称意义上和传统意义上是一种商事权利，但是这并不妨碍通过竞争法或者知识产权法对其进行保护，相反更加受到各国的重视。无论将其划分到哪一范畴进行保护，专门化、集中化的保护却是各国的通行做法。

（三）我国商号保护的立法路径

当前，我国对于商号保护的主体是《企业名称登记管理规定》等关于商号登记的行政法规和部门规章。在法律层面上，《民法总则》作为主要遵循，辅之以反不正当竞争法、商标法、公司法等部门法的个别条款。总体来说，现行的商号规定分布广泛，效力层级多样。此外，最高人民法院发布的相关司法解释指出，一些地方性商号立法都可以归入我国商号法律制度体系。不难发现，所有当前世界上的立法形式都被糅合其中，并没有一个显而易见的体系。其中行政法规和规章仅仅是在管理层面上进行规制，而保护层面几乎全部交给了反不正当竞争法、商标法，更多的模糊地带则是依靠司法解释，法官自由裁量进行。因此，对于商号保护的专门规定是目前迫切需要的。在民商法层面上,有学者主张,在王保树教授主张制定的商事通则,超越民商合一和民商分立的基础上,❶ 不仅能够满足制定商事一般法的需要,也能够考虑到现有立法体系的稳定性。其中专章或者专节进行规定即可。❷

如果认为商事通则是比较理想的选择,笔者认为将现行的《企业登记管理规定》《企业名称登记管理实施办法》《个体工商户名称登记管理办法》等与商号管理相关的法规进行整合和修改,最好由国务院制定《法人、非法人组织名称与个体工商户字号登记与保护条例》,增加关于商号保护的专节规定,兼顾反不正当竞争法、商标法中的相关保护原则会是比较实际的选择。不仅对于立法体系影响不大,又能以"曲线救国"的方式建立起相对完善的商号法律保护体系。笔者还认为,如果能将商标法修订为商业标识法,同时基于字号是企业名称中的智慧因素,将商标和字号分别规定为其中的组成部分,同样是一个深思熟虑的选择。此外,将字号予以单独的知识产权保护同样也是目前保护老字号的题中应有之义,字号作为显而易见的智慧财产,作为知识产权的保护可以并无不妥之处。

总之,专门而突出地肯定商号的财产价值并予以特殊保护是目前我国立法需要发展的。尤其是在"一带一路"的背景下,完善国内的法律法规,并在其基础上充分发展法律的涉外性是非常重要的,这就需要扎实的框架基础。

四、商号纠纷解决的审判实践与趋势

商号由于其具有的客观的经济价值,围绕其展开的利益争夺,成为市场竞争的惯常现象。虽然通过反不正当竞争法的规制,已经得到一定程度的缓解,但是随着"人格商品化"时代的到来,侵权人一般通过将其名称作为商标申请注册或将他人已经注册的商标作为企业名称进行使用等方式,引起消费者的误解。在司法实践中,受害企业一般会以商号权和商标权受到侵害为

---

❶ 王保树:"商事通则:超越民商合一与民商分立",载《法学研究》2005 年第 1 期。
❷ 梁上上:《商号法律制度研究》,法律出版社 2014 年版,第 343 页。

由提起侵权之诉。而法院也会依据反不正当竞争法和商标法等法律法规进行裁判。

最高人民法院发布的涉及企业名称的指导性案例共 12 件，现将其初步整理如表 1 所示。

表 1 最高人民法院发布的涉及企业名称的指导性案例

期号	原告	被告	与商号相关的结论
98-02	南京电力自动化设备厂	南京天印厂	擅自使用他人企业名称构成不正当竞争
01-03	芳芳陶瓷厂	恒盛陶瓷厂	仅使用字号不是合法使用企业名称
04-06	上海避风塘美食公司	上海德荣唐公司	擅自使用字号侵犯企业名称权
05-06	中国药科大学	江苏福瑞公司	被告盗用原告名称属于不正当竞争
05-12	博内特里塞文奥勒公司	上海梅蒸公司	任意简化使用他人的企业名称不合法
06-06	南京雪中彩影公司	上海雪中彩影	被告简化自己的名称构成不正当竞争
07-02	江苏汤沟两相和公司	陶芹	被告应当完整使用企业名称
07-06	上海统一星巴克公司	上海星巴克公司	被告对其企业名称不享有权利
08-06	河北三河福成养牛集团	哈尔滨福成公司	简化并非随意使用新名称
08-06	蜜雪儿服饰（北京）公司	上海蜜雪儿有限公司	使用字号不视作使用企业名称保护
09-11	上海罗芙仙妮公司	工商局金山分局	知名企业名称中的字号视为企业名称
10-03	山东起重厂有限公司	山东山起重工公司	企业名称的保护可适用于企业的简称
14-06	天津中国青年旅行社	天津国青国际旅行社	企业名称简称可以视为企业名称
15-04	山东鲁锦实业有限公司	鄄城县鲁锦工艺品有限责任公司，济宁礼之邦家纺有限公司	判断地域性特点的通用名称应当注意从长期性、普遍性和地域性综合分析
16-06	成都同德福有限公司	重庆同德福有限公司	与"老字号"具有历史渊源的个人或企业可以将"老字号"注册为个体工商户字号或企业名称

由表 1 可见，最高人民法院公报所发布的此类案例，在 2014 年以前总体上涉及商号权的两个内涵，即使用权与禁止权。一方面，商号权人使用自己的名称的方式与要求；另一方面，商号权人可以在何种情形下禁止他

人对自己名称的使用。[1] 如果认为这是对于企业名称形式权利冲突的解决,那么在这两年公报的案例则更加倾向于解决实质权利。总体来讲,从形式认定从严到对简称和字号同等保护再到实质权利的保护,最高人民法院的指导性逐渐倾向于关注商号的人格利益。也就是不拘泥于管理意味浓厚的行政法规中对于名称要求的严格,而更多地从个案平衡中追寻当事人实质利益的公平。即是否构成不正当竞争,或者是否受商标法在先权利原则的保护。

综合以上案例,可以发现在考量实质利益平衡时,应当考虑以下几个方面的因素:(1)被告与原告是否经营同一行业。若为同一行业,双方在相同或相似的商品上使用各自的商业标识时,与双方存在商业交易关系的人群会趋同。(2)被告与原告的营业地是否在同一地域,若在同一地域,则认识原告商业标识的人群在经济活动中接触被告商业标识的概率会大幅度增加。(3)原告的品牌知名度是否较高,若原告所持有的是驰名商标或驰名商号,即使被告与原告的营业地不在同一地域,即使被告与原告不是经营同一营业,消费者或经营者已然有可能将其商业标识与印象中原告的驰名品牌相联系。(4)被告是否突出使用了商业标识中与原告商业标识相同或近似的部分。若存在这种行为,则在相关公众的心理上会明显增强一种"似曾相识"的感觉。普通商号在人们看来就是商号的名称,不太会将其与近似的商标相联系。但是如果商号拥有人将字号突出使用,则会产生"商标化使用"的效果,更容易让人们将该商号与他人的商标相联系。

五、结 论

"一带一路"倡议背景下对于知识产权区域化的制度构建需求决定了在商号保护方面迫切需要专门在管理和保护上都能兼顾的制度规制,单纯从管理角度进行规制的行政法规和规章已经不能满足当今人格商品化时代的利益

---

[1] 李友根:"论企业名称的竞争法保护——最高人民法院第29号指导案例研究",载《中国法学》2015年第4期。

保护需求。因此，综合比较国内外在商号保护方面的规制，我国通过商标法中的在先权利保护原则和反不正当竞争法中的禁止混淆原则对商号进行保护，由于条款零散地分布于不同法律之中，在司法适用上产生很多分歧。最高人民法院的指导案例频繁地进行引导，在审判中逐渐从严格的形式保护基准过渡到对商号进行实质保护的阶段，应当认为最高人民法院指导案例裁判标准的变化也是审判工作进一步成熟的象征。同时，新修改的《反不正当竞争法》再一次修改关于禁止混淆原则的规定，对于企业名称的混淆增加具有知名度的标准，再一次从利益衡量的角度体现对于商号实质利益保护的立场。然而，对于商号、字号和名称概念未能厘清直接导致商号权归属难以确定。笔者在民法、商法和知识产权法专家学者的诸多观点中提炼认为，在我国，商号应当是字号和法人名称、非法组织名称的统称。字号又是名称中最具有表征商人身份的核心部分，之所以成为与名称并列的单独类型，是《民法总则》赋予个体工商户单独起字号的权利，但是并不能否认个体工商户商主体的地位。因此，按照这样的思路考量，笔者认为，我国迫切需要统筹商号权利保护的法律或者法规或者专章和专节，至于是按照行政法规的形式还是制定统一商事通则的形式依赖于立法者的选择。内容上，应当更加侧重实质保护商号的内在价值。知识产权法中保护的应当是作为智慧财产的字号，而将字号保护规定于知识产权法中完全能够和其他法律法规并行规制。这样不仅更加有利于商号的管理和保护，有助于在"一带一路"的倡议背景下成为涉外商号的框架遵循，也能够使得"老字号"得到应有的保护。

特许经营合同中信息不对称问题的政府规制途径

高凡雅[*]

内容提要 知识产权的保护制度一向是我国法律的短板,特别是在"一带一路"倡议影响下国际商事活动日趋频繁,使得商事交往过程中信息不对称问题一再凸显,有关知识产权交易方面的矛盾更加突出。本文通过讨论典型案例分析在特许经营合同中信息不对称问题的由来以及规制方式。

关键词 "一带一路" 信息不对称 特许经营合同 知识产权

一、引 言

"一带一路"倡议旨在加深海上丝绸之路与陆上丝绸之路沿线国家/地区的经济文化交流。秉承和平、交流、理解、包容、合作、共赢精神的"一带一路"倡议为我国赢得了一致好评,也带来巨大商机,我国迎来了新一轮外商入驻的大潮。越来越多的外商进驻我国市场带来了很多机会,但是也对我国的法律体系特别是知识产权部门法体系提出巨大挑战。随着开放程度的不断加深,知识产权方面的交流随之加深,但是国与国之间的规定、国家发展程度等差异都造成商事交流的困难,其中最重要的是知识产权交易过程中的

---

[*] 高凡雅,扬州大学法学院研究生。

信息不对称以及随之带来的知识产权交易风险。在知识产权交易领域，很多交易的成败都受制于信息的获取程度，其中最显著的就是特许经营合同的签订。特许经营指拥有注册商标、专利、专有技术等知识资源的企业与其他经营者通过授权允许其使用自己持有资源的一种知识产权交易形式。该形式在我国十分常见，从普及的加盟店到代理商推广，或多或少都涉及该部分的内容。但是，即使是国内企业在特许经营合同签订时也常常会因信息不对称而导致诉讼，更何况是与我们信息有所阻隔的国外企业呢？在知识产权的领域，信息不对称不仅仅是中小型企业会遇到的难题，即使是国家机关也未能幸免。以"曾某某与国家工商行政管理总局案"[1]为例，曾某某以原商标持有人——美国扑克牌公司已经在1997年被注销为由要求合法使用该公司在我国登记的商标。但是国家工商行政管理总局坚持认为该商标正在由美国扑克牌公司拥有并持续使用，但是诉讼中双方都无法证明该商标到底属于位于俄亥俄州的公司还是肯塔基州的公司（两个公司并没有实际关联），也没有办法去证明肯塔基州的公司在被注销后已将权利转让。造成此纠纷最重要的原因就在于中美间的交流并不充分，而由于商标持有人是外国的法人，我国监管机构也无法及时进行监管，因此使具体的权利主体并不明确，相关争论无法平息。

在"一带一路"倡议的推动下，将会有越来越多的外国企业在我国建立分公司申请注册商标、申请专利甚至签订特许经营合同，如果双方掌握的信息不对等将会引发严重的商业纠纷，这将影响我国"一带一路"倡议的进程。而在信息不对称问题上最有能力也是最应该进行规制的是政府，只有政府采取正确的行政措施进行限制性要求才有可能规制混乱的局面、营造良好的商业氛围。本文接下来将会通过讨论信息不对称给特许经营合同带来的困境，分析具体的原因并试图找到具体的解决方案。

---

[1] 北京市高级人民法院（2017）京行终973号。

二、典型案例

　　签订合同不仅需要双方相互信任，还要对自身掌握的信息进行分析，为了防止双方合同签订时并非出于本意，在民法上规定了重大误解与欺诈的相关条款来规制类似信息不对称的问题。特许经营合同作为知识产权领域的重要部分，不能仅仅依靠粗略的规则进行规制，因此，2007年国务院颁布了《商业特许经营管理条例》以管理特许经营合同的签订与实施，并且在其中特意规定了信息披露的具体要求，但是并没有起到很好的规制作用。而当下外商的大量入驻更使得不少人找到漏洞并以此牟利，引发了不少社会纠纷。前几年火遍全国的蛋糕连锁品牌"瑞可爷爷"就是其中的典型，2014年至少有3件相关诉讼与该品牌相关，下文所述案例"张某与上海瑞酷路投资管理有限公司特许经营合同纠纷案"❶就是其中之一。

　　随着海峡两岸交流程度的加深，越来越多的台湾地区企业进入大陆市场，台湾地区的综艺节目在大陆的影响也越来越大，带来不小商机。该案中的被告上海瑞酷路投资管理有限公司借用台湾地区著名电视节目宣传食品并谎称是台湾公司，技艺传承自节目所宣传的著名店铺以此来招徕客人，也引来了众多希望加盟的经营者。但是实际上该公司乃是2013年注册于内地的公司，该公司有意地与著名节目相联系以达到宣传自身的目的，在该公司的大力宣传之下成功使公众产生误解。原告在了解被告的基本情况与宣传内容之后与其签订加盟合同并得到了被告的特许经营，然而被告不仅没有该商标的特许经营权，甚至并不拥有该商标。也就是说该公司所用商标很难得到法律的保护。被告却辩解称其与原告签订合同时已经有部分媒体在质疑其宣传乃是虚假的，而且宣称原告在签订合同之前并没能尽到尽责调查的义务，因此具体责任应该作为商业风险由自己承担。在该案中，上海瑞酷路投资发展有限公司利用台湾地区节目的宣传成功隐瞒了公司与品牌的真实情形，并且在签订合同时披露虚假信息以达

---

❶ 上海市浦东新区人民法院（2014）浦民三（知）初字第673号。

到迷惑目的,造成较为恶劣的社会影响。

三、信息不对称困境以及产生原因

信息不对称是指在市场经济活动中,交易者因获得信息渠道不同、占有信息数量不同而承担的风险与收益不同。❶ 如果在市场活动过程中,交易双方中的一方无法完全得知另一方行为或另一方行动的必要信息,或者是获得完全信息难度极大时,此时就可以认定双方在掌握信息方面处于不对称状态。❷ 信息不对称将会对市场产生巨大影响,尤其是在知识产权交易市场。知识产权领域的交易主要就是基于己方对对方所持有的智力成果的了解程度,如果产生严重的信息不对称可能会使得整个商事交流市场崩塌。上文描述的案例中"瑞可爷爷"的使用者上海瑞酷路投资管理有限公司并不是境外企业,只是伪装为台湾地区企业就已经对投资者的基本判断能力产生影响,甚至对方基于信任都没有对其基本集料进行查证,选择相信被告所提供的信息。

信息不对称主要由以下两个原因造成的:一是行为人的道德危机;二是知识的有限性。不少行业为了获得最大利润就会利用信息不对称来进行具体活动(如保险业),但是并不会产生道德危机,因为行业本身并没有越过道德底线。而在知识产权交易过程中,交易中并不存在交易规则,一个原因是特许经营合同可能涉及的行业范围十分广泛,并没有产生得到大家认同的行业规则;另一个原因则是由于知识产权领域常常由国家直接调控,很难产生行业规则。知识的有限性主要包含两个含义:(1)自身知识的有限性。例如上文案例中的原告在签订合同时并没有实际地了解到其加盟的品牌的具体情况,主要就是因为对方在签订合同时并没有向原告披露足够的信息,原告了

---

❶ 王宇:"信息不对称、行为监管与互联网金融规范",载《西部金融》2016年第6期。
❷ 刘恒、李冠钊:"市场监管信息不对称的法律规制",载《行政法学研究》2017年第1期。

解的信息就是对方提供的例如商业广告、宣传单页等。(2)获取消息的途径受限。交易人之所以受到信息局限性的影响,归根结底是由于获取知识的途径十分有限。在讨论获取信息途径时不得不讨论政府在此间扮演的具体角色。政府掌握了很多的信息,但是基于政府是一个中立的机关,他们并不会主动地公开信息,而是依靠具体人员的申请进行公开,这使得相对人在获取信息时的可选途径十分少。有的案例中原告只能依据对方对外公开的网站了解具体情况,而众所周知,这种方式获取的信息是十分有限且片面的。大型企业在进行商事往来时会查询对方的注册信息,但是,如果该交易属于跨国交易,很容易就像"曾某某与国家工商行政管理总局案"中描述的一样,无法查证对方的具体情况,或者是证实与我们发生交易的到底是谁。

信息不对称会导致市场失灵,引起逆向选择和道德风险,这种问题是有效市场的隐患,市场自身不能解决,而交易中的一方在很多情况下并不能意识到自身处于信息劣势状态。因此,对市场信息交流部分需要上层进行监管,需要公共机构的参与,强制要求披露关键信息以达到平衡。但是一般的公共机构明显缺乏权威,因此需要政府的统一规制。❶

四、政府监管方式

对信息不对称的法律规制措施,既有非信息工具,也有信息工具。❷ 我们需要借助政府的力量加大监管力度,因此在知识产权交易方面也可以借用这样的体系同时提出信息规制方式与非信息规制方式,双管齐下。

(1)完善公开机制。既然政府在信息公开中扮演一个中立角色,那么我们可以选择完善公开方式,使得政府能够更主动地参与进来。监管部门在监管过程中使用的方式比较单一,并不能真正地吸引公众的注意力,譬如很多

---

❶ 李军、陈新岗:"自发到自觉:我国市场信息不对称法律规制体系研究",载《四川理工学院学报(社会科学版)》2017年第4期。

❷ 刑会强:"信息不对称的法律规制——民商法与经济法的视角",载《法制与社会发展》2013年第2期。

部门只是在自己的网站上公布信息，但是这样并不能使交易者真正地了解最新信息。因此，可以采取多样的公开方式，部门公报、专题报道、定期追踪报道等方式使公众了解并且能够及时了解最新信息，而且应该重点公开已经被政府记录有负面信息的企业。

（2）可以加大对入境经商的境外企业的初始审查力度。境内外的贸易能够为我国发展带来动力，但是必要的审查并不能真正地满足境内企业的要求。很多小型企业在签订特许经营合同之前并没有实力去仔细调查它们的具体情况，这就要求国家监管部门对具体企业入境时所持有的能够在原国家查证的知识产权权利进行登记，以便后期查证。这样的登记也应该显示在我国的官方网站上，这样有助于当事人的信息收集。

在非信息层面，可以利用现有的电子政务交流技术，加强跨国协作监管机制。现今大部分的信息依赖网络进行存储与传输，如果可以依靠计算机技术建立跨国的协作组织无疑是一个十分理想的解决机制。如果有需要的个人或部门就可以通过向国家申请来查证相关权利主体，无疑可以有很好的效果，也可以节省很多时间、资源。

事实上，政府能够采取的最大影响力的规制方式是加强立法。有研究表明，如果进行充分的知识产权保护，那么就可以缓解市场上信息不对称的情况。因此，利用法律进行保护性规制可以起到很好的效果，加强法律的硬性要求可以在实际中起到预防作用。首先，应该完善合同具体内容，加强对具体内容的要求以达到应有的公开程度——详细规定具体的公开条款与官方证明。其次，要求企业在对外公布的网站上公布能够证明自己具体资格（例如专利证书）的链接或者是具体的权威网页，并且由政府定期进行核查确保并无任何虚假信息。这样可以直接给投资者最具体有效的信息，如果存在虚假信息可以及时地纠正以防止更多诉讼的产生。最后，应该加强知识产权部分立法的鼓励机制。这样将会扩大监管人群，意味着并不是只有相关人员才有权去举报违法或者虚假的权利人。

论 TPP 知识产权规则对我国"一带一路"对外投资的适用性

唐安然[*]

内容提要 "一带一路"沿线国家/地区的经济发展水平和知识产权保护水平不尽相同。我国企业对外投资必然会面临不同知识产权保护水平带来的风险。TPP 知识产权规则作为目前最高标准的知识产权保护的国际知识产权协议,其是否可以适用于我国企业对"一带一路"沿线国家/地区的投资中知识产权的保护是值得探讨的。由于国际投资协议中的知识产权具有投资的性质,国际知识产权也是为国际投资贸易服务的;而 TPP 知识产权规则的较高保护水平,也是科学技术发达国家的知识产权垄断战略的体现,因此我国不宜采用 TPP 知识产权规则的标准与沿线国家/地区建立知识产权保护协议,而是应当区分不同的知识产权保护水平的国家/地区订立不同的知识产权协议,努力平衡投资东道国的公共利益和投资企业的知识产权保护的利益。

关键词 "一带一路" TPP 知识产权 对外投资

一、引 言

"一带一路"倡议是 21 世纪中国政府推行的与沿线国家/地区一同发展

---

[*] 唐安然,南京财经大学法学院研究生。

的伟大战略。在该倡议之下，中国企业对外投资时将面临更大的机遇和挑战。"一带一路"覆盖众多沿线国家/地区，各个国家/地区的经济发展、国内形势千差万别；中国企业带着技术和产品入驻其中，必然会引发各种各样的冲突和矛盾，其中知识产权投资作为区域投资的一部分会产生更多的摩擦和纠纷。基于投资东道国和国内知识产权制度和保护水平的差异，就会引发一系列争端。当然，中国实施"一带一路"倡议，已将知识产权风险纳入考量范畴。因此，以东盟为例，中国与东盟就达成了一些关于知识产权协作的概括性的共识，2003年《中国—东盟全面经济合作框架协议》第3条第8款第（h）项以及第7条第2款提及知识产权合作的意愿和目标，《中华人民共和国政府与东盟政府全面经济合作框架协议货物贸易协议》第7条WTO协议中提及缔约国需遵守其在WTO规则之下的知识产权条款。❶ 而《中国—东盟知识产权领域合作谅解备忘录》第1条规定，知识产权合作方面的基础与原则：知识产权条款既不能违背成员方加入的知识产权国际公约而且需要尊重各国国内知识产权法律制度；第3条规定，缔约国需在尊重各国国内知识产权法律制度的基础之上，重视遗传资源、传统知识和民间文艺对各国科学、文化和经济发展的重要作用，并同意在构建或完善上述知识产权的法律保护体系方面加强合作与信息交流，希冀在这些重点领域的有效合作能给知识产权其他领域的保护与合作提供示范作用。❷ 但这些均是笼统的规定，并未提及知识产权的具体保护制度。为不断推进"一带一路"倡议之下的区域经济协作，中国需要和投资东道国之间达成更加具体有效的知识产权合作协议。中国目前也正朝着这个方向努力。例如，中国和柬埔寨签订了知识产权合作谅解备忘录。❸ 该备忘录规定中国企业在柬埔寨能够享受与国内同样的

---

❶ 《中国—东盟全面经济合作框架协议》，载 http://www.customs.gov.cn/tabid/39224/Default.aspx，最后访问日期：2017年10月25日。

❷ 吕娜："'一带一路'背景下中国和东盟知识产权保护与合作的法律协调研究"，载《云南行政学院学报》2016年第2期。

❸ 王康、孙迪："让更优质的知识产权服务惠及'一带一路'沿线——访柬埔寨王国国务大臣兼工业及手工业部部长占蒲拉西"，载 http://www.sipo.gov.cn/mtsd/201709/t20170927_1318947.html，最后访问日期：2017年10月26日。

知识产权保护水平，未来中国所有专利在柬埔寨的有效性、保护的期限等保护制度均与在国内相同。为了减少可以预见的"一带一路"沿线国家/地区之间的投资摩擦和纠纷，国家间的知识产权合作必不可少，需要通过签订有关知识产权保护的双边或多边投资条约达成有关知识产权保护的共识。但是，要在国际投资中对知识产权保护到何种程度？以 TRIPS 协定为例，该协议对知识产权的保护程度为 WTO 成员必须遵守的标准。中国作为 WTO 成员必须遵守 TRIPS 协定中的知识产权保护水平。对于"一带一路"沿线国家/地区，即使其国内知识产权保护水平参差不齐，中国与其签订知识产权保护合作的协定时，对知识产权的保护程度也要满足 TRIPS 协定的要求。而近年来中国产业技术在不断地发展创新，高水平的知识产权保护无疑更有利于中国企业在投资东道国的发展，但这是否意味着中国需要在 TRIPS 协定的基础上，加大对知识产权的保护力度，还需要进一步探讨。事实上，对于知识产权保护的区域间协作的协议有很多，例如东盟各国签署的《东盟全面投资协定》第 4 条规定，作为投资的知识产权由各成员国的法律法规来确定。❶ 区域全面经济伙伴关系（RECP）也一直在为建立东盟十国和中国、日本等 6 个国家/地区之间的自由贸易协定而努力，其中涵盖知识产权协作条款。另外，2016 年《跨太平洋伙伴关系协定》（TPP）达成，建立了 TRIPS 协定 Plus 的知识产权保护条款，其对知识产权的保护比 TRIPS 协议的程度更高。❷ 由此也可以看出，区域经济协作需要建立在区域知识产权协作的基础之上，但各类区域经济协作由于区域经济发展水平的不同，对知识产权的保护程度也不同。故中国在推行"一带一路"倡议之际，在区域中达成何种保护程度的知识产权协议，是保持 TRIPS 协定的水平，还是促进达成像 TPP 知识产权规则一般程度的知识产权保护水平，需要区分不同经济发展水平的区域订立不同的知识产权协作协议。

---

❶ 陈安："区域性知识产权保护制度对中国—东盟知识产权协作模式的借鉴意义"，载《国际经济法学刊》第 14 卷第 2 期，北京大学出版社 2007 年版，第 149 页。

❷ 2016 年 2 月 4 日达成的 TPP 协议成员包括澳大利亚、文莱、加拿大、智利、日本和美国等共 12 个国家。但 2017 年 1 月 23 日，美国退出 TPP 协议。

二、"一带一路"海外投资东道国的知识产权规则

在"一带一路"倡议之下,我国企业海外投资的区域更广,涵盖经济发展程度不同的多个国家/地区。其中发达经济体有12国,发展中经济体有35国,转型经济体有17国。这些国家知识产权保护制度不尽相同,保护水平也不一致。以新加坡为例,其知识产权体系虽然建立于20世纪末到21世纪初,但其一直秉持着严肃对待知识产权保护的态度,很快形成以知识产权局等政府机构和知识产权专业团体共同组成的保障机制。❶ 新加坡保护的知识产权客体的范围与国内相似,包括商标、专利和著作权三大方面。其专利法中没有从正面列举受法律保护的发明,只要求获得专利的发明必须具备的三种性质,即新颖性、创造性和工业实用性;但从反面规定了禁止授予专利的情况。对于专利的申请、审核、异议等程序专门规定了一章集中解决与专利的授予、驳回和撤销的管理有关的事项。❷ 对著作权保护更不用说,盗版行为是一种被刑法规制的严重的刑事犯罪。对可注册的商标的范围规定得很广,非可视性的标识也可以注册,只要它们能用某种可感知到的方式表达即可。❸ 进入21世纪以来,新加坡对知识产权法律不断地修订和完善,使得其知识产权水平走在世界前列。而像缅甸、老挝、柬埔寨作为东盟地区最不发达的3个国家,由于政治动荡、经济落后等各方面原因难以顾及知识产权的保护致使相关制度建立较迟,发展缓慢。列举新加坡和缅甸、老挝、柬埔寨的例子旨在说明,"一带一路"倡议下我国企业海外投资的东道国的知识产权保护水平不尽相同,有些国家保护水平很高,甚至高出我国的保护水平;而有些国家的保护水平较低,远不及我国。这意味着在"一带一路"倡议

---

❶ 杨静:"东盟国家知识产权立法与管理的新发展",载《东南亚纵横》2008年第2期。

❷ 吕娜:"'一带一路'背景下中国和东盟知识产权保护与合作的法律协调研究",载《云南行政学院学报》2016年第2期。

❸ 蒋琼、高兰英:"新加坡知识产权保护制度研究与启示",载《理论月刊》2011年第4期。

下,我国企业海外投资面临的风险中就涵盖知识产权风险,因此需要探讨何种知识产权保护水平对我国企业海外投资有利。而目前标志着知识产权保护最高水平的多边协议 TPP 规则中的知识产权保护是一个方向。因此,接下来探讨的方向就是我国是否需要与投资东道国之间签订如 TPP 知识产权规则同等保护水平的双边或多边协议。

三、TPP 知识产权规则

1. TPP 中知识产权的性质

跨太平洋伙伴关系协定,也被称为"经济北约",本就是国际多边经济谈判组织达成的多边关系自由贸易协定,最终目的是打破贸易壁垒、缓解贸易摩擦以促进亚太地区的贸易自由化。其中第 18 章为知识产权规则,其不单纯是对知识产权这一项财产权予以保护,更多地是为了通过达成知识产权保护的共识促进区域间贸易的自由。知识产权的性质归结为一项"财产权"是毋庸置疑的。知识产权原本就是权利人智力成果的专有权,该项专有权具有排他性,得以对抗一切人。然而,知识产权人的专有权和社会公众希望获取知识的愿望相悖。知识产权制度作为国家公权力的立法产物,其更多地站在社会公众利益的立场上,希望给予知识产权人更小的专有权。但是,一味地削减对知识产权的保护,又会导致从事智力创造的主体缺乏创造的积极性,或者即使创造出智力成果也不愿公之于众;这反过来将使得社会公众获取知识的难度更大。因此,知识产权制度需要平衡社会公众获取知识的利益和知识产权人的知识产权专有性保护的利益。在区域经济协作之中,知识产权的保护不再是一国国内的社会公众的利益和知识产权权利人的利益之间的冲突,而是东道国的知识产权权利人的利益以及社会公共利益和投资主体的知识产权权利人的利益之间的冲突。换言之,在区域经济协作之中,投资方的知识产权面临东道国公权力的威胁,包括东道国知识产权保护制度与国内知识产权保护制度的差异风险、东道国知识产权政策的风险;当然,也会出现东道国内私人主体侵犯投资方知识产权的情形,但只要东道国的知识产权保护得当，投资主体的知识产权利益仍可获得救济；投资主体只有在东道国的知识产权保护水平异于国内保护水平时，才可能发生比国内投资更高的风险，但无论如何，风险超出的部分还是由于知识产权制度的差异导致，故仍可归于东道国的公权力带来的风险。与此同时，东道国也面临本国的知识产权利益会基于投资方对技术和创新的模仿而变相获取的风险。即在区域经济协作中，无论是东道国还是投资主体的知识产权都面临不同于国内知识产权利益平衡的风险。因此，知识产权在区域经济协作中的性质应是不同于国内知识产权的性质，即不再单纯地是一项"财产权"，而是一种"投资"，其不仅仅是与东道国存在地域联系或者法律联系的一束财产权，能够占有、使用、收益和处分相应的财产利益，而且是对东道国经济的资源投入和取得预期商业收益的风险承担。❶ 对东道国而言，投资方的知识产权的进入带来的利益和风险，比起一项财产利益的进入，更加类似于一项投资的进入。因为投资方的投资对东道国而言也是机遇与挑战并存，并不一定都是利益的获取，也会存在投资方打压东道国国内企业或者模仿国内先进技术和创新的风险。知识产权在 TPP 协议中也是如此。从体系的视角来看，知识产权的性质在区域自由贸易的环境中应视为一项投资。而 TPP 协议中具体的知识产权条款也能体现知识产权的性质是一项投资，而非单纯的财产权。TPP 协议第 18 章第 3 条第 2 款规定，各缔约国在符合本章知识产权条款的基础上，不仅需要采取适当的措施防止知识产权的权利人滥用知识产权，而且需要采取措施防止不合理地限制贸易或者技术在国际间转让的行为。该条款说明知识产权规则不仅需要保护知识产权人的利益，还需要促进一般的商品贸易以及知识产权贸易。在区域经济协作之中，促进商品贸易和知识产权贸易显得更为重要。此时知识产权不再是单纯的"财产权"，而是作为和一般商品类似的投资贸易客体。因此，将知识产权的性质界定为"投资"更符合 TPP 协议的内涵。

---

❶ 张建邦："国际投资条约知识产权保护制度的现代转型研究"，载《中国法学》2013 年第 4 期。

2. TPP 知识产权规则的特点

TRIPS 协定中知识产权权利客体为可视性的商标、专利、工业设计、集成电路的布局设计和版权及相关权利，TPP 知识产权规则中除了包括 TRIPS 协定中所涉及的权利客体之外，在商标作为客体时，不要求具有可视性，声音也可以注册为商标，同时强调对域名的保护；在专利作为客体时，强调对农业化工产品的未公开测试或其他数据的保护以及医药产品相关的措施。在保护期限上，体现为期限的延长，均长于 TRIPS 协定的规定。例如，在 TPP 知识产权规则中，商标的保护期自商标初始注册或者续期注册之日起不低于 10 年，而 TRIPS 协定中规定商标的保护期只是不低于 7 年。根据 TPP 知识产权规则，以自然人寿命为基础的，版权保护期应当不少于自然人终生及其死后 70 年；不以自然人寿命为基础的，版权保护期不少于作品首次发表当年的终日起 70 年，作品自创作完成起 25 年内未发表的，版权保护期自作品创作完成当年终日起不少于 70 年；而 TRIPS 协定中作品的保护期不低于自公开发表日起的 50 年，如果未能公开发表的，则自作品完成之日起 50 年。

而 TPP 知识产权规则和 TRIPS 协定较为显著的不同之处就在于专利权保护的范围。TPP 知识产权规则突出对农用化学产品以及医药产品的未公开的测试和其他数据的保护。TPP 协定第 18 章第 47 条第 1 款和第 2 款规定了对农用化学产品的特殊专利保护。如果某一种农用化学产品尚未在他国获得销售许可，而在被申请国申请销售许可，则被申请国必须在为农用化学产品提供相应专利保护的基础之上，才可进行行政审查，即被申请国必须禁止第三方在未获得农用化学产品销售许可申请人的同意时销售相同或者相似的农用化学产品，禁止期限为自农用化学产品销售许可申请人获得销售许可之日起不少于 10 年，方可要求农用化学产品销售许可申请人提供与该产品的安全和功效有关的未公开测试或者其他的数据信息。如果某一种农用化学产品已经在他国取得销售许可，而在被申请国再次申请销售许可时，被申请国必须禁止第三方在未获得农用化学产品销售许可申请人的同意的前提下基于农用化学产品销售许可申请人提供的在他国获得销售许可的证据材料而销售相同或相似的产品，禁止期限为自农用化学产品销售许可申请人获得被申请国的销售许可之日起不少于 10 年。而且根据第 18 章第 47 条第 3 款的规定，对新型农用化学产品的保护范围很广，只要该种农用化学产品中具有尚未在被申请国领域内作为农用化学产品应用的化学物质，就属于新型农用化学产品。对医药产品保护的程度更加突出。根据 TPP 协议第 18 章 C 部分第 48~54 条的规定，新型医药产品不包括虽然没有申请专利但已经在被申请国领域内使用的化学产品。对医药产品的专利保护体现在三个方面：（1）专利期的调整。首先，被申请国应当竭尽全力高效及时地通过医药产品的销售许可的申请，避免不合理和不必要的拖延。因此，为了防止对有效专利期的不合理缩减，被申请国需要采取或者维持已有的能够加快专利销售许可申请的程序。其次，如果出现不合理、不必要的拖延，且申请的医药产品确实应当授予专利，则被申请国需要提供对专利期的调整，以补偿专利权人在获取销售许可程序中被不合理地缩减的有效的专利期。最后，为了被申请国能够更加确定地履行该条款的义务，其还需要设定与医药产品销售许可申请相关的条件和限制以保证医药产品获得充足的专利保护期。（2）对医药产品非公开测试和其他数据的保护。如果被申请国要求医药产品销售许可申请人提供与产品的安全和功效有关的未公开的测试或者其他数据作为新型医药产品获得销售许可的条件，那么被申请国必须禁止第三方在未经医药产品销售许可申请人同意的情况下利用未公开的测试或者其他的数据研制医药产品或者利用医药产品的销售许可销售相同的或者相似的产品的行为，且禁止期限为自医药产品在该被申请国领域内获得销售许可之日起不少于 5 年。如果新型医药产品已经在他国获得销售许可，被申请国要求该新型医药产品在本国申请销售许可时提供在他国获得销售许可的证明材料时，也应当禁止第三方在未经申请人同意的情况下，利用申请人在他国获得销售许可的证明材料的内容仿制医药产品进而销售相同或相似的产品，禁止期限为自该新型医药产品在被申请国获得销售许可之日起不少于 5 年。另外，对于已经获得销售许可的医药产品，在此基础上又增加了一种新的指示剂、新的结构或者新的方法而形成的新的临床信息，申请人就新的临床信息申请销售许可的，被申请国应当允许，并给予不少于 3 年的保护期；如果某医药产品中涵盖一种尚未在被申国作为医药产品的成分获得销售许可的化学物质，该医药产品的研发者申请专利保护的，被申请国应当给予不少于5年的保护期。（3）对医药产品专利许可的确认。如果被申请国允许医药产品的安全和功效信息的提供者之外的人基于之前已获批准的与医药产品的安全和功效有关的证明或者信息证明自己已经获得专利持有人关于医药产品销售的许可，那么被申请国应当设置一项程序：能将上述非专利权人的申请信息通知专利持有人，或者在非专利持有人适用专利期间声明已经获得许可的产品或者使用方法并基于此将在市场上销售医药产品的行为时预先通知专利持有人。如此一来，就能给予专利持有人足够的时间和机会在侵权产品进入市场销售之前查看声称获得销售许可的人是否被许可，若没有被许可，则可在医药产品进入市场销售之前追究侵权行为人的侵权责任。通过设置预先禁令和有效的临时措施，能够快速有效地解决被许可的医药产品或者被许可的医药产品使用方法的专利申请的效力和与侵权有关的争端。从 TPP 知识产权规则中对农用化学产品和医药产品的规定就可以看出，其保护力度十分强，通过"专利链接"机制，❶ 基本上排除了仿制农用化学产品和仿制医药产品进入市场。农用化学产品和医药产品上市都需要经过审查，只有发现尚未用于被申请国的农用化学产品和医药产品的化学物质或者发现新型的结构等才能称为新型产品。对于仿制商来说，仿制专利技术时必然会利用农用化学产品或者医药产品申请专利时申请人提供的未公开测试或者其他数据等技术资料研发相同或相似的产品。由于对未公开测试和其他数据的保护，仿制商利用这些信息需要受到产品的专利保护期的限制；因而即使仿制出了相同或相似的产品，也禁止进入市场销售。TPP 知识产权规则的总体特点是高标准。除了上述所言的权利客体范围更广、保护期限更长，通过"专利链接"排除仿制农用化学产品和医药产品进入市场的规定之外，在知识产权民事、行政和刑事执法程序上也规定得更为详尽，并首次规定这些执法程序对于数字环境下的商标及著作权侵权行为同

---

❶ "专利链接"制度的主要目的是限制仿制药进入市场；只要仿制药可能侵犯被仿制的药物、配方或者相关信息的专有权的危险，仿制药就无法通过行政审核，也无法上市销售。见李洁琼："TPP 知识产权规则与中国的选择"，载《政法论坛》2017 年第 5 期。

样适用。❶

3. TPP 中知识产权保护的目的

TPP 知识产权规则中将"知识产权"视为一项投资，其对知识产权的保护程度高，即意味着其对投资利益的看重。然而，TPP 知识产权强调的是投资东道国知识产权保护水平的加强，给予投资东道国诸多的义务。当然，协议约束所有的缔约国，缔约国之间互为投资东道国，因此缔约国均承担知识产权保护的义务，因此对于区域间整体的投资环境中知识产权保护水平也是整体提高的。但是对于不同经济发展水平的国家，知识产权保护水平的提高并不一定都是有益的。以医药产品为例，在知识产权保护力度很强的国家，仿制药就没有存在的空间。然而，在医疗制度不完善，医疗水平受限的国家，杜绝仿制药就意味着穷人用不起药。由于医药产品是非常特殊的，关乎一国的国民健康，因此贫困国家仿制药是不被禁止的，相反它们正需要依靠仿制药来维持国民健康。正是基于此情况，WTO 促成了一项制造仿制药不构成专利侵权和豁免协议。❷ 很明显，TPP 知识产权规则是无法适用于贫困国家的。其目的不是模仿创新，而是科学技术和创新走在世界前列的国家为了维持自己的科学技术创新的先进水平防止被别国模仿而必须为已有的技术创新提供高标准的保护。其着重保护的都是跨太平洋组织成员的优势行业，以医药行业最为显著。自 20 世纪 70 年代开始，发达国家就致力于在贸易体制和投资体制中加强知识产权保护。❸ 其目的实现的方式之一就是达成 TRIPS 协定。但 TRIPS 协定中对发展中国家设置的相关弹性条款和过渡期的安排是发达国家妥协的产物；因此，发达国家才在 TRIPS 协议的基础上达成 TRIPS 协定 Plus 条款，试图实行更高标准的知识产权保护协议。❹ TPP 知识产权规

---

❶ 李洁琼："TPP 知识产权规则与中国的选择"，载《政法论坛》2017 年第 5 期。
❷ 佚名："药品专利规则对发展中国家的影响"，载 http://www.ipr.gov.cn/article/ydypzl/201612/1899041.html，最后访问日期：2017 年 11 月 2 日。
❸ 张建邦："国际投资条约知识产权保护制度的现代转型研究"，载《中国法学》2013 年第 4 期。
❹ 庄媛媛、卢冠锋："TPP 与 TRIPS 知识产权规则比较研究"，载《亚太经济》2016 年第 3 期。

则应运而生，也彰显着科学技术创新能力强的国家通过保护科学技术创新的知识产权而在较长时间内保持领先地位的目的。

我国目前仍属于发展中国家，但近年来科学技术创新获得长足发展，一方面需要提高对本国科学技术创新的知识产权保护水平；另一方面我国推行的"一带一路"倡议，主要投资东盟等发展中国家和新兴经济体，并倾向于对欠发达国家/地区的经济带动，不仅提供资金支持，还要提供技术支持。在一些欠发达国家/地区的知识产权保护水平低下的环境之下，我国也无法单方面地提高知识产权保护水平，即使通过达成双边或者多边知识产权协议，也没有必要提高到 TPP 知识产权规则水平；因为我国国内知识产权保护水平尚不算高，比起 TPP 知识产权规则要低很多。因此，需要区分不同的投资环境，探讨 TPP 知识产权规则对我国企业海外投资的适用。

四、TPP 知识产权规则对我国企业海外投资的适用性探究

1. 我国"一带一路"海外投资现状

中国"一带一路"的发展涵盖基础设施、贸易、金融、文化等多个方面，截取其中较为突出的四个方面。第一，关于"一带一路"沿线国家/地区的基础设施建设方面：高速公路、铁路、港口、隧道等交通设施正如火如荼地建设。如蒙俄地区、中东欧地区、中亚地区、东南亚地区和南亚地区均有已建或在建项目。第二，关于货物和服务贸易情况：2016 年中国与"一带一路"沿线国家/地区货物贸易总额和服务进出口总额分别为 9 478 亿美元和 1 222 亿美元；占同期中国货物和服务进出口总额的 25.7% 和 15.2%。第三，关于国际产能合作方面：中国一直致力于与"一带一路"沿线多个国家和区域达成国际产能合作协议，合作包括产能规划协商、政策互通便利、信息资源共享和项目对接合作等多种形式；重点设置国内开放试验区和边境经济合作区，并特别关注边境合作区的协商和建设。沿线在建的 56 个经济贸易合作区域截至 2016 年年底投资总额累计超过 185 亿美元，为深化投资合作、推广中国发展经验提供了重要的平台。第四，关于海洋合作项目：中国与东南

亚地区各国以及巴基斯坦等国建立了海洋合作机制，通过联合设置生态系统实验室和科学研究中心，开展多领域的研究和合作，例如海洋气候变化、环境保护、资源开发利用、濒危动物保护等。❶

然而，正是由于投资面广，投资范围大，投资所面临的风险才更高。正如前述论及的"一带一路"沿线国家/地区的经济发展水平不同，知识产权保护制度也不同，在如此多样的投资环境中，我国企业"走出去"就不能单枪匹马，而需要国家为其创造良好的投资环境。中国和"一带一路"沿线国家/地区都需要为此付出努力；最直接的方式就是通过订立双边或者多边协议，深化合作，保障投资企业的利益和维护投资东道国因吸收外资而为本国带来的经济发展利益。中国与"一带一路"沿线国家达成知识产权相关的协议势在必行，但就知识产权保护水平应否达到 TPP 知识产权保护规则，有待下文论述。

2. TPP 知识产权保护规则的适用性探究

"一带一路"沿线国家/地区的知识产权保护水平可以分为高于中国国内知识产权保护水平和低于中国国内知识产权保护水平两类。以新加坡为例，其知识产权保护水平，无论是著作权、专利还是商标的保护水平都高于中国，向知识产权保护程度高的国家投资，面临的知识产权风险是不能有效利用投资东道国已有的创新、技术、相关信息不断改进创新投资企业的产品、技术。换言之，仿制投资东道国的产品、技术会构成知识产权侵权。如果适用 TPP 知识产权规则保护知识产权的话，新加坡作为投资东道国，其国内的专利、商标、著作作品的保护期限就会很长，电子数据等也会受到保护，农用化学产品和医药产品均会受到严格的保护，阻却了对农用化学产品和医药产品仿制的可能。我国企业就会面临不能自如使用新加坡的先进技术和资源的困境，其在投资中不仅要承受新加坡的知识产权权利人起诉侵权的风险，而且需要承受新加坡政府对相关产品市场准入的管制的风险。我国企业正处

---

❶ 佚名："（受权发布）共建'一带一路'：理念、实践与中国的贡献中华人民共和国"，载 http://www.mofcom.gov.cn/article/i/jyjl/j/201705/20170502573538.shtml，最后访问日期：2017 年 11 月 1 日。

于不断借鉴学习创新发展的阶段,自由竞争是促进其发展的重要因素,如果投资东道国的知识产权保护水平过高,会限制我国企业海外投资发展中的学习和借鉴。历史经验告诉我们,国家的发展是通过反向工程和模仿他人的生产实现的;而过高的知识产权保护规则剥夺了发展中国家的"模仿"机会。❶因此,对于"一带一路"沿线国家/地区中如新加坡等经济发展水平靠前、技术创新能力强、知识产权保护水平较高的国家,我国不宜与其签订像 TPP 知识产权规则一样高水平的知识产权保护协议,而是应当在促进投资企业的模仿创新与维护投资东道国的公共利益之间找到平衡点,通过为投资东道国带去的投资利益为投资企业争取能够容忍模仿创新的知识产权保护条款。对于知识产权保护水平原本就比较低的国家,如柬埔寨、缅甸长期受内战影响,经济落后,知识产权保护也才刚刚起步,保护力度较弱,其给我国对外投资企业带来的知识产权风险就是我国企业投资的产品、技术会被过度地仿制而基本上得不到保护。虽然仿制是技术落后国家发展的一条途径,但是过低的知识产权保护水平会为仿制大开闸门,严重损害知识产权持有人的利益,这会使得投资环境变得过于险恶,而使得企业不愿继续投资。在这些国家,应用 TPP 知识产权规则有些不切实际,毕竟不可能仅仅通过达成协议而缺乏现实基础来提高其知识产权保护水平。事实上,柬埔寨已与我国签署知识产权备忘录,旨在达成与我国国内同等程度的知识产权保护水平。这相比适用 TPP 知识产权规则要合理得多。正如前文述及的区域间知识产权协议中知识产权的性质是一项投资,其与国内知识产权的性质有异,因此国际知识产权协议的目的和国内知识产权制度的目的也是不同的。一国国内知识产权制度和国际知识产权规则的功能是不同的;前者本质上是促进本国社会经济文化发展的工具,后者更多的是为国际投资贸易服务,是促进国际市场开发、贸易发展和经济融合的手段。❷

3. "一带一路"倡议下我国知识产权保护协议的选择

(1) 知识产权保护水平。我国与"一带一路"沿线国家/地区无须达成

---

❶❷ 李洁琼:"TPP 知识产权规则与中国的选择",载《政法论坛》2017 年第 5 期。

过高知识产权保护水平的协议,如 TPP 知识产权规则。对于知识产权保护水平较低,低于我国国内知识产权保护水平的,应当尽力促成与我国国内知识产权保护水平相当的双边或者多边协议;如此方能保障我国企业海外投资的环境,使得企业海外投资风险降低,同时也能促进投资东道国的经济发展利益的实现。基于"一带一路"沿线的新型经济体对经济发展机会的需求,其也愿意通过加强对投资企业的知识产权的保护以吸引投资;而"一带一路"是中国企业更好地"走出去"的发展平台,通过区域间的协作无疑是最利于沿线国家和中国利益的渠道,因此中国与"一带一路"国家/地区达成与我国国内知识产权保护水平相当的知识产权协议是可行的。对于知识产权保护水平高于我国国内知识产权保护水平的国家,其一般并不愿意降低知识产权保护标准,但为了国际经贸协作就另当别论。倘若投资企业能够为投资东道国带来巨大的经济发展机会和利益,投资东道国也会考量适当设立有利于吸引投资企业的知识产权条款。毕竟如前所述,国际知识产权协议更多地是为了国际投资贸易协作服务的。因此,只要平衡投资东道国的投资利益的获取和我国企业海外投资知识产权保护水平的需求之间的关系,即可更好地保障我国企业对"一带一路"沿线国家/地区的投资的知识产权保护。总之,TPP 知识产权规则不适用我国"一带一路"倡议下的对外投资;而最为适当的知识产权双边或多边协议就是能够平衡投资东道国因被投资而获取的利益和我国企业能够在技术创新不被随意仿制的同时也不受投资东道国过于严格的知识产权管制约束之间的关系的知识产权保护协议。

(2) 知识产权侵权保护。"一带一路"倡议下我国企业对外投资一定会产生知识产权侵权纠纷,要么是投资企业被侵权,要么是被诉侵权。如果是投资东道国的私人与投资者发生知识产权纠纷,可以诉诸投资东道国的知识产权侵权保护方面的条款或者我国与投资东道国之间的国际协议。事实上,TPP 知识产权规则中就详细地规定了知识产权侵权的民事、行政和刑事执法程序。但其执法程序的严格要求正是为高标准的知识产权保护水平服务的,已不再是为了促进创新,而是为了维护科学技术发展前列国家的垄断地位。因此,我国与"一带一路"沿线国家/地区的知识产权协议中自然不应像

TPP知识产权规则中一般规定,而是应当在规定知识产权侵权保护条款和执法程序时注重平衡性,维持投资东道国的利益和投资企业知识产权保护之间的平衡。

(3) 知识产权争端解决机制。投资东道国国家的公共利益与投资企业的知识产权保护之间发生纠纷时,就不再是知识产权侵权保护条款可以解决了的。由于国际知识产权的性质不仅仅是财产权,更是一种投资;因此,投资东道国的公权力与投资企业的知识产权之间的纠纷,就相当于投资东道国的行政权力与外国投资者的投资之间的纠纷,可以适用国际投资争端解决机制。国际投资争端解决机制简言之就是一种商事仲裁机制,为国际投资争端的东道国和投资主体之间的纠纷提供一个裁决的中立场所;一个独立、合格的法庭和快速、灵活的程序是该商事仲裁的核心。❶ 双边或多边投资协议中的投资纠纷一般都会引入该种投资争端解决机制,各类国际知识产权协议中却几乎没有涉及过。但是正如前文所述及的知识产权的性质,将其视为一项投资,那么适用国际投资争端解决机制处理投资东道国与投资企业之间的知识产权纠纷应是没有障碍的。这种投资争端解决机制的优势在于能够有效避免投资东道国与母国之间不同的司法体系之间的矛盾和冲突,进而快速、灵活地解决知识产权纠纷。因此,我国在与"一带一路"沿线国家/地区协商知识产权条款时,可以尝试引入国际投资争端解决机制。

综上所述,"一带一路"倡议下我国企业对外投资中我国与沿线国家/地区之间的知识产权协议不应适用像TPP知识产权规则一般过高的保护标准,当然也不宜过低;而应当区分不同知识产权保护水平的国家。对于保护水平低于我国国内标准的,尽可能与其达成与国内知识产权保护标准相当的知识产权协议;对于保护水平高于我国国内标准的,则应尽可能达到投资东道国的利益与我国企业的相关技术产品不受过多市场准入的管制之间的平衡,而在两国知识产权保护水平之间寻求一个平衡点。对于知识产权纠纷,对于私

---

❶ UNCTAD, Transformation of the International Investment Agreement Regime, TD/B/C. II/EM. 4/2.

主体之间仍是通过能够平衡投资东道国和投资主体之间利益的知识产权侵权保护内容的协议来处理纠纷；而投资东道国公权力与投资企业之间的知识产权纠纷则可以尝试将知识产权作为一项投资引入国际投资争端解决机制予以处理。

后 记

本书是在整理和编辑参加"'一带一路'与知识产权风险国际研讨会"的青年知识产权人提交的论文或者发言的基础上形成的,是专门论述"一带一路"建设与知识产权风险防范相关问题的作品,凝聚了主编和37位作者的共同劳动。

本书的成果得以面世,首先要感谢组织和承办"'一带一路'与知识产权风险国际研讨会"的南京理工大学、南京理工大学知识产权学院、江苏省知识产权发展研究中心、江苏省知识产权思想库、江苏省版权研究中心、知识产权与区域发展协同创新中心,他们的精心工作为优秀成果的集聚和思想火花的迸发提供了较好的平台和适宜的环境。

本书收录的作品得以展现,要诚挚地感谢为参会论文进行评阅的中国社会科学院李明德教授、中南财经政法大学彭学龙教授和苏州大学董炳和教授,他们的精心遴选对于提高出版成果的质量发挥了重要作用。同时,感谢南京理工大学知识产权学院梅术文老师、吴广海老师、曹佳音老师、冯锋老师、敬彩霞老师、周志聪老师和顾金霞老师为研讨会的召开和本书的出版所做诸多基础工作,感谢徐明同学、郭雨凡同学为本书的出版做了很多事务性工作。

本书的顺利出版还要感谢知识产权出版社给予的大力支持,特别是要感谢刘睿主任和刘江编辑,他们给予了高度专业的帮助和热情周到的服务。

本书是我们集中推出青年知识产权人成果的首次尝试,我们将在这方面持续努力,借以激发青年知识产权人的创作活力,培育知识产权研究的新生力量,营造良好的知识产权学术氛围,助推创新驱动战略实施和知识产权强国建设。